浙江师范大学非洲中文教育实践与研究基地资助

唐顺之武术研究

赵洋◎著

人民体育出版社

图书在版编目（CIP）数据

唐顺之武术研究 / 赵洋著. -- 北京：人民体育出版社，2023

ISBN 978-7-5009-6344-8

Ⅰ.①唐… Ⅱ.①赵… Ⅲ.①武术－研究－中国－明代 Ⅳ.①G852

中国国家版本馆 CIP 数据核字（2023）第 137217 号

*

人民体育出版社出版发行
北京建宏印刷有限公司印刷
新 华 书 店 经 销

*

710×1000　16 开本　15 印张　244 千字
2023 年 10 月第 1 版　2023 年 10 月第 1 次印刷

*

ISBN 978-7-5009-6344-8
定价：78.00

社址：北京市东城区体育馆路 8 号（天坛公园东门）
电话：67151482（发行部）　　邮编：100061
传真：67151483　　　　　　　邮购：67118491
网址：www.psphpress.com

（购买本社图书，如遇有缺损页可与邮购部联系）

目 录

绪 论 ……………………………………………………………………… 001
 一、选题缘由及研究背景 …………………………………………… 001
 二、研究思路与方法 ………………………………………………… 003
 三、主要结论与创新点 ……………………………………………… 005

第一章 唐顺之与明代武术发展变革 …………………………………… 006
 第一节 理学对武术发展的羁绊 …………………………………… 006
 第二节 明中期反理学思潮与武术革新 …………………………… 015
 第三节 明代武术转折与唐顺之思想 ……………………………… 024

第二章 唐顺之拳法考论 ………………………………………………… 035
 第一节 《武编》拳法考 …………………………………………… 035
 第二节 唐顺之《峨眉道人拳歌》考 ……………………………… 053

第三章 唐顺之枪法考论 ………………………………………………… 063
 第一节 嘉靖时期的北枪南传 ……………………………………… 063
 第二节 《武编·枪》的释读 ……………………………………… 069
 第三节 六合枪与唐顺之的关系 …………………………………… 073
 第四节 六合枪的早期传播 ………………………………………… 080

第四章 《武编》对戚继光枪拳的影响 ………………………………… 087
 第一节 《武编》文本的传递 ……………………………………… 087
 第二节 戚继光对"套子"的驾驭 ………………………………… 097

第三节　《枪》对《纪效新书》的影响 …………………… 103
　　第四节　《拳经捷要篇》对《拳》的借鉴 ………………… 113
　　第五节　戚继光的假托附会 ………………………………… 118

第五章　唐顺之枪法与俞大猷棍法对比研究 ………………… 121
　　第一节　唐顺之与俞大猷的交游 …………………………… 121
　　第二节　两者的时代共性与差异的基础 …………………… 127
　　第三节　俞棍是技击经验的系统总结 ……………………… 129
　　第四节　唐枪凸显游戏属性和体育价值 …………………… 131
　　第五节　《剑经》对《武编》的影响 ……………………… 133

第六章　唐顺之武术思想特征及影响 ………………………… 138
　　第一节　唐顺之武术思想的渊源 …………………………… 138
　　第二节　以文经武，武以文彰 ……………………………… 146
　　第三节　学识并进，道艺无二 ……………………………… 154
　　第四节　操练精神，德荫教化 ……………………………… 161

第七章　拳法、枪法及枪拳关系的明清流变 ………………… 168
　　第一节　明后期拳法演进的两个脉络 ……………………… 168
　　第二节　枪法的集大成发展 ………………………………… 185
　　第三节　清代后期的化枪为拳 ……………………………… 195

参考文献 ………………………………………………………… 208

附录1　《武编》：剑、刀、筒、锤、扒、攩 ………………… 212
附录2　唐顺之年谱简编 ………………………………………… 215

后　记 …………………………………………………………… 221

绪 论

一、选题缘由及研究背景

明代中期是武术发生招式化、套路化转变的历史节点，嘉靖时期著名的文学家、思想家、军事家唐顺之是重要的参与者、见证者和记录者，其军事著作《武编》前集卷五中载有拳、枪、剑、刀、简（锏）、锤、扒（钯）、攩（镋）等八门武艺。文集《荆川集》中有《杨教师枪歌》《峨眉道人拳歌》《日本刀歌》《剑井行时有白气属天》等大量武术题材诗作。作为一代文宗，时人以其文章相推尊，而唐顺之自己最得意的"则为射法、枪法、兵法，不在文章"[1]。戚继光在《纪效新书》中自述向其请教枪法。纵观历史，如此重视武术的士人是屈指可数的。武术领域的卓越贡献与成就，使唐顺之频繁出现于各类武术史类著述中。但总体来说，武术学界并未聚焦过这一位对武术发展产生过巨大影响的历史人物。

部分学者注意到唐顺之武术的学术价值。武术史学奠基人，民国时期的唐豪先生，在《戚继光拳经考》一文中首度介绍了《武编》所载"温家拳"的主要内容，并将之作为当时的名拳与戚氏长拳作对比[2]。当代学者江百龙在专著《明清武术古籍拳学论析》中，分别以《武编·拳》和《峨眉道人拳歌》为研究对象，就含义、技理等方面展开评述，指出"《武编·拳》是中国武术发展史上的第一篇拳学专论，其学术特点非常突出"[3]。但不得不说，受学术发展阶段制约，前贤的结论存在局限。一方面，孤立解读文献本身，没有把拳法放入唐顺之武术实践的历史中进行考察，也没能与人物生平的复杂性特点相联系，虽然能够认识

---

[1] 北京图书馆. 明唐荆川先生年谱 [M]. 北京：北京图书馆出版社，2010：576.
[2] 唐豪. 王宗岳太极拳经·王宗岳阴符枪谱·戚继光拳经 [M]. 太原：山西科学技术出版社，2008：10-13.
[3] 江百龙，林鑫海. 明清武术古籍拳学论析 [M]. 北京：人民体育出版社，2008：33.

到研究对象具有历史特殊性，但所得结论不能解释为何唐顺之，拳法出现时间最早，而且内容最为驳杂这一现象。另一方面，用数百年后的拳法认识评价最早拳论，不仅未能就出处、消亡原因、具体影响等关键问题给出有力阐述，反倒客观上强化了拳法古来有之源远流长的空疏观念。另外，马力编纂《中国古典武学秘籍录》①辑录了《武编》的"拳""枪""剑""刀""筒""鎚"等内容；王小兵《手战之道》②也推出了《武编》的八门武艺并予以注解。

学界周知，反映武术招式化、套路化转变的标志是戚继光《纪效新书》的问世。从军事立场推出的六合枪法、长枪二十四势、长拳三十二势等章节影响深远，成为明清武术论著争相转录的素材，决定了后来武术发展和传播的主要内容。尽管戚继光对源流出处有着自己的表述，但从文献的角度来看，相关内容具有浓厚的继承再创新色彩，图势、口诀相结合的模式以及精致的语言内容是不大可能没有文本取裁对象的。然而鉴于戚继光辉煌的军事功业，之后的继承者们无不虔信其说辞，乃至"拳法出于宋太祖""枪法源自杨秒真"的朴素观念至今拥有强大的生命力量。武术学科建立以来，一些学者注意到戚继光不能自圆其说的一面，但限于可参资料的匮乏，相关问题的探讨一直鲜有涉及。武术史给后人留下的种种疑惑，不得不一笔带过。

不过越来越多的研究显示，唐顺之可能是《纪效新书》武艺素材之滥觞。余水清《中国武术史概要》指出："《纪效新书》的武艺部分有取材于《武编》的地方。"③阚桂香在《中国武术百科全书》中指出："戚继光《拳经》三十二势中多来自温家拳。"④此外，作为最早出现的武术载体，鸳鸯阵与唐顺之有着密切的关系。赵长征研究鸳鸯阵认为，"戚继光所创鸳鸯阵是受到了唐顺之的影响"⑤；王永胜也指出，"鸳鸯阵最初由文武全才的唐顺之发明，后为戚家军继承并发扬光大"⑥。这意味着戚继光与唐顺之有着非同一般的历史渊源。殊不知早在民国时期，唐豪就曾察觉唐顺之六合枪法的导源地位，其《中国武艺图籍考》"武编"条有云："其谱《纪效新书》《耕余剩技》亦载之，然三谱忽有参差，此

---

① 马力. 中国古典武学秘籍录［M］. 北京：人民体育出版社，2006：2-11.
② 王小兵. 武学古籍新注丛书·手战之道［M］. 北京：北京科学技术出版社，2017：151-178.
③ 余水清. 中国武术史概要［M］. 武汉：湖北科学技术出版社，2006：123.
④《中国武术百科全书》编纂委员会. 中国武术百科全书［M］. 北京：中国大百科全书出版社，1998：109.
⑤ 赵长征. 戚继光御倭的鸳鸯阵战术［J］. 文史知识，2015（9）：33-34.
⑥ 王永胜. 裂裟斩、蝴蝶阵与鸳鸯阵［J］. 书城，2018（4）：63.

则久传所演变者耳。查谱不言有单演之势,《纪效新书》之二十四势,与《耕余剩技》之十八势,皆单演而大相径庭,疑系后来所加,并非旧谱所原有,其原有者只六合耳。《武编》所载,无单演之势,可证予说。"① 当代著名武术史学者周伟良也指出:"较早把五行学说引到武术理论中的当推明代的唐顺之。"② 以上迹象表明,唐顺之恐怕不仅仅是武术活动的参与者和记录者,也很有可能是引领明代武术发展转变最关键的人物。基于上述认识,本研究以唐顺之武术内容、思想及影响为研究对象,期待能够一定程度上补益武术历史研究的不足。

二、研究思路与方法

为了突出唐顺之的创造发明以及对后世起到的导向作用,本研究建立"广义武术"与"狭义武术"两个相对的概念。民国时期就有学者指出"国术在形式上的特点是注重套路"③。20世纪80年代开展的传统武术发掘整理工作,整理呈现出129个拳种,除个别派生拳种之外,无不以套路为基本活动样式。套路是中国武术有别于异域同类文化及其他民族体育活动之处,也是传统武术活动开展、承袭、传播的核心内容,当代竞技武术也是直接从中演化而来。以套路为对象的武术本体研究,是武术学科最为重要的研究方向。

狭义的武术是围绕套路活动建立的体系。"套路"古称"套子"。"打套子"始现于反映南宋市井娱乐的宋人笔记。套子形成稳定的社会传播方式并不断与其他文化元素发生关联,是从明代中期才开始的。如此来看,早期"套子"并不具备直接的军事价值,没有超出体育的概念范畴,不适应"武术属于体育,又高于体育"④的论断。正如一些学者指出"武术与军事异质及不同源"⑤,"中国武术的真正诞生时代似不必也不能追到原始社会"⑥。盲目与军事混为一谈,就很难准确把握五百年来武术的本质与发展脉络。广义的武术则内涵广泛,可以包括以战斗为直接目的军事活动,如阵型、刀盾、马战、水战等,也包括角牴、摔跤、手搏、相扑等力量主导的二人对抗活动,以及以器物为活动辅助条件的剑

---

① 唐豪. 中国武艺图籍考 [M]. 太原:山西科学技术出版社,2008:120.
② 周伟良. 中国武术史 [M]. 北京:高等教育出版社,2003:98.
③ 周伟良. 中华民族传统体育概论高级教程 [M]. 北京:高等教育出版社,2003:64.
④ 伍绍祖. 对武术及东方体育文化观的认识 [J]. 体育文史,1998 (2):5.
⑤ 郝勤,程大力,熊志冲. 武术与军事武艺异质不同源论 [J]. 体育科学,1990 (6):7.
⑥ 程大力. 武术史研究若干重大阙失检视 [J]. 武术科学,2004 (3):1.

斗、剑舞、刀舞、戟舞、弓箭、弩射等古代体育形式。

狭义武术的一大显著特点，是形成了保证活动开展的套路图谱素材。这些素材以武学经典的形式决定着活动的内容供人们"学而时习之"，并随着时代的推进迄今依然产生深刻的影响。既往的研究者几乎都忽略了一个重要的问题，任何古代文化形式几乎都是源于生活而被记录于文人之手，思想、宗教、民俗、技艺等概莫能外。文人拥有较高的社会地位和舆论主导权，是底层文化与上层文化的桥梁纽带。缺少了文字的承载与文学的讴歌，流于底层的武术活动就不可能受到瞩目进而被发扬光大。这就意味着，如果我们仅仅是通过文献的解读来认识历史，而忽略了文学本身具有的艺术性、理想性和创造性，那样绝对是一种本末倒置。

唐顺之以杰出的古文创作"在有明中叶，屹然为一大宗"①，与王慎中、归有光并称"嘉靖三大家"，而且兴趣广泛、无所不学。《明史》曰："顺之于学无所不窥。自天文、乐律、地理、兵法、弧矢、勾股、壬奇、禽乙，莫不究极原委……学者不能测其奥也。"② 以文彰武、赞画技艺，是唐顺之能够发挥影响的根本原因，也正是唐顺之武术研究的意义所在。基于上述原因，本研究以套子的生发为切入点，考察早期套路的表演、技击、健身等功能的价值取向，梳理武术的内部矛盾——力量、招式、技击三者之间的历史联系。

本研究主要采用以下三种思路和方法。

首先，充分挖掘文献资料。包括《武编》《荆川集》《明唐荆川先生年谱》以及唐顺之同时代人物的相关著述，尽可能还原当时的武术现状和环境氛围，考察唐顺之武术的活动内容，并就最早出现的原因展开追问。同时，结合前人对唐顺之文学、思想、史学、生平、功业等领域的研究成果，将其学术思想纳入武术视域中进行考察。根据人物生平经历，考证武术创作的具体时间和创作背景，从整体上辨识唐顺之对各种技艺的价值取向和功能定位。

其次，从唐顺之武术出发，建立完整的研究框架。一方面，采用历史视角，对武术人物实践的开展过程作时间梳理，研究其创作的内在用意；另一方面，横向上与同时代的俞大猷《剑经》、戚继光《纪效新书》进行对比，比较和归纳三位重要历史人物的武术思想及内容差异。通过与之后的里程碑式论著《武备门》《耕余剩技》《手臂录》《王征南先生传》等进行对比，梳理武术经典在明清历史

---

① 永瑢. 四库全书·卷一百二十七 [M]. 北京：中华书局，1965：1506.
② 张廷玉. 明史：第250卷 [M]. 北京：中华书局，1974：5424.

发展中的继承与变迁。

最后，为唐顺之武术研究课题的深化，也为更好地凸显明代武术发生的历史转变，本研究将时代思想决定武术形态的观点运用于整个武术文化历史的检视，探讨历史长河中时代思想与武术风貌的互动关系，以期推进对武术历史发展的宏观认识。

三、主要结论与创新点

本研究主要结论如下：

①中国武术发生套路化转变并固定下来形成稳定的文化传承，与明代中期的戏曲发展高潮密不可分。南戏舞台催生出演述动作的套子拳法，并以文本的形式凝聚成最早的拳谱，具有动作标准化的特点。与此同时，流行于中原一带的杨家将戏剧间接刺激出两两对练的枪法活动。平等、安全、以技胜力的枪法竞技风靡一时，成为民间武艺的主要流传内容与形式。

②唐顺之同时继承了南戏拳法与北方枪法。受阳明心学启蒙思潮影响，唐顺之摒弃文人不武、虚寂主静的传统观念，建立起德艺并重、动静无二的学术主张。在家居修学岁月里，身体力行民间武艺，操练精神、充塞气魄，并赋予狭义武术应然的军事价值。经其润饰过的武术文字，得到晚辈戚继光的继承。在之基础之上，戚继光推出完善的枪法、拳法图谱。

③同时出现的《剑经》棍法由于体育属性不充分，对武术发展的影响主要体现在技击理论的层面。后来武术的活动内容、活动形式及语言特点，则是由唐顺之、戚继光奠定的枪法所主导。明代后期，程宗猷在戚继光枪法基础上精简，并运用枪法套路构建刀法、棍法套路。明清之交的吴殳进一步提升枪法的地位，促使枪法回归体育。清代后期武术再度兴盛，民间武者在枪法基础上化枪为拳，帮助拳法取得训练体系的突破。

本研究具有以下创新之处：

①结合唐顺之人物，从生平、思想、文学、实学、军事等方面，较为全面地呈现出唐顺之武术的内容、特点及影响。

②根据儒家思想的阶段性特点，提出理学思想与体育活动的对立关系。

③以最早出现的文献为基础，梳理武术典籍之间的承袭关系。

④指出枪法和拳法是传统武术的两大核心，以及两者发生交融的历史意义。

第一章
唐顺之与明代武术发展变革

明代中叶,政治、经济、思想上都发生了与以往不同的一些变化,这些变化使明代中叶成为中国社会思想转变的重要时期。武术在这一时期取得的套路化突破,是思想转变在体育领域的集中体现。本章第一节论述宋代以来长期处于官学地位的程朱理学对武术发展的阻碍。第二节论述明中期反理学思想解放浪潮为武术发展开辟出的全新社会环境。第三节介绍唐顺之人物的特点及其对武术变革产生的影响。

第一节 理学对武术发展的羁绊

一、北宋:理学生发与武术并行

宋代是从五代十国废墟上建立起来的政权。宋朝统治者汲取唐、五代覆亡的历史教训,强化中央集权,采取"右文抑武"的国策,这就对士大夫提出了重塑儒学权威的要求。汉代"罢黜百家,独尊儒术"建立中央集权官僚运作体制,具有强烈入世精神的儒家思想成为加强道德统治的工具,儒学很快沦为僵化腐朽的训诂之学。魏晋分裂动荡,"黄老之学"与佛教思想融构成为玄学。隋唐大一统,统治者三教并行,但儒家思想并未受到垂青,佛道二教传播迅猛,封建纲纪崩坏瓦解,从而导致唐末五代武臣干政、篡弑屡起的纷乱局面。

宋朝统治者重塑纲常伦理,重整道德名教,就必须恢复儒家思想的权威,打破佛、道、儒三驾并趋的格局。较之佛、道两家,儒学缺乏精辟的思辨逻辑,在宇宙本源、万物生成等重要问题上理论阙如。而佛、道二教早已具备相对缜密的理论体系,较好地构建出善恶因果、宇宙本质的思想结构。与儒家教化相比,离苦得乐、往生净土、修身成仙等人生目标更能赢得人们的信奉。由是,代表宋代儒家思想的理学应运而生。

第一章　唐顺之与明代武术发展变革

北宋中期，以周敦颐、邵雍、张载、程颢、程颐为代表的儒士精英，在汲取佛教、道教精华基础上，展开了儒家思想哲学化、思辨化、抽象化的论证工程。他们分别开创了"濂学""洛学""关学"等思想流派，按照各自的范畴可分为，张载代表"气学"、邵雍代表"象数之学"、二程代表"洛学"等。理学的真正形成始于程颐、程颢兄弟。二程在张载"天性"的基础上，对自然性与精神性的"天理"进行改造，使之成为抽象绝对的万物本源。"天理"生成一切、支配万物。儒学不仅获得了本体论的支撑，同时保留了积极入世的精神，从此焕然一新。二程还提出"格物致知"的认识论，但其所言之"物"并非客观物质，格物也不是为了认识事物，而是为了恢复主体内心之天理，为后来朱熹的拓展留下了契机。

理学思想形成的直接影响是儒士与体育的对立。一方面，道器、性命、理气等议题的确立，使宋儒们沉溺于一系列抽象虚寂的哲学思考"袖手谈心性"。另一方面，正如陈来先生指出："理学对佛教挑战的回应，不仅表现在对'有'的本体论的论证（如气本论、理本论），也更在于对人生境界与修养的功夫上'无'的吸收，后者始终是贯穿理学史的一大问题。"[1] 周、张、二程等理学大家都有始学佛老而后折入儒学的经历，他们普遍将静坐手段纳入儒学工夫。周敦颐"书堂兀坐万机休，日暖风和草自幽"；邵雍"将养精神便静坐，调停意思善清吟""闲行观止水，静坐观归云"；程颐静坐"坐如泥人"[2]。知识精英反观内省、闭目塞听，致力于"主静去欲""居敬存养""观喜怒哀乐未发气象"，体育活动成为离经叛道之举。

宋仁宗御驾宣德门观百戏表演并施奖赏，司马光上奏《论上元令妇人相扑状》："今月十八日圣驾御宣德门，召诸色艺人，令各进技艺，赐与银绢。内有妇人相扑，亦被赏赉。臣愚窃以宣德门者，国家之象魏，所以垂宪度、布号令也。今上有天子之尊，下有万民之众，后妃侍旁，命妇纵观。而使妇人裸戏于前，殆非所以隆礼法、示四方也。"[3] 尽管司马光反对的是妇人裸身不合礼法，明显也是在提醒皇帝要与猥俗的市井活动划清界限。李昭玘曾进谏神宗："教养不修，则学舍芜没，图籍尘委，人材遍野，士论浅俗。简习不修，则卒伍堕气，

---

[1] 陈来. 有无之境［M］. 北京：生活·读书·新知三联书店，2009：5.
[2] 王正. 儒家工夫论［M］. 北京：华文出版社，2018：152-153.
[3] 司马光. 司马光奏议［M］. 太原：山西人民出版社，1986：62.

器械钝弊，春秋角抵，坐作如戏。凡此者，吏不知其责故也。"① 司马氏和李氏对相扑的否定，集中了反映了儒士阶层对体育活动的态度。

宋代文化空前繁荣有两个显著标志：一是上层文化——理学，作为中国古代社会后期完善、深邃、缜密的思想体系的创建，并成为封建社会的思想文化核心；一是下层文化，城市文化空前繁荣，市民文化揭开了中国历史新的一页，代表了封建社会新的发展趋向。这两种文化既矛盾又冲突，相互纠缠又相互渗透，共同构成登峰造极的宋代文化。理学的峥嵘意味着儒者在观念上与体育形成矛盾，宋代文人谨守教范，主动疏远与体育的距离。苏轼贬谪际遇中高秉射艺，后来被朱熹指摘道："此似今之聚场相扑相戏一般，可谓无稽之论，自海外归来大率立论皆如此。"② 与社会上层不同，底层民众的世俗生活并未受到"天理"的波及，普通大众的文化素养、使命精神迥异于儒士群体，他们务实而客观，希望借助体育活动冲淡生产生活中的枯燥、强健身体、娱乐尽兴。因而北宋市井的体育活动熙熙攘攘、色彩纷呈。

勾栏瓦舍中上演的百戏演出，反映了北宋时期武术的面貌。发达的商品经济导致市民的精神需求不断提升，市民的娱乐场所——勾栏瓦舍纷纷出现。耐得翁《东京梦华录》记载了北宋末汴梁城中的瓦舍盛况："街南桑家瓦子，近北则中瓦，次则里瓦，其中大小勾栏五十余座。内中瓦子莲花棚、牡丹棚，里瓦子夜叉棚、象棚最大，可容数千人。"③ 除却京都汴梁，勾栏瓦舍也遍布许多城乡市镇，它们终日上演着歌舞百戏、诸宫调、奇术异能、讲史说话等文娱项目，其中相扑、舞旋、掉刀、牌棒、上竿、跳索、乔筋骨、球杖、踢弄、筑球等均可看作体育活动。由此可见，武术作为体育表演的重要内容，与其他文娱形式一起构成了北宋时期的市井百戏。

二、南宋：理学集成与武术下层化

建炎南渡以后，金军日益紧逼，南宋政权危若累卵。高宗赵构奉行宋朝"虚外守内"的一贯策略，打压主战派势力，把北宋灭亡的责任归咎于王安石变法引起的道德滑坡。被称为"闻道伊洛，志在春秋"④ 的胡安国因强调军权的重要

---

① 黄淮，杨士奇. 历代名臣奏议：第42卷 [M]. 上海：上海古籍出版社，1989：580.
② 黎清德. 朱子语类：第130卷 [M]. 北京：中华书局，1986：3115.
③ 孟元老. 东京梦华录笺注 [M]. 北京：中华书局，2006：144.
④ 宋濂. 宋五贤从祀 [M]. 长沙：岳麓书社，1998：1181.

性，大为迎合赵构收夺兵权的意图。在此背景下，北宋二程思想受到高宗政治集团的推崇，逐步发展成占主导地位的学术流派。

宋孝宗时，理学在朱熹手中获得集大成发展。朱熹吸收周敦颐《太极图说》中"无极而太极"的宇宙生成论，把它解释为"无形而有理"，使之转化成为一种以理为本体存在的哲学思想。同时又吸收了张载"太虚即气"的元气说，由天地万物的生成变化而推至人性，以理、气范畴统摄社会伦理。朱熹的思想可概括为，宇宙的构成元素有两种，一个是"理"，一个是"气"。"理"是本源和规律，是终极的存在，即"天理太极"；"气"是第二性的，为万物所俱有，是"理"的表现形式，表现为阴阳、五行、八卦之气。作为自然的组成部分，人也具有二元性，一为气质之性，人的各种感情及私欲均由此而起；另一个为天命之性，为精神素质，它源于"理"，代表道德。因此教化的目的，在于灭除人欲，从而恢复天理，即"存天理，灭人欲"。依此立场，朱熹拓展了"格物致知"的功夫论，指出通过格物的方法，深入观察事物最终达到"理"的豁然贯通。至此，"理气合一"取代了"天人合一"，儒学完成了自身精致化、思辨化、绝对化的理论构建。朱熹的"天理"汇集了当时最深刻的思想成果，满足了时代对宇宙本源、封建道统、伦理秩序、理想人格等众多方面的需求，巨大的理论张力使之成为中国封建社会后期的统治思想。由于朱熹继承二程学脉，后世将之并称为"程朱理学"。

朱熹十分自觉地将自己的思想世俗化、生活化，进而形成一套实际制度。朱熹生平大部分时间用来著述讲学，与其有书信往来的门人有二百人之多，私淑弟子更是数不胜数。通过对思想一系列具体化的努力，朱熹使那些本来属于上层士人的道德与伦理原则，渐渐进入了民众的生活世界。光宗时期朱熹学说被奉为官学，朱熹在二程《大学》《中庸》《论语》《孟子》基础上整理的《四书章句集注》成为科考内容。尽管朱熹思想的官学地位很快遭黜，但朱熹思想已经渗透到社会的各个角落。

在理学发展的过程中，流于社会底层的武术活动亦取得巨大突破。第一，相扑活动呈现多样化、赛事化。南宋版图有限，但人稠物穰行市繁荣，城市文化之兴远超前代。临安城内的瓦舍数量也远多于故都开封。宋理宗时期耐得翁《都城纪胜》云："自高宗皇帝驻跸于杭，而杭山水明秀，民物康阜，视京师其过十倍矣。虽市肆与京师相俟，然中兴已百余年，列圣相承，太平日久，前后经营至矣，辐辏集矣，其与中兴时又过十数倍也。"① 作为城市重要的娱乐场所，瓦舍为艺人交流、技艺融汇提供了平台，武术得以与其他艺术取长补短。北宋的相扑大致等同于先秦之角力、汉之手搏、唐之角抵，两两徒手较量勇力、智巧的对抗性运动。南宋已经分化出：乔相扑（身负假人的单人摔跤表演），女飐子（专业女子相扑手），露台争交（有裁判、设奖酬的擂台赛）等极富进步意义的体育活动。《梦粱录·角抵》中列出男相扑手9名，女相扑手3名，《武林旧事》中留下名号的相扑艺人则有44名之多②，足见当时相扑之盛。

第二，体育社团大行其道。北宋时期的边民中就出现了结社自保的社团组织。《宋史·兵志》载："河朔西路被边州郡，自澶渊讲和以来，百姓自相团结为弓箭社，不论家业高下，户出一人。又自相推择家资武艺众所服者为社头、社副、录事，谓之头目。带弓而锄，佩剑而樵，出入山坂，饮食长技与敌国同。"③ 神宗熙宁三年，王安石推行保甲法将农变兵，结社盛行一时，"畎亩之人，忽皆戎服执兵，奔驰满野"④。到了南宋，民间社团不再囿于军事目的，临安城中绯绿社（杂剧）、齐云社（蹴鞠）、遏云社（唱赚）、同文社（耍词）等各类社团数目众多，其中角社（相扑）、锦标社（射弩）、英略社（使棒）都是名副其实的武术社团。毫无疑问，他们所从事的武术活动，已经脱离军事目的而与城市文化融为一体。

第三，套子武艺萌芽。伴随着手工业与城市的发展，武术与其他文化元素相互融渗，萌发出新的活动形式。《梦粱录》记曰："瓦市相扑者，乃路歧人聚集一等伴侣，以图标手之资。先以女飐数对打套子，令人观睹，然后以膂力者争交。"⑤ 为招揽观众，女相扑手事先表演编排好的对打套子，此处是"套子"一语的最早出现。学界普遍视之为古代武术趋于成熟的标志，不过更值得注意的是，耐得翁《都城纪胜》载曰："相扑争交，谓之角觚之戏，别有使拳自为一家，与相扑曲折相反，而与军头司大士相近也。"⑥ "与相扑曲折相反"说明这种使拳活动与两两相较的相扑全然不同。"与军头司大士相近"，军头司是高级军事衙署，专门负责考核检阅禁卫诸军。也就是说，作为军队中用来考核的操习动

---

① 孟元老. 东京梦华录 [M]. 北京：二十一世纪出版社集团，2018：210.
② 宋旸. 宋代勾栏形制复原 [M]. 上海：上海书店出版社，2011：39-43.
③ 脱脱. 宋史 [M]. 长春：吉林人民出版社，1995：2940.
④ 顾友仁，张祥浩. 王安石 [M]. 昆明：云南教育出版社，2009：44.
⑤ 邱丕相. 中国武术史 [M]. 北京：高等教育出版社，2008：93.
⑥ 周伟良. 中国武术史 [M]. 北京：高等教育出版社，2003：62.

作，经过艺人的加工之后，已悄然成为一种技艺门类。"别有使拳自为一家"的历史意义远大于"女飐数对打套子"，它表明后来"围绕拳法固定动作单人演练"的武术活动形式，在南宋街头艺人那里就已经出现了。

然而，当武术活动在社会底层高歌猛进时，理学思想与体育活动的矛盾日趋尖锐。儒士文人"穷理以虚心静虑为本"[①]，主动割裂与身体活动的一切联系，这严重窒碍了武术的健康成长。吴自牧《梦粱录》指出瓦舍勾栏为"暇日娱戏之地"，并慨叹这种场地"甚为士庶放荡不羁之所，亦为子弟流连破坏之门"[②]。纵观历史发展过程，任何一种艺术形式，都必然经历一个发展提升的过程，它们大都源于民间，而成熟完备于文人之手，武术亦不例外。虽不似文章、诗歌、戏文等属于文学范畴，但作为一种中国古代体育运动，武术不仅需要文辞的记录，更有赖于正统文化的哺育得以精致完善。由于得不到精英群体的关注和参与，新生形态既不能借助文人的笔墨得以弘扬，也得不到任何滋养以适应主流文化的需求。因此，受理学排挤，宋代武术没能取得质的突破，只能成为历史往替中盛大而无果的一环。

三、元代：理学衰败与武术变异

元代不足百年，却对中国文化发展具有独特的影响。元代前期，游牧文化与汉文化的矛盾尖锐，蒙古统治者没有认识到理学宣扬的纲常伦理对巩固政权的重要作用。儒家典籍遭焚毁，大量儒士被屠戮，宋代构筑的理学大厦轰然倒塌。元代暴政颠覆了武术发展的外在环境，主要表现在两个方面。

一方面，文人儒士遇到前所未有的悲惨境遇。科举中断，读书人的晋升途径堵塞。统治者施行"四等十级"的民族歧视政策，儒生被划为最为低劣等，有的坚守儒家道德使命，静则独善其身，有的加入全真道教，隐迹江湖清修苦练。相当一部分迫于生计投身戏曲创作，他们将生活的困厄、理想的挫败、命运的寥落统统抒发到文艺创作中。元杂剧关联着社会底层的劳苦大众，承载着人性的呐喊，一跃成为古代戏曲文化的高峰。

另一方面，元代空前的禁武法令，为武术体育化转变提供了绝佳的外部环境。由于阶级矛盾尖锐，底层民众酝酿暴力反抗。为切断民众的兵械来源，《元

---

① 李敬主. 朱子语类·太平经·抱朴子 [M]. 天津：天津古籍出版社，2016：66.
② 赫广霖. 理学流变与戏曲发展 [M]. 北京：中国社会科学出版社，2016：27.

史·刑法志》规定:"诸杂造局院,辄与诸人带造军器者,禁之。"① "诸打捕及捕盗巡马弓手、巡盐弓手,许执弓箭,余悉禁之。诸汉人持兵器者,禁之。""诸民间有藏铁尺、铁骨朵,及含刀铁挝杖者,禁之。"② 私藏兵器被处以严苛刑罚:"枪若刀若弩私有十件者,处死;五件以上,杖九十七,徒三年;四件以上,杖七十七,徒二年;不堪使用,笞五十七。弓箭私有十副者,处死;五副以上,杖九十七,徒三年;四副以下,杖七十七,徒二年;不成副,笞五十七。凡弓一,箭三十,为一副。"③ 刀枪、弓箭、兵甲的非法化为武术演化为体育提供了机遇。我们知道,无论是军事领域的作战经验还是民间用于自卫的械斗手段,都功能明确、价值单一,都不可能演进成为精致多元的体育活动。

然而,文人疏远武术的观念并未得到改变。尽管理学倾覆,科举制度中断,但儒家固有的思想传统依然影响着文人。在儒家先师孔子那里:"子不语怪、力、乱、神。"诉诸暴力、崇尚力量是受到反对的。子曰:"暴虎冯河,死而无悔者,吾不与也。必也临事而惧,好谋而成者也。"孔子反对匹夫之勇,主张用智慧谋略解决问题。

此外,《中庸》言曰:"宽柔以教,不报无道。"要用宽厚柔和的态度教化别人,即使对方横行无道,也不去报复。《中庸》还说:"果能此道矣,虽愚必明,虽柔必强。"儒者追求思想道德之强,而非体魄之强。《孝经》有云:"身体发肤,受之父母,不敢毁伤,孝之始也。"武术对抗受伤会令父母伤心,致不孝之嫌。《大学》云:"知止而后有定,定而后能静,静而后能安,安而后能虑,虑而后能得。"静下来净化心灵才能思虑周详。诸葛孔明《诫子书》云:"静以修身,俭以养德。"因此,理学衰落并未消弭儒者与武术之间的壁垒。虽然投身戏曲创作也不符合"游于艺"的教条,但儒与武的对立处于更为基础的层次。

虽然得不到文人的参与,文人施展才华的杂剧舞台搭建起武术与文人之间的桥梁,承担起引导和推动武术发展的角色。有史以来武打就是舞台艺术的重要组成,秦之角抵,汉之《东海黄公》,六朝之《兰陵王》,唐之参军戏,宋之《目连救母》等都融合了武术打斗。元杂剧体制完备、结构成熟,已经具备唱、念、坐、打四大要素。现存的一百多本元杂剧剧本中,含有打斗情节的就有数十种之多。

---

① 宋濂. 元史 [M]. 长沙:岳麓书社,1998:1502.
② 宋濂. 元史 [M]. 长沙:岳麓书社,1998:1680.
③ 宋濂. 元史 [M]. 长沙:岳麓书社,1998:1536.

以擂台争交为背景的元杂剧《刘千病打独角牛》①，集中反映了元代武术在体育道路上的进展。主人公刘千是河北深县饶阳人，不爱庄稼农活，专爱学拳摔跤。反面角色独角牛是连续两年的争交冠军，仗势欺人、不可一世。最终，在泰安一年一度的争交赛上，大病初愈、身材瘦小的刘千，打败了膀大腰圆的独角牛。

从剧本中可梳理出元代武术三个方面的现象。

第一，单人活动的打套子已经成为习练打擂本领的途径。

> （禾俫云）依着你可往那里耍去？（正末唱）我去那碾麦场中打套子，煞强如您沤麻坑里可都摸泥鳅。（禾俫云）您怎生不做庄农生活，则好打擂，可是为何也？

耐得翁只是勾勒出单人套子的笼统描述"与相扑曲折相反""与军头司大士相近"，这里明确称之为打套子。套子被作为获胜目的的单人活动，显然是由胜人技法前后拼接而成的。

第二，拳的内涵得到极大程度拓展，层次结构初步成型。可以说，《刘千病打独角牛》中的武术已经具备了套路的轮廓。

> （折折驴云）孩儿也，你使的是上三路，下三路，中三路，可是那一路拳？你一发对我说一遍咱。（正末唱）你看我，横里丢，竖里砍，往上兜，往下抛，虎口里截臂骨，扛纽羊头，枷稍坠，马前剑，扑手有那三十解。着那厮拳起处，我搬楚过，可叉则一拳打下那厮班石露台。

单人操练的大门一旦打开，拳之技法马上就丰富起来。上、中、下三路，说明已经形成分别针对头、身、腿的制胜策略。"扑手有那三十解"，"解"即"解数"。清初方以智《通雅》指出解数源于马术："解数者，马之解，方驰忽跃立焉，倒马焉，跃而左右焉，摘鞭忽下拾而登焉，镫而腹藏焉，秋而尾焉。"②明清街头卖艺常常上演马术表演，俗称"走马卖解"；明代《蹴鞠谱》记有"脚头千万踢，解数百千般"；小说《水浒传》和《西游记》中，"解数"经常被用来

---

① 徐征，张月中，张圣洁，等. 全元曲 [M]. 石家庄：河北教育出版社，1998：1666-1676.
② 方以智. 通雅：第35卷 [M]. 刻本. 立教馆. 1800（嘉庆五年）.

指示武打动作。可以看出,解数是许多民俗技艺的公有称谓,指种种花样动作。因此,解数的功能和后来的招式是一致的,不仅对活动内容起到规范作用,也是技术探讨的直接对象。据此可以认为,元代相扑的习练方式包括单人打套子,单人套子由众多解数组成,解数的下缘是"打""跌""扣""剪""掀""扑""拿""绊""摔"等基本技法。

第三,艺术舞台勾兑理想和现实,对拳文化的传播起到了巨大的推动作用。一方面,单练打套子万难成就相扑本领,更何况刘千黄干黑瘦、腿似麻秸、久病初愈,而对方却是身长一丈、膀阔三停、经验丰富的蝉联擂魁。另一方面,剧中多处体现胜负受力量主导的规律。刘千父亲自言:"我那兄弟有些膂力,前年去泰安神州争交赌筹去了",承认登台争交的必要条件是"有些膂力";刘千以巧取胜后,嘴里唱得也是"膂力的是刘千"。

> (正末唱)呀!独角牛拽大拳,刘千见拳,来到跟前,火似放过条蚕椽,出虚影到他胸前。刘千使脚去手腕上剪,他敢迤逗的到露台边,接住脚往上掀。胖身躯怎回转,膂力的是刘千。

一边是体育道路上广阔的技术动作世界,一边是搏击对抗受力量主导的一般规律,在高于现实生活的舞台艺术中,两者获得融合。明万历后期问世的《武备门》(1599)反映16世纪下半叶福建一带的拳法活动,是考察明代武术发展的重要文献。其序言将刘千奉为祖师,"夫相扑之拳,盖刘千之祖名",元剧本《刘千病打独角牛》中的武打素材也都得到了撷采。有学者指出《刘千病打独角牛》是中国戏曲史上最早的武打戏[1],诚为谛当之论。

元成宗到元仁宗时期,元统治者逐渐认识到理学对巩固政权的积极作用,儒学的社会影响渐渐复苏。皇庆二年(1313)科举恢复,诏定以朱熹《四书章句集注》为标准取士,理学的官学地位自此奠定。尽管科举恢复,但开科不过十六次,录取人数也十分有限,蒙古及色目勋贵把持政局的局面并未得到改变。登第举人受到猜忌排挤,更不会被授予军权,很难与统治者同心同德匡扶社稷。这决定了元代的政坛儒士不可能像后来的唐顺之、戚继光、俞大猷、郑若曾们那样,把武术与国之大事关联起来。可以说,在戏曲文化高度繁荣的元代,武术在复杂的外界环境下,间接通过戏台得到了儒家文化的哺育,一定程度上取得了进步和发展。

---

[1] 吕继祥. 古今民俗 [M]. 济南:齐鲁书社,2000:104.

第二节 明中期反理学思潮与武术革新

一、阳明心学的崛起与分化

明朝不仅建立起强大统一的封建帝国,也强化了封建专制制度。明太祖朱元璋深知理学对收天下之权以归一人的意义,建国之初即下诏,规定乡试会试的考试内容以朱熹章句集注为依据,经义以程颐、朱熹及其弟子的注解为准绳,要求文章要在宋代经义基础上"代圣人立言",并且严格规定体例和字数,八股取士由此确立。成祖朱棣组织编纂《五经大全》《四书大全》《性理大全》并亲自作序,前两部是"五经""四书"集注的汇编,后者汇集了程朱及后学的解释补充。

三部著作结合八股取士制度后,理学的弊病进一步暴露。在朱熹那里,"理"被视为人心之外的绝对准绳,要通过"格物致知"求得天理,必须在人的认识活动(知)和实践活动(行)之外讨论存在。这样一来,"知"和"行"被分割开来。朱熹有言:"论先后,知为先;论轻重,行为重";"论先后,当以致知为先;轮轻重,当以力行为重。"① "理"作为绝对规范凌驾于个体存在之上,道德践履的价值被牢牢框定在先验的圣贤说教中。学者必须先要从朱子经典中刻苦习得圣贤的"知",而后才能通过行动落实成自己的"行"。但问题是,这个修习过程一旦被钦定为教育纲领,"知"与"行"之间界限的判定马上就成为无法落实的难题。明人何良俊曾严厉抨击道:"自程朱之说出,将圣人之言死死说定……以此取士,而欲得天下之真才,其可得乎?"② 明朝皇权干预下形成的理学体系,只会不断培养出空谈理学、画地为牢、对统治者马首是瞻的知识分子。

如果说在王朝百废待兴之初,高压统治有利于国家集中力量休养生息,那么当社会物质财富蓄积到一定的地步,僵化滞后的统治思想就会酿出严重的后果。自明中叶开始,皇帝荒淫无道,宦官专权干政,奸佞结党营私,藩王叛乱时有发生,农民起义此起彼伏,西北边患日益严峻。同时,东南地区商品经济发展迅猛,平民阶层个体意识不断滋长,剧烈冲击着重农抑商的封建统治制度。封建礼

---

① 李敖主. 朱子语类·太平经·抱朴子 [M]. 天津:天津古籍出版社,2016:603.
② 何良俊. 历代笔记小说大观·四友斋丛说 [M]. 上海:上海古籍出版社,2012:17.

教与自由意识之间的关系异常尖锐,出现了一批如唐寅、祝允明、桑悦、徐威等以"狂简"闻名的读书人。他们不甘承受压抑刻板的时代高压,放荡形骸愤世嫉俗,为新思潮的形成起到了导风气之先的作用。

王阳明是继二程、朱熹之后理学思想发展的关键角色。王守仁(1472—1529),号阳明,浙江余姚人。他兼采朱熹和陆九渊,并糅合禅宗思想,把朱熹的"天理"内化于"人心",提出了"知行合一""致良知"的学说,倡导"心外无物,心外无事,心外无理,心外无善""良知在人心,不在圣贤""静处体悟,事上磨炼"。"理"被视为作道德原理而非本体之外的事物,极大程度上修补了朱熹割裂知行的理论症结。王阳明对个体道德实践价值的扶正,赢得天下读书人争先恐后地信奉,《明史》评曰:"宗守仁者,曰姚江学派,别立宗旨,显与朱子背驰,门徒遍布天下,流传逾百年……嘉、隆之后,笃信程朱还不迁异说者,无复几人矣。"①

"心"与"理"孰为本源的议题在南宋时就引过发过激烈争论。宋孝宗淳熙二年(1175),陆九渊和朱熹相聚于信州鹅湖寺,就理气先后、尊德性与道问学等议题展开辩论。陆九渊之后,心学名家代不乏人,元有陈静明、赵宝峰等,明有陈献章、湛若水等。心学与朱学如影随形,但始终无力与如日中天的朱学分庭抗礼,直至余姚人王阳明出现心学才再度兴盛,故王学又被称为"陆王心学""阳明心学""姚江之学""良知之学"。

心学在王阳明在世时就得到广泛传播。俞樟华在《王学编年》一书中综合各方记载,列出的阳明及门弟子多达四百六十多位②。早在弘治十八年(1505),王阳明在北京时就开始授徒。正德二年(1507),徐爱、蔡宗兖、朱节、蒋信、冀元亨等先后拜师。王阳明龙场悟道后,开始在书院讲学,众多学者投之门下。之后他在江西、贵州平乱沿途也不断传播心学,心学声名鹊起。正德十六年(1521),王阳明回到余姚专注讲学。此后的六年里,与弟子建立稽山书院和阳明书院,设立讲会制度,一批大出色弟子如王畿、钱德洪、欧阳德、聂豹、王艮等开始在各地崭露头角。浙江、江西、江苏及诸长江流域的王学声浪越来越高,直至风靡大江南北,成为明代后期的主流学派。

在王阳明生前,弟子们虽各有侧重,但并不存在门户之见。王阳明逝世后,

---

① 潘志锋.清初道统观研究[M].北京:社会科学文献出版社,2016:28.
② 俞樟华.王学编年[M].长春:吉林大学出版社,2010:200-201.

学派二代、三代迅速分化成不同流派。这是由于：其一，从"心即理"的提出到后来"致良知"宗旨臻于极致，王阳明的思想有一个长期的发展过程，后之学者多就其某个阶段内容各取所需；其二，阳明教导门人时不拘一格，常常根据资质习气因材施教，对利根者单刀直入示以顿悟，对中下根器者随处对治渐进渐入，即使亲炙弟子也难免各有所执；其三，王阳明的军事功业在理学家中绝无仅有，一定程度上掩盖了王学本身"开发有余，收敛不足"的理论局限。王学门下必然形成不同流派。

20世纪40年代嵇文甫先生将阳明后学分为左、右两派①。王畿、王艮代表的"现成派"把心的自然流行当成本体与性命，提倡顿悟、排斥渐修，具有个人主义、自由主义倾向，是为王学"左派"。聂豹、罗洪先等强调"归寂主静"，以阳明中年时期主静以致良知的思想为宗旨，主张用真切的工夫体认动静一体的虚寂真体，主静也必然远离了王学富有生命力的特征，因而被称为王学"右派""归寂派"。邹守益、钱德洪等人谨遵师门矩矱，无大得亦无大失，通常被称为"中派"。

需要指出的是，本着对理学的矫正，王学提出主体意识、道德本体的不同理解，但并未脱离孔门旨归。王阳明十分强调"致"的工夫："人孰无是良知乎？独不能致之耳。"② 这也是他在"良知"二字前冠以"致"并论述其重要性的缘由。早在四十岁讲学时，他就宣扬"朱陆同归"，指出朱子问学是为纠正学者躐等妄行之弊。四十九岁时，王阳明又从《朱子文集》中选出有心学倾向的言论，编成《朱子晚年定论》，用心学与程朱相符的论证来缓和两者间的紧张关系。

二、心学左派对理学的颠覆

清初黄宗羲在《明儒学案》中依照地域，将王学分为浙中王门、江右王门、南中王门、楚中王门、北方王门、粤闽王门等六大派别，而单列出"泰州学案"。并未冠之以"王门"不仅是因为王艮之说已经与王阳明迥然有别，更是对之时时越过师说导致王学崩解的苛责。

> 阳明先生之学，有泰州、龙溪而风行天下，亦因泰州、龙溪而渐失

---

① 嵇文甫. 晚明思想史论 [M]. 北京：东方出版社，1996：15-49.
② 束景南，查明昊. 王阳明全集补编 [M]. 上海：上海古籍出版社，2016：13.

其传。泰州、龙溪时时不满其师说，益启瞿昙之秘而归之师，盖跻阳明而为禅矣。然龙溪之后，力量无过于龙溪者，又得江右为之救正，故不至十分决裂。泰州之后，其人多能以赤手搏龙蛇，传至颜山农、何心隐一派，遂复非名教之所能羁络矣。顾端文曰："心隐辈坐在利欲胶漆盆中，所以能鼓动得人，只缘他一种聪明，亦自有不可到处。"羲以为非其聪明，正其学术也。所谓祖师禅者，以作用见性。诸公掀翻天地，前不见有古人，后不见有来者。释氏一棒一喝，当机横行，放下挂杖，便如愚人一般。诸公赤身担当，无有放下时节，故其害如是。①

王畿和王艮是王阳明最得意的两位弟子。通过黄宗羲评价可知，心学在王畿那里并未出现偏离，而在王艮那里就逐渐失去本色。王畿（1498—1583），号龙溪，字汝中，浙江山阴人，嘉靖十一年（1532）进士，官至南京武选司郎中，二十一年因传播伪学遭黜。王阳明在浙江时弟子众多无暇遍授，王畿与钱德洪被委以"教授师"代师讲学。阳明去世后，王畿孜孜不倦讲学四十载，足迹遍布江南各地，对王学的传播居功至伟。由于仕途道路过早绝断，王畿传播的心学更为侧重人身的存在和受用。阳明晚年将王学总结为"四句教"法，本意是根据学者资质的不同，对上根、中根、下根之人分别对待。而王畿以"上根人"自居，毫不掩饰地把心、性直接说成是"无"："良知本虚本寂，不学不虑"②"良知本无知"③"君子之学，以无念为宗"④。王畿常常援禅入儒高论生死轮回，在他看来，佛、道、儒之学本是一家。阳明在世时就曾经警告过他："只去悬空想个本体，一切事为俱不着实，不过养成一个虚寂，此个病不是小小。"⑤ 指出"四无"是针对少有利根之人的教法，如果通于众人会流入悬空虚寂。但阳明死后，王畿并没有遵照嘱咐，后来的王学末流们在此基础上更是向禅学靠拢。

泰州学派创始人王艮（1483—1541），字汝止，号新斋，江苏泰州人。其父是煮盐的灶丁，他本人也当过灶丁，后来从事商贩活动家道逐渐宽裕，开始学习儒家经典。从学阳明后，王艮获得了很深的心学造诣。四处讲学过程中，他根据市民和商贩的需求对王学加以改造，宣扬人人皆为圣贤："圣人之道无异于百姓

---

① 黄宗羲. 明儒学案 [M]. 北京：商务印书馆，1931：62.
② 吴震. 王畿集 [M]. 南京：凤凰出版社，2007：500.
③ 吴震. 王畿集 [M]. 南京：凤凰出版社，2007：348.
④ 吴震. 王畿集 [M]. 南京：凤凰出版社，2007：440.
⑤ 王阳明. 传习录 [M]. 扬州：广陵书社，2016：84.

日用，凡有异者，皆谓之异端……百姓日用条理处，即是圣人之条理处"①，"愚夫愚妇，与知能行便是道。与鸢飞鱼跃同一活泼泼地，则知性矣"②；主张解除教条对人性的束缚："天理者，天然自有之理也，才欲安排如何，便是人欲。"③如果说王阳明只是站在了程朱思想的反面指出成仁成圣的别样进路，那么泰州学派则赤裸裸地矗立在封建礼教的对立面上了。

王艮的偏离与心学的内部矛盾有很大关系。一方面，为使心学简单化反对朱熹人心与道心的区分，阳明提出心只有一个，就是道心。心成为道德的立法者。这就很容易使人认为所有人念都符合天理，思想追求沦为自私自利的幌子。另一方面，王学以心为归宿，认为恶的来源是良知受到了私欲的蒙蔽，朱学"气"对人心善恶的决定作用被取缔，人人平等、满街都是圣人的结论便很容易被推导出来。王艮正是王门弟子中最先提出"满街都是圣人"④者，在其看来，圣贤与愚夫并无区别，道的解释权属于普通人。

受王艮影响，后来又有颜山农、何心隐、罗汝芳、李贽等人从王学思想中分化出来。被称为"异端之尤"的李贽是泰州学派另一位重要人物。他发挥王艮百姓日用即为道的观点，指出"穿衣吃饭，即是人伦物理，除却穿衣吃饭，无伦物矣"⑤；"人必有私"，自私才是人的自然本性，必须关注个人利益支持弱肉强食；道德评价要符合"民情之所欲"，否定礼仪制度，不要舆论约束。从王艮到李贽的发展，泰州学派充满了启蒙思想精神，适应了新的思想诉求，程朱理学的影响力则极度萎缩。此前长期遭受束缚的领域得到解禁，众多读书人开始放下礼教思想枷锁"赤手搏龙蛇"，自由进入到数学、物理、医药、化学、音乐、戏曲、书画、小说等崭新领域。

"尊身立本"是泰州学派的根本立场。在王艮看来，个体是第一位的，没有个体之身，也就没有天下之治。他说："身与道原是一件。至尊者此道，至尊者此身。尊身不尊道，不谓之尊身；尊道不尊身，不为之尊道。须道尊身尊，才是至善。""身与天下国家，一物也。惟一物而有本末之谓。""立，修身之本也；立本，安身也。安身以安家而家齐，安身以安国而国治，安身以安天下而天下平

---

① 王艮. 王心斋全集 [M]. 南京：江苏教育出版社，2001：10.
② 王艮. 王心斋全集 [M]. 南京：江苏教育出版社，2001：6.
③ 王艮. 王心斋全集 [M]. 南京：江苏教育出版社，2001：10.
④ 王阳明. 传习录 [M]. 扬州：广陵书社，2016：83.
⑤ 李贽. 焚书 [M]. 北京：中华书局，1974：10.

也。"① 人身与道是一物，身即是道，道即是身；身为本，天下国家为末。《大学》修身、齐家、治国、平天下的成就公式，被曲解为安身为本，然齐家、治国、平天下。

身与道同，身先国末，泰州学派对人体本身的重视达到前不见古人的程度。儒家思想对体育的桎梏也土崩瓦解。"尊身"首重人之私利，就等于承认了肉体私欲，自然也就肯定了锻炼身体的活动，依是也很容易引申出当私欲、私利受人侵犯时，捍卫个人利益的肢体手段。受这一思潮影响，惊世骇俗以男女房事贯穿的小说《金瓶梅》粉墨登场，讲述英雄好汉杀富济贫替天行道故事的《水浒传》从幕后走向台前，源远流长的蹴鞠活动完成了《蹴鞠谱》的集成，长期备受冷落的武术活动也终于得到文人前所未有的关注和参与，迎来掀翻天地的发展变革。

三、明中后期的武术发展变革

儒家从本质上讲，是一种协调社会关系、强调社会伦理的学术流派，儒家思想与武术活动是扞格不入的。在先秦儒士那里，儒家是主持丧礼和祭祀活动的相礼之士，知礼、执礼、行礼是太初之儒的必要资质。早期的儒家就养成了注重精神修炼、慎终追远的思想传统。

孔子以文、行、忠、信立教，放荡肢体和嗜力好勇被视为粗野之举，身体活动的地位受到限制，技击的价值更完全被忽视。在《论语》中有如下体现：(1) 力量不被重视。"子不语：怪、力、乱、神"，孔子不提倡阐扬勇力。"子曰：'射不主皮，为力不同科，古之道也。'"孔子指出射礼之所重在于是否射中目标，不在于是否射穿箭靶，君子尚礼不尚力。道家的列子也说："孔子之劲力，能拓国门之关，而不肯以力闻。"(《列子·说符篇》) (2) 暴力手段不被认可。"子谓《韶》：'尽美矣，又尽善也'。谓《武》：'尽美矣，未尽善也'。"孔子主张歌颂先贤的仁德，不主张宣传征伐故事。子路鲁莽逞勇"行行如也"，孔子发出"若由（子路）也，不得其死然"的断言。有人问孔子打仗的事情，孔子表示自己不懂军事："笾豆之事，则尝闻学之矣。兵甲之事，未之闻也。"(《礼记·乐记》) 经过孔子整理的《诗经》，最大的反抗性不过表现为逃亡。(3) 肢体自由受到束缚。"政者，正也。子率以正，孰敢不正？"孔子"割不正不食，席不正

---

① 王艮. 王心斋全集 [M]. 南京：江苏教育出版社，2001：33-34.

不坐",对待家乡民众"恂恂如也",对待君主"踧踖如也,与与如也",对待士大夫"訚訚如也",代表君主礼遇宾客时"色勃如也,足躩如也",受生死无常触动时说"战战兢兢,如临深渊,如履薄冰"。孔子对体态的要求既丰富有别又缜密严格,意在用庄重、谨慎、恭敬的肢体语言,养成"温而厉,威而不猛"的外在威仪。(4)射艺被边缘化。"君子无所争,必也射乎!揖让而升,下而饮。其争也君子。"在孔子的观念里,与人较量得不偿失,但射箭除外,射箭是君子之争。当有人质疑孔子没有切实技艺时,孔子说:"吾何执?执御乎,执射乎?吾执御矣",宁愿选择去驾车也不选择射箭。可以看出,虽为孔门六艺之一,射箭实为孔子退而求其次的选择。

文武分途的春秋末期,孔子是站在文的立场划清了儒与武的疆界。但随着后来儒学地位的沉浮,儒者不武的立场不断受到冲击。战国末年吕不韦还说:"孔子之劲,举国门之关,而不肯以力闻。"①西汉初期开始大讲怪力乱神,武的价值于是受到推崇。司马迁就将谈兵论剑抬升至道的高度:"非信廉仁勇者不能传兵论剑,与道同符,内可以治身,外可以应变,君子比德焉。"②汉武帝独尊儒术后,儒对武的钳制开始发挥作用。东汉班固编撰《汉书》时只录入汉初形成的《剑道三十八篇》《手搏六篇》篇名,具体内容很可能在当时就成为忌讳了。由于董仲舒将"灾异说"引入儒学,原本积极活跃的儒家思想偏离理性轨道很快沦为"谶纬之学",儒对武的制约又体现出松弛的一面。迨至东汉,论剑、斗剑、相剑之风盛张,涌现出鲁石公"迫则能应,感则能动"(《说苑》)的绝妙剑论,以及武术史上光耀夺目的"越女剑"(《吴越春秋》)典故。

儒与武的对立关系随历史的发展此消彼长,儒学振作兴盛,武文化则衰靡败落。魏晋南北朝政局分裂,长期未形成统一局面。由于遭受道家、名家、法家、玄学、道教、佛教等思想的冲击,儒学发展时断时续不成气候。剑斗成风,手搏、角抵、骑射、单刀、刀盾、双戟大张旗鼓"皆有口诀要术,以待取人,乃有秘法"③。嗜好剑术的曹丕与大将军邓展以蔗代剑比试并三中其臂。唐代统治者施行文化多元政策,佛教占据优势,文与武的界限涣然冰释。剑器成为唐人的身份符号,剑文化与诗歌、舞蹈、书法相交渗,李白的诗歌,裴旻的舞剑,张旭的狂草被称为"开元三绝"。

---

① 吕不韦. 吕氏春秋 [M]. 北京:蓝天出版社,1999:163.
② 司马迁. 史记 [M]. 长春:时代文艺出版社,2001:892.
③ 邱丕相. 中国武术史 [M]. 北京:高等教育出版社,2008.

儒家思想对武的束缚是相当有力的。北宋初期，调露子在《角力记》中，为诠释自己并非违逆圣人之教，一开篇就重新解读"子不语：怪、力、乱、神"。反映了体育活动在古代所面临的消极环境：

> 序曰：子不语怪、力、乱、神，为千古之格言也。而后觑笔砚者，不孰淳素，见竞浮华，有所不知，终身之耻。故有作《齐谐记》《白泽图》者，有著《乱离》《妖乱》等志者，有辑《搜神》《幽冥》等录者。惟力也，岿然独存。顷于市货故纸束中，得古之杂说。于中一段，说角抵之戏，且多猥俗。愚居闲，遂加润之以故事，演或斯记。或曰："圣人所不言，子何须有述也？"愚则对曰："大道散则德者立，德坏则仁义薄；仁义生则忠孝起也。当仲尼之为也，有所不知，盖阙如也，何必繁细乎？圣人之德已立矣，后宗孔者枝叶异也，儒七墨三是也。是故纪奇异则近怪矣，序离散则近乱矣，纪幽冥则近神矣，述角觚则近力矣。此四类，非孔门盖杂家流也？"或曰："子述此，岂非斯文之类与？"复对曰："志怪者岂神耶？言力者岂力耶？昔梁简文帝著《马槊谱》，而不闻萧纲是骑将也。"[1] 愚今所著，岂出于乎稗官之俦也，条理于后。

即使是在思想纷乱伦理松弛的明代后期，不少文人仍不敢对圣人之教有所违背。万历时期"黄梅斋"著《蹴鞠门》开篇即云"夫古曰蹴鞠者，儒名也，今曰齐云者，俗名也"，体现了体育活动对儒学的攀附：

> 率多用此其诬圣人甚矣，呜呼！古为挑战□□，今为资利之谋。吾惧圣人之道荒遂，因锓梓以传，用矫时弊，使世人之智者玩而观之，不可徒乐欲也。宜见其器而顾改弊名，称其名而思改义，得其义而反诸古庶乎。圣人制作之本意不失，而君子玩之不为诬圣矣，岂无意哉？

儒学经历宋代的全面革新之后，对武的遏制达到历史顶点。宋元明初，理学的官学地位稳固，汉唐文化开放博大的气魄被内向保守的教条所取代。体育活动受到强力禁锢，文人不武的定式一直迁延至明中叶。明正嘉时期心学崛起，"事

---

[1] 调露子. 角力记 [M]. 北京：中华书局，1985：17-21.

第一章 唐顺之与明代武术发展变革

上磨炼"的主张尤其心学左派掀起的反理学浪潮,又一次凿穿儒与武的藩篱。嘉靖时期"南倭北虏"的困局也充当了武术演进的佐剂。"嘉靖间士大夫,多谙武事,思请缨自效"①,一大批士人精英展开对武的关注,他们或迫于统治危机,或追求实学造诣,或出于个人兴趣,由戎而武。得到了文人阶层的肯定和参与后,武术面貌一新,从此踏上体育化、套路化的发展道路。

从明嘉靖时期至明末,武术完成了以下三个方面的发展转变。

第一,器械技法开始积累。明代开启了聚焦于手法的理论积累历程。《江南经略》中出现了"勾刀阴手阳手""双头阴手棍""双头棍""阴手棍""阴手夜叉""滚手条子";俞大猷称棍法为阴阳变化之法,1561年寻访少林携宗擎、普照入营三载"时授以阴阳变化之诀,复教以智慧觉照之戒"②;唐顺之《武编》记述"(少林)阴手棍阴手盖阳手挈"③ "狼铣右脚右手在前,阴阳手使,攩（镋）扒（耙）亦多如此"④。在手法阴阳变化基础上,俞大猷著《剑经》,聚焦棍法阐发个体技击,唐顺之创制两两对练的六合枪谱。戚继光受到两者的共同影响,整合推出枪、棍等的图谱势诀。明末程宗猷、吴殳等又都是在戚继光枪法基础上增演。

第二,套子活动形式得到确立。戚继光在《纪效新书》十八卷本中率先推出"长枪二十四势""长拳三十二势",后来又在十四卷本中推出"辛酉刀法"等套路雏形。明末程宗猷将长枪二十四势去粗取精攒成"十八势枪法",还把枪法的套子活动模式推至棍、刀。吴殳对套子功能的局限有着清醒认识,主张枪法应"一戳一革"着力手法,但行动上也接纳了枪法套子,并在《手臂录》中就枪法"戳革"和"行着"进行充分评述。相较于枪法,长拳三十二势缺乏可靠的技击功效,但作为贯勤肢体的体育活动,也产生了巨大的社会影响。万历时期的《武备门》将三十二势动作贯穿,真正做到了势势相承,并且推出若干单练套子,宣告了拳法套路化历程的完善。

第三,奠定了枪法主导的"枪—拳"二元结构。就技击效用而言,枪、棍、刀、耙等器械远胜于拳。由于枪足够长,可通过双手拧转调动弹性势能,拥有弱胜强、技胜力的天然优势。因此,枪不仅是最呈现套路化趋势的武术器械,也是

---

① 钱谦益.列朝诗集小传·丁集上·谢少南[M].上海:上海古籍出版社,1959:454.
② 俞大猷.正气堂集·送少林寺僧宗擎[M].刻本.孙云鸿味古书室.
③ 唐顺之.武编[M]刻本.徐象㮚曼山馆·卷五:三十九.
④ 唐顺之.武编[M]刻本.徐象㮚曼山馆·卷五:四十三.

明代武术技击功能的首要承载。与器械不同，拳法套子一时很难突破胜败受力量主导的一般规律，实现技术或训练途径的突破。拳为武艺之源是武术招式化、套路化发展的必然趋势。因此，唐顺之、程宗猷、吴殳等明代武术家们，或多或少都持有枪法为用、拳法为看的二元观念。

总的来说，武术在明代中后期发生的转变可以用套路化来概括，并经历了前后两个阶段。嘉靖后期，武术形成"学而时习之"的套子素材，并因受到领导抗倭军事家们的推崇，套子武艺得以与军事捆绑，或借助军事著作或直接出自武将之手，凝结成为传世经典。万历至明末，反理学的惊涛骇浪促使人们的体育意识觉醒释放，套子武艺得到平民社会的接引。民间不断从军事经典中汲取滋养，表演、技击、健身、伦理等价值作为枝蔓，逐渐附着在套子这一活动主干上。套子武艺掀起空前习武热潮的同时，也引发了此消彼长的连锁反应，源远流长的摔跤、捶丸、蹴鞠等体育活动均受到巨大的冲击走向没落。

第三节　明代武术转折与唐顺之思想

一、唐顺之的生平

唐顺之（1507—1560），字应德，一字义修，号荆川，江苏武进人（今常州）。祖父唐贵是弘治朝进士，授户科给事中。父亲唐珠，字国秀，号有怀，正德举人，历任信阳知州、永州知府，颇有政声。唐顺之幼时受到过母亲的严厉斥责："汝儿尚有童心乎，将为宕子乎？"[1] 从此立志于学，日夜不辍，"垂髫之年已遍读诸经"[2]。并且从小就展示出广泛的兴趣，历史、地理、天文、历算、诗词歌赋，无所不读，无所不喜。

嘉靖八年（1529），二十三岁的唐顺之参加会试考试，高中会元，名震京师。在接下来的廷试中，由于拒绝主事大臣的拉拢，获得二甲第一名。明代士的最高层次是翰林，翰林学士负责修撰史稿、诏书起草、侍读皇帝等重要工作。不仅如此，英宗朝以后，明代官场形成非翰林不入内阁的传统，入选翰林不仅标志着登第进士的最优等级，也意味着获得了日后出将入相的资格。但由于嘉靖八年（1529）这批新科进士大多性格豪放身负义气，他们对张璁、翟涛、桂萼等"议

---

[1] 唐荆川研究会. 唐荆川诗文集［M］. 南京：凤凰出版社，2012：617-618.
[2] 北京图书馆. 明唐荆川先生年谱［M］. 北京：北京图书馆出版社，2010：442.

礼派"作风十分不满，因此大多没能入选翰林，沦为了政治斗争的牺牲品。唐顺之以会元的身份被当局选中，但他主动放弃，改授兵部武选司主事。

一直以来，会试头筹的会元与廷试第一的状元很难相敬如宾，唐顺之和罗洪先却是例外。他们有着相似的家庭教育背景，又都清介傲骨笃志圣学，因而一见如故定为石交。罗洪先（1504—1564），字达夫，号念菴，江西吉水人。少读书时听闻王阳明在赣州讲学，便有意负笈求学，因父亲阻挠而未能成行。后来亲手抄写王阳明的《传习录》。罗洪先对心学的痴迷引起了唐顺之的兴趣，使其对心学有了初步接触。嘉靖九年（1530）春，无意做官的罗洪先请假南归，唐顺之见好友离去，自己又在兵部任上饱受刁难，于是也选择告病归乡。

回家不久，母亲任氏在跟随父亲唐瑶赴任信阳途中病逝。任宜人虽身系宦门，一生操劳持家，含辛茹苦，从未享受片刻安逸。儿子刚刚考取功名便撒手人寰，唐顺之痛不欲生。父亲远在信阳任上，两个弟弟尚且年幼，唐顺之亲自操办母亲的丧事。然而，唐家几代为官都是两袖清风，连筹备丧礼的钱都拿不出来。后来每当提及母丧唐顺之便潸然泪下："吾平生所难处者，唯葬母一事，既未尝有分毫妄取，自今以后必无若葬母之难者，可保身不改节矣。"① 唐顺之是这么说的，也是这么做的。前后家居期间，缙绅大夫仰慕其名多有馈赠，唐家从不接受，所拒钱财滞于常州府库多达三千金。

嘉靖十一年（1532）九月，唐顺之服阕回到京师，改吏部稽勋司主事，不久迁为考功。吏部为六部之首掌握人事大权，唐顺之秉公办事举贤纳才，"一以清苦自持，而以进贤退不肖为急"②，竟被同僚嫉妒排挤。适逢皇帝决定从六部科道选举人才入翰林院，就这样唐顺之被吏部荐为翰林学士，授翰林编修，负责校对先朝《宝训》。在这期间，他与一批才华横溢、富有志向的同龄人交谊甚欢，其中有嘉靖八年（1529）榜的进士李开先、陈束、熊过、任瀚、吕高、皇甫汸等人，还有前科进士王慎中和赵时春。他们志趣相投，留心实学、关心时务，朝夕讲习、相约同游，人称"嘉靖八才子"。

当时阳明心学已经开始在京师产生影响。王门弟子薛侃、欧阳德、程文德、王玑、柯双华等相聚讲学，掀起了京师研学王学的浪潮。唐顺之与罗洪先、王慎中都是王学讲会的积极参与者。唐顺之结交了许多王门弟子，其中就包括亦师亦

---

① 唐荆川研究会. 唐荆川诗文集 [M]. 南京：凤凰出版社，2012：629.
② 唐荆川研究会. 唐荆川诗文集 [M]. 南京：凤凰出版社，2012：625.

友的王畿。王畿辩才敏捷言辞动人，在王学讲会中最为出众。唐顺之《吏部郎中林东城墓志铭》有云："是时缙绅之士以讲学会京师者数十人，其聪明解悟能发挥师说者，则多推山阴王汝中，其志行悃实，则多推君与吉水罗君达夫，罗君于朋友中最沉密矣。"① 王畿对唐顺之和罗洪先的心学体悟都产生了十分重要的影响，三人也自此结下了深厚友谊。

嘉靖十四（1535）年初，唐顺之完成了校对《宝训》的工作。而官场生活已使他感到厌倦，于是递上《告病疏》乞归养病。首辅张璁却迟迟不予批复，事实上张璁一直赏识唐顺之的才华，多方笼络不得而耿耿于怀。恰逢小人一旁煽风点火，张璁认定唐顺之是在轻慢自己，于是拟旨准许其以吏部主事致仕，永不录用。圣旨一下，举朝哗然，唐顺之人品高洁"文章行宜闻天下"②，众人皆为之不平。而唐顺之宠辱不惊地回到家乡，从武进移居到附近的宜兴山中，开始了为期四年多的读书讲学时光。

嘉靖十八年（1539）二月，世宗皇帝册立皇长子朱载壡为太子，任命大学士夏言为太傅组建太子官僚。三十三岁的唐顺之以才学和名望被召为太子东宫官署，官复翰林院编修兼右春坊右司谏。同被选为太子官署的还有罗洪先、赵时春、邹守益、徐阶等人，他们之中许多都有遭黜的经历。当时世宗皇帝迷恋道教，大行斋醮，每每称病。国不可一日无君，唐顺之心急如焚，对众人说："进不得见上，退困于谗奸，尸禄不去，如天下万事何，盍请朝乎？"③ 于是与罗洪先、赵时春一同上疏奏请太子出御文华殿接受群臣朝贺。这一举触怒了世宗皇帝，三人被削藩为民，也因此赢得了"翰林三直"的美誉。于是时隔仅仅一年之后，唐顺之又一次告别仕途，开始了漫长的家居时光。

自嘉靖十四年（1535）因触忤张璁吏部主事被罢，至嘉靖三十七年（1548）三月应召出山，唐顺之在武进和宜兴一共度过了二十多年的家居生活。以嘉靖十九年（1540）一年左右的短暂出仕为界，可分为前家居（1535—1540）和后家居（1541—1558）年两个时段。在这漫长的二十多年中，唐顺之夕惕若厉、学恐不及，穷僻乡野却声名日隆，最终奠定了自己在文学界、思想界的地位。文学方面，早年精究制义之文，高中会元之后蜚声海内，文章被奉为场屋圭臬。中年时期为之一变，讲求文道合一，注重文章法度，提倡学习唐宋散文，自出机杼一套

---

① 唐荆川研究会. 唐荆川诗文集［M］. 南京：凤凰出版社，2012：394.
② 北京图书馆. 明唐荆川先生年谱［M］. 北京：北京图书馆出版社，2010：458.
③ 唐荆川研究会. 唐荆川诗文集［M］. 南京：凤凰出版社，2012：617-618.

写作章法，成为"唐宋派"的理论奠基者。中年以后又超出己说提出"本色论"，倡导抒发自家"一段精神命脉骨髓"、直抒胸臆不必准于法度。本色论对徐渭、李贽、"公安派"等影响巨大，开启了明代中后期性灵文学思潮的先声，成为后来包括诗文、戏曲、小说乃至书画领域的主导思想。

思想方面，他与王学门人往来密切，与罗洪先、聂豹讨论归寂之学，与王畿讨论良知自然之学，对佛、道思想也多有兼采。尤其是在王畿和罗洪先的影响下渐渐步入心学殿堂，最终构建出自己的学术主张"以天机为宗，以无欲为工夫"。自言："成汤周公坐以待旦，高宗恭默三年，孔子不食不寝、不知肉味，凡求之枯寂之中如是艰苦者，虽圣人亦自觉此心未能纯是天机流行，不得不如是着力也。"① 为洗涤欲障彻澄心源，"冬不炉，夏不扇，行不舆，卧不裯，经岁一布衣，经月一肉食……诸艰苦靡不以身尝之，曰非如是不能袚除欲根也"②，"冬夏惟著一青衣直裰，巾履十余年不更，初或以年不沐，其后至有廿年不沐者"③，"居常闭户，五六日默然绝无一语，经月不设户裯，兀兀静坐，不卧不寝"④。自注诗曰："余平生无厚褥，止一褥，既薄且蔽，病骨觉冷硬，不堪也，乃从亲人家借一褥衬之。平生有厚褥与重褥，自今始。而余素戒肉，养病乃肉食。"⑤ 王畿目睹其苦节由衷感叹："天下人以戒定慧救贪嗔痴，荆川当以贪嗔痴救戒定慧！"⑥

唐顺之家居期间未曾一日忘却报国志向。为了以备实用，唐顺之从青年时期就开始搜求武材钻研军事。李开先《荆川唐都督御史补传》云："自始仕，即奋然有以身殉国之志，见天下无事，士大夫雍容文墨，赋诗弈棋，宴歌高会，辄不喜。故其自为，常闭门读武经战书，考究山川险易，兵马强弱，士奇禽乙，孜孜不倦。见者笑其学杂多事，卒之南北寇房交侵，搜求武才，而唐子始以所长表矣。"⑦ 赋闲家居期间虚怀若谷无所不究，广开门户招揽社会各路人士相互切磋，"于其时学射、学算、学天文律例、学山川地志、学兵法战阵，下至兵家小技，一一学习。四方谈学攻文之士重研盈履，艺能方技闻风远来。不畏寒暑，往返究

---

① 唐荆川研究会. 唐荆川诗文集 [M]. 南京：凤凰出版社，2012：633-634.
② 唐荆川研究会. 唐荆川诗文集 [M]. 南京：凤凰出版社，2012：633.
③ 唐荆川研究会. 唐荆川诗文集 [M]. 南京：凤凰出版社，2012：612.
④ 唐荆川研究会. 唐荆川诗文集 [M]. 南京：凤凰出版社，2012：614-615.
⑤ 唐荆川研究会. 唐荆川诗文集 [M]. 南京：凤凰出版社，2012：65.
⑥ 北京图书馆. 明唐荆川先生年谱 [M]. 北京：北京图书馆出版社，2010：543.
⑦ 唐荆川研究会. 唐荆川诗文集 [M]. 南京：凤凰出版社，2012：629.

竟，必精必透"①。可以看出，尽管唐顺之以文著世，其相当多的精力是用在了各领域知识和技能的探索上。

嘉靖三十七年（1558）春，五十二岁的唐顺之捐弃小节，应严嵩和赵文华举荐，以兵部职方司员外郎复出。进京不久，升兵部职方郎中。七月奉命前往蓟州查勘兵员，重病之身仅用四十天就走遍了绵延两千多里的十个防区。十月底，又南下浙江、南直隶视察军情，协助总督胡宗宪剿倭。唐顺之严整海防重振军纪，提出和执行"御敌于海外"战略，先后协助诸将官取得三片沙之捷、姚家荡大捷，为江南地区倭寇的肃清做出了重要贡献。

嘉靖三十八年（1559）三月，以军功擢升太仆寺少卿，四月升通政司右通政，九月改右佥都御史代凤阳巡抚职。嘉靖三十九年（1560）春，淮阳遭受大饥荒，唐顺之一面忙于赈灾，一面筹备御倭事宜，"昼夜治文书，经理戎事，每夜至四鼓尚未就寝"，"沿海之处无不亲莅"②。终日劳顿导致旧疾频发。三月，在巡查通、泰防务途中发病。四月一日，病逝于泰州姜堰舟中，享年五十四岁。临终言与诸将曰："本欲同心建功报上，今不能矣，愿诸君勉之！"③

二、唐顺之的思想转变

四十岁是唐顺之学术思想发生转变的分水岭。其致友人的信中不止一次提及自己经历的"四十之变"："今年且四十，益觉进德之难。"（《与张习磐尚书》）"年近四十，疾疢忧患之余，乃始稍见古人学问宗旨。"（《寄刘难坦》）"如仆者，年迫四十，齿发渐衰，自念此身竟未有安顿处，正坐其初入头，元不是真根子。"（《答冯午山提学》）"近年来痛苦心切，死中求活，将四十年前伎俩头头放舍，四十年前意见种种抹杀，于清明中稍见得些影子。"（《答王遵严》）其实"四十"是前后几年的约略说法，唐顺之在三十八岁时就已经发生心学向度的明显变化。他之所以常常强调"四十之变"，与从四十岁开始遭受的一连串人生变故有关。

四十岁开始，亲属友人离世的噩耗接踵而至。四十岁当年七月，忘年好友万吉病故，长子万士亨过度悲痛随父而去，年四十二岁；亲密文友五年进士屠应埈

---

① 唐荆川研究会. 唐荆川诗文集［M］. 南京：凤凰出版社，2012：607.
② 唐荆川研究会. 唐荆川诗文集［M］. 南京：凤凰出版社，2012：611.
③ 同②.

卒，年四十五岁；好友十一年进士皇甫涍卒，年五十岁。四十一岁年六月，弟媳王氏病故；十一月，妹夫十四年进士王立道卒于任，年三十八岁。四十二岁年，同榜进士好友，陕西三边总督侍郎曾铣因议复河套被斩，年四十岁；十一月，结发妻子庄氏卒，年四十一岁。

周围鲜活生命的逐个凋零，足以改变个体的人生方向。其中，万士亨的英年早逝，对唐顺之的刺激最为强烈。万士亨是宜兴名士万吉的长子。万吉（1484—1546），字克修，为人方严刚峻，学问以朱熹为尊，深明义理、谨守格式，人称"古斋先生"。嘉靖十四年（1535）唐顺之移居宜兴，两人定交，尽管年龄相差许多，二人切磋学问，相互启发，建立了深厚的友谊。唐顺之《祭文万古斋文》回忆道："余有所往，不告余僮。僮来相寻，知必在公。公命家人，为具客食，家人不问，知余为客。"[①] 后来万吉让次子士安、季子士和拜唐顺之为师。再后来，万士和将女儿许配给唐顺之的儿子唐鹤征。

万士亨（1505—1546），字思通，号希庵，万吉长子，嘉靖二十年（1541）会试第一名。因为当时有年过三十五不能入选翰林的规定，万士亨因超出一岁而未能入选，授吏部主事，官至稽勋司员外郎。万士亨收到父亲万吉病危的消息时正在京师任上，千里奔丧，丁忧五个月后竟一命呜呼。《宜兴县志》载："（万士亨）水浆不入口者三日，捧灵位徒行九十里抵舟，哀毁愈切，至家无顷刻，离柩侧戚若负重罪。踰五月竟不起，以衰经殓，家人从之。"[②] 唐顺之《祭万希庵文》有云："繄衔哀而入骨，谅虽死而不化。命衰经以为殓，见先君于地下。惟君质之敦厚，宿余心之所契。始吊君于块土，觉形神之顿异。余既已为君而心忧，君犹尚慷慨而竟气。苟一息之未亡，尚前修之可冀。复谓予以久要，期规我而无弃。曾晤语之几时，忽凭棺而殒涕。兹日月之有期，从先君以即窆。寄一哀以陈词，亦何尽于吾意！"[③]

可能是年长两岁的缘故，万士亨并未像两位弟弟一样拜唐顺之为师。但后来士亨、士和兄弟同时考上嘉靖二十年进士，想必士亨也受到了唐顺之的倾力点拨。根据祭文中流露的交往情况可知，两人品格相类，都是方正持重之人，并且情投意合互相欣赏。唐顺之毕竟入仕更早，于是告诫万士亨不宜太过耿直，而万士亨却不以为然，反倒以唐顺之坚持操手、洁身自好为榜样。稍做联系可知，对

---

① 唐荆川研究会. 唐荆川诗文集 [M]. 南京：凤凰出版社，2012：380.
② 阮升基，宁楷. 嘉庆重刊宜兴县志：第8卷 [M]. 1797（嘉庆二年）.
③ 唐荆川研究会. 唐荆川诗文集 [M]. 南京：凤凰出版社，2012：380.

于唐顺之来说，自己与士亨不仅年龄相当、性格相契，而且都受到了不公正的对待，以会试第一名的成绩竟不能如愿翰林学士。现如今，新会元的人生已经悲剧谢世，而自己这位老会元又何尝不是正在走向同样的结局？

万士亨去世当月，嘉靖二十六年（1547）十二月，明廷绝断与日本勘合贸易的恶果开始显现。倭犯宁波、台州大肆杀掠，人情恇扰①。也是在这一年，西北战事又起，鞑靼俺答部四月、五月、六月、七月、十月多次叩关，劫掠宣府、延安、宁夏等地。当年唐顺之与罗洪先、赵时春一同被罢时曾有发出"不十年，北胡南倭必大作"②的断言，没想到还是应验了。倘若三十岁前的引病归乡是由于天下无事"仕隐无两道"，四十岁之后的国之情势已不允许他继续独善其身了。正当唐顺之欲有所动时，嘉靖二十八年三月，曾精心辅佐的皇太子朱载壡（1536—1549）"行冠礼越二日薨"③。这无疑又是一记重击。作为太子宫僚的重要成员，唐顺之对太子寄予厚望，太子的茁壮成长不仅是他侧身家居、乐道守志的底气，也是他东山再起、大施才华的寄托，太子夭折意味着他再难有出头之日了。

厄运尚未休止，身体健康也出了问题。之前就有一个叫田顼的人担忧唐顺之活不过四十岁④，四十三岁时又有一位相士断言其活不过四十六岁。冥冥之中也许是巧合，四十五岁年初唐顺之就大病一场，奄奄一息几乎丧命："春病囊痈，出脓水四五碗。二三月间，濒于死者三四，伏枕百余日。"⑤于是之后每当提及四十岁前后的经历时，唐顺之总是非常感慨："年及四十，尪羸卧床，已成废人"⑥；"仆多病之躯，年入四十，已更寥落，不觉尘心灰烬，枯坐食素，兀然一老瞿昙"⑦。

经历了家人离去、朋友谢世、前途断绝、死中返活等一连串打击后，唐顺之彻底完成了从朱学到王学的思想转变。思想上，提出富有王学色彩的"天机说"，强调天机是人之自然本性，天机活泼、天命所使、不容纤毫人力，障天机者莫如欲，洗尽欲根、绝去外物之诱，才能求得本心；文学上，超越了自己"取

---

① 黄凤翔，毛元义. 嘉靖大政类编二［M］. 三通馆：七十五.
② 唐荆川研究会. 唐荆川诗文集［M］. 南京：凤凰出版社，2012：614.
③ 北京图书馆. 明唐荆川先生年谱［M］. 北京：北京图书馆出版社，2010：627.
④ 唐荆川研究会. 唐荆川诗文集［M］. 南京：凤凰出版社，2012：624.
⑤ 北京图书馆. 明唐荆川先生年谱［M］. 北京：北京图书馆出版社，2010：631.
⑥ 唐荆川研究会. 唐荆川诗文集［M］. 南京：凤凰出版社，2012：624.
⑦ 唐荆川研究会. 唐荆川诗文集［M］. 南京：凤凰出版社，2012：160.

法唐宋、文必有法"的唐宋派主张,高高举起"本色"旗帜,提倡率意信口、不格不调传达创作主体的精神人格、抒发自我见解与境界;对待知识技艺的态度上,从"百家众艺莫不精心"与"慨然自悔,捐书烧笔"①的矛盾中挣脱出来,开辟实学经世理路。同时,个性也发生了幡然转向,从青年时的中规中矩、谢遗世缘,锐变成为一位师心自放、毁誉不计的中行之士。没有改变的是勇于任事一往无前的秉性"至于为国为民一念,每饭未之敢忘"②。以至暮年"荐之非人、出之非时"③,不避严嵩、赵文华之恶名,顶着巨大的舆论压力,义无反顾应诏而出。

需要指出的是,"天机"思想与王学左、右两派密不可分。"天机自然"其实承自王畿的自然良知,主张顺应自然之流行;"无欲"则是借鉴了罗洪先、聂豹的归寂主张。试想而知,十年如一日会试夺魁,以文章擅天下、学者宗之、士人仰之,博涉技艺、业擅名家、无所不精,唐顺之绝不会认同现成派当下现成、工夫为无的主张,那样他的学问岂不都成了可有可无?他也不会完全接受归寂派主静无欲、收摄保聚观念,那样还怎样以儒者自居承担社会责任。所以他强调"静"绝不在形式,"静味只于无静味中寻讨"④,"若欲求寂,便不寂矣,若有意于感,非真感矣"⑤,"行者居者,行迹各别。然理无二致也,日用工夫无二致也"。

从程朱与陆王的分歧来看,唐顺之的"天机"同时兼有"天理"与"人心"的双重内涵。"天机即天命也,天命者天之所使也""人只是立此天之所使也",人与"天机"是主客关系;"障天机者莫如欲""若本体无欲障,则顷刻之间念念迁转,即是本体"⑥,反过来,如果欲望没被洗尽,天机受外物蒙蔽,那么天机也就不能称之为天机了。显然,代表本心、本体的"天机",内涵上是理和欲的结合体,不同之处,唐顺之把区分理与欲的任务,交给了从社会人伦出发的道德实践,从而紧紧扣合了阳明心学"致良知"的思想精髓。因此,尽管"天机说"是心学传播和流变的产物,其本质是唐顺之从自身需要出发对朱学和王学所做的调和。

---

① 唐荆川研究会. 唐荆川诗文集 [M]. 南京:凤凰出版社,2012:194.
② 唐荆川研究会. 唐荆川诗文集 [M]. 南京:凤凰出版社,2012:230.
③ 唐荆川研究会. 唐荆川诗文集 [M]. 南京:凤凰出版社,2012:622.
④ 唐荆川研究会. 唐荆川诗文集 [M]. 南京:凤凰出版社,2012:153.
⑤ 唐荆川研究会. 唐荆川诗文集 [M]. 南京:凤凰出版社,2012:173.
⑥ 同⑤。

三、唐顺之的三处勾连

王学"心即理"打开了圈囿武术的牢笼，儒士获取到把武作为德行技艺的依据。但心学不是一种适合学术构建的学说，缺乏统一的外在标准和具体的操作，主要依靠心灵的体悟和信仰，不利于依附之而形成稳定的结构。若依据王畿现成派的见解"本体为无""不犯手做""当下现成"。那么"武"就成了先天之本，不应该有内容和形式，"艺"的体系也就无从展开。聂豹、罗洪先代表的归寂派以为"寂"良知本体，割裂体用、感寂偏执主静，与一身动一身强的身体活动格格不入。而唐顺之经历了朱学与王学两者之间的取舍，身体力行矫正朱学之弊，又兼采王学左右二派，主张"德艺无二""艺之精处，即是心精""学以操练为主"。一出一入间，文与武、德与艺翕然合流，儒学与身体应然合榫。

程朱理学和陆王心学同时对唐顺之的武术思想及内容发挥了深刻作用。心学为武事活动和武艺探索提供了允许，但不利于延伸出系统的学练体系；程朱理学虽然禁锢教条之外的一切实践，却具备缜密的层次和结构，为武术理论的构建和活动模式的创发提供了学理依据。用来支撑朱学的理、气、动静、阴阳、虚实、五行等思辨材质，以及修身、齐家、治国、平天下的价值取向，包括"知行相需，知行相发""格物穷理，日格一物"的工夫方法，自然而然地成为武术的内在结构。这也是唐顺之能站在历史原点，发挥凿空作用的深层原因，具体可概括为其在武的不同要素之间所发挥的三处勾连作用。

第一，勾连技术与力量。唐顺之最初从事的武术活动是射箭，早在三十岁前后，他精湛的射艺就在文人群体中引起了不小的轰动。三十六七岁开始学习枪法，一代文宗，反倒将射法和枪法至于文章之上，"按时人多以文章相推尊，而公日所自喜者则为射法、枪法、兵法，不在文章[①]。"我们知道，弓箭是古代军事核心器械，原理是把木质弓身的弹性释放成短时间长距离的箭矢动能。"莫患弓软，服当自远，莫患力羸，恒当引之"，弓箭的弹性原理与当时期盛行的民间枪法是完全一致的。九尺左右的木质长枪可通过手法的作用激发弹性，用唐顺之的话说即是"亦不全滚，（后手）手略滚一半（前手）便转"[②]。射法与枪法的相通之处是都满足了体育的平等性要求，消除了人与人力量的差异，使较艺双方

[①] 北京图书馆. 明唐荆川先生年谱 [M]. 北京：北京图书馆出版社，2010：576.
[②] 唐顺之. 武编 [M]. 刻本. 徐象橒曼山馆·卷五：四十二.

第一章 唐顺之与明代武术发展变革

处于平等地位。

侧重手法技术是射与枪的共同特点。射法控弦最究手法，可分为胡汉二法，胡法省力利于马上，汉法力利于步用；枪术亦在手法，"手法甚紧，其圈为母"①，穿指、穿袖、封闭、捉拿全凭两手拧转。而枪法对练具有弓箭教射所不具备的优势。射箭时引弓、沈鹄、调息、放箭，肢体运动上下两分，发矢与之后收集箭矢又是动静两分。另外，射箭对器械有很高的要求，一把上乘的弓，需要经多道工序费时数年，箭的制作也相当复杂，弓、镞、羽不可避免地损耗同样是射箭活动的限制因素。这与二人手握长杆就能对面较量相比，优劣易见。鉴于枪法活动全面、经济便捷等特点，唐顺之投入了大量精力，教导家人、弟子投入枪法习练，并且运用自己独到的古文造诣创制出"六合对练"之法。通过定步、"前手前三尺放枪，枪头交三尺滚"② 规定出相对安全的对练方法，使武术获得手法技术凌驾于力量资质之上的交流方式。

第二，勾连套子与军事。三十五岁时，唐顺之从温州南戏艺人那里得到了"温家拳"的戏台武打文本。包括十个名色各异的固定动作，以及若干组舞台语境下的打法组合。后来经过加工润色，成为《武编·拳》一节的主要内容。根据唐顺之武术思想的发展历程可知，温家拳原生内容中并无"拳势"的概念，冠于开篇的"拳势""定势""无定势""不失势""把势"等论述，是其晚年汇集《武编》过程中自身观念的阐发。众所周知，《孙子兵法》就用"势"来表示军队节制，之后势气、阵势、胜势、败势更是军事领域的常用术语。唐顺之通过"攻守""虚实""惊取""两惊则多者胜、两多则熟者胜"等军事立场的阐释，意在激发练武热情，攻克官军畏倭怯战的心理障碍。看似偶然的个人作用，经其力兼文武的巨大影响，戏台羽翼的套子活动被赋予军事领域的一席之地。

招式化、套路化的武术活动若欲摆脱"兵家小技""戏局套数""俗谓之戏"的功能局限，必然需要与儒家正统文化取得关联。在嘉靖时期南倭北虏、国事动荡背景下，"拳势"起到勾兑军事与舞台表演的作用，套子活动被赋予"治国平天下"的应然属性。尽管《武编》的影响力比较有限，这一思想经过杰出军事家戚继光的借鉴，凝结成为"长枪二十四势"和"长拳三十二势"两部划时代武术经典。"拳势"让套子武艺开始得到儒家文化的认同，也为武术活动提供了

---

① 唐顺之. 武编 [M]. 刻本. 徐象橒曼山馆·卷五：四十二.
② 同①.

习练表演及技理研讨的载体。在此稳固的基础之上,武术招式化、套路化的活动样式得以确立。

第三,勾连个体技击与集体阵战。唐顺之青年时所作的廷试《策论》中,就体现出对军事问题的格外关注。去官家居期间,他密切关注边疆局势,与军事统帅曾铣、翁万达、张经、胡宗宪等互通有无指画方略,为名将沈紫江、何柏村、俞大猷、汤克宽等撰文表功,钻研和积累军事理论,火药、器制、钱粮、天文、地利、水陆、历算等无所不精。与军事的不解之缘,决定了唐顺之武术与军事的密切联系。他不仅从军事立场阐扬枪法,而且前无古人地借用动静、斜正、五行、激答,以及气、心、神等解构枪法技艺。晚年身力已衰,当回忆起中年时的习枪经历时,依旧洋溢报国之志:"余三十六七岁时曾问枪法于河南人杨松,是时殊有跃马据鞍之气。"①

但无论如何,面面相对的对打与军事集体阵战不可同日而语,广义的武术与狭义的武术存在鸿沟。唐顺之赋予武术的操练精神价值,成为连接军事和体育的纽带。晚年督兵剿倭期间,他根据倭寇擅独战、嗜短兵、小股出动的特点,创制出五人一队、长短兵器相杂的"鸳鸯阵"战法。盾牌、狼筅、长枪密切协同"敌之锋刀不能及""如载堵墙而前,百战不殆"②。戚继光在继承鸳鸯阵法的同时,将唐顺之推崇的枪法、拳法加以改造用于军事操练。随着戚家军所向披靡受到举世瞩目,戚继光从《武编》中整理出的"六合枪对练",以及在此基础上延伸出的"二十四势单练"脱颖而出,成为率先取得招式化、套路化转变的武术技艺。

综合唐顺之武术实践的相关资料,包括文集中《杨教师枪歌》《峨眉道人拳歌》《日本刀歌》《剑井行时有白气属天》,以及《武编》前集卷五中的拳、枪、剑、刀、筒、锤、扒、攩诸门全盘考察就会发现,在其武术体系中,射法、拳法、枪法内容最为突出。其中,拳法敷衍套子的肢体活动方式,枪法对练的劲力摸索途径,以及它们同时所焕发出的战斗精神,共同促使发轫于社会底层的体育活动完成优化自身与经世致用的双重使命。演练、力量、技术、军事在人为的作用下熔为一炉,从而预流了中国武术以套路为主的活动样式,尚技不尚力的技术追求,以及忠心报国的价值落脚点。

---

① 唐荆川研究会. 唐荆川诗文集 [M]. 南京:凤凰出版社,2012:579.
② 唐顺之. 武编 [M]. 刻本. 徐象橒曼山馆·卷四:四十五.

第二章 唐顺之拳法考论

《武编·拳》和《峨眉道人拳歌》是反映唐顺之拳法的重要文献。前者是套子拳法之源头，对武术套路叙事具有决定意义；后者对武术文化影响深远，为峨眉派、少林拳之滥觞。本章第一节探讨《武编·拳》的内容、来源、产生背景等问题。第二节讨论《峨眉道人拳歌》的创作时间及道人的真实身份。

第一节 《武编》拳法考

一、《武编·拳》原文

以下是刻于万历四十六年（1618）杭州徐象橒本《武编》前集卷五中《拳》一节的内容。按照记叙顺序，大致可以分为拳论、拳家、招式、腿法、杂论五个部分。首先看第一部分：

> 拳有势者，所以为变化也。横邪侧面，起立走伏，皆有墙户。可以守，可以攻，故谓之势。拳有定势，而用时则无定势，然当其用也。变无定势，而实不失势，故谓之把势。作势之时，有虚有实，所谓惊法者虚，所谓取法者实也。似惊而实取，似取而实惊，虚实之用，妙存乎人。故拳家不可执泥里外圈、长短打之说，要须完备透晓乃为作手。技欲精、欲多，用欲熟、欲骏、欲狠。两精则多者胜，两多则熟者胜，两熟则骏与狠者胜，数者备矣，乃可较敌。

第一部分围绕拳势阐述定势、无定势、失势、把势等概念，提出长短打的划分以及精熟取胜的训练原则。

一（注：一居于段首无实意，下文同）家数：温家长打，七十二行着，二十四寻腿，三十六合锁；赵太祖长拳多用腿；山西刘短打，用头、肘，六套；张（注：此处原文脱误为"长"，根据文意改为"张"）短打，六套，用手、用低腿；吕短打，六套。赵太祖长拳山东专习，江南亦多习之。三家短打，钺亦颇能，温家拳则钺所专习，家有谱，今不能尽述也，略具数节于后。

第二部分列举温家长打、太祖长拳、山西刘短打、张短打、吕短打等五家拳法，并指出各家特点。

一势：四平势、井阑四平势、高探马、指裆势、一条鞭势、七星势、骑虎势、地龙势、一撒步势、拗步势。

长拳变势，短打不变势，逼近用短打，若远开则用长拳。行着既晓，短打复会，行着短不及长矣。

一手：有上中下：切、斫、钩、扳。

挽金手：高立、格扬、逼攻抖。

盘旋左右脚来蹉，调出五横三推肘；
你行当面我行旁，你行旁来找直走；
倘君恶狠奔当胸，风雷绞炮劈挂手。

腾捶手：双打、双砍、双过肘。

左右走手怕边拳，调出飞虹忽捉手；
喝声打上下头虚，顾下还须上捉手；
只些真诀是原传，还有通仙六只手。

旗鼓拳：闪横、拗步、脚上前。

高怕黄莺双拍手，低怕撩阴跨裆拳；
挨靠紧迫休脱手，会使斜横抢半边。

长拳行着凡打法，行着多从探马起；
直行虎打法三着，打左右七星拗步。

高探马惊法：右腿蹴惊右手斩手，左手飞拳上脸，连右手拳一齐再发；搭脚、进步、高探马，左拳哄脸右腿低弹，左腿右拳飞拳上脸，倒身一蹉倒插幡。

高探马专打高探马：右腿惊左腿，左腿上蹉，玉女穿针。

高探马变一条鞭：右拳惊，右腿随，拳窝里暗出，倒马锉，四平变身法，回身勒马听风。

第三部分主要讲述招式和打法。列出了十个势以及揞金手、腾搋手、旗鼓拳等，并给出了几组以高探马为核心的打法组合。此段是全文结构最为工整的部分。

诸势俱打一腿，六腿左右通用。本家俱有短腿可破，又有还腿可用。
一钻：左上右钻，右上左钻。
一蹅：左颠右蹅，右颠左蹅；左偷右蹅，右偷左蹅。
一锉、一蹶、一挂、一跟、一低弹。
演法：凡学腿先虚学，踢开腿后依法演习。
钻腿：虚学。
蹅腿：悬米袋或蒲团学。
锉腿：虚学或用柱挂。
蹶腿：虚学或用挂。
柱腿：用柱学。
跟腿：虚踢后用柱式。
弹腿：用三尺长凳竖立或用石礅在平地上学。
圆光手、四平手、腮肩手、高搭手、沉坠手、钓脚。
行着、短打、长拳。
卧鱼脚跽一脚，鬼撮脚伸一脚。
俱右俱用铁门拴，即抢壁卧番身，双脚打重不倒身。
站法脚尖正背人，腿起如马踢为椿（注：椿即"蹅"，文中出现的两处均为脱误）腿。
平踢为弹腿，习弹腿便捷用凳。以脚凳竖地上弹腿踢去，取平行不倒为度。
习弹腿力用礋石，以踢远礋石为度。
习蹅腿虚腿，用糠悬梁上，蹅腿高踢去复还，以俱腰力为主度。
习蹅腿实腿用柱，以椿腿踢柱上尽力为度。
钩腿，指拳腿弯向里。
习蹅腿则有力。

绵张拳护胸胁腰，温家拳护头面颈。

脚要打高，手亦取高。专用脚，以手辅之。手不能当脚，脚起半边虚说，不着。

温家高脚拄下，用脚接；低脚踢上，用脚断长拳。

张拳没套，待彼入套；本家设套，待改调处。

疾、迟、痴、死四胜。

第四部分主要讲腿法，提出腿法的详细分类及练习方法。

左手如钻钱，右手如弄琴；
前腿如山，后腿如撑；
前手如龙变化，后手如虎靠山。

左右不离，前后方钩（注：钩，连接、牵连，这里指两臂呼应防守严密），入眼不睐，见枪速进。

钩连密，莫犯、莫敌。

点用单手送，如点水蜻蜓，有活动之意；扎用双手老实送一扎，用稍（注：稍稍）。

一棍：用根，根稍互用，步步进前，如阴手棍阴手盖阳手掣，此是少林士真妙诀。

扒：止左右打，上揭，不宜向下磕，恐扒头重难起也。

盘腿：里盘、外盘腿。

第五部分可称为杂论，描述拳法格斗间架并强调灵活变化，末尾涉及枪、棍、扒（耙）的一些经验。

二、温家拳的戏台出处

清代学者徐珂有一段赞美戏台武打的论述："两两挥拳，双双剑舞，虽非技击本法，然风云呼吸之顷，此才彼往，无隙可乘，至极迫时，但见剑光，人身若失，为技至此，自不能不使人顾而乐之。"[1] 人们习惯上认为历史上的戏曲与武术是相互参补共同发展的关系。但事实上，就狭义的武术而言，招式化、套路化

---

[1] 周伟良. 中华民族传统体育概论高级教程 [M]. 北京：高等教育出版社，2003：94.

的活动形式是由戏台表演孕育而出的。周伟良教授曾经指出"元代以后的戏曲武打，为套路演练的发展提供了重要的滋养"①。作为出现最早的拳法文献，温家拳实为明代南戏舞台上的武打表演。

"温家拳则钺所专习"，字面意思为姓"钺"的拳师，专门习练"温"氏拳法。联系古代戏曲发展史考察就会发现，这里的"温"是指温州。温州是宋元时期重要的贸易口岸，异常繁华，号称"一片繁华海上头，从来唤作小杭州"②。杂剧在宋代走向成熟的同时，一种全新的戏曲形式在温州一带率先形成。温州南戏是在宋词和市井俚俗的基础上，受讲唱、杂剧影响发展成的综合表演艺术，又被称为永嘉杂剧、南曲戏文、永嘉戏曲等。明程敏政《篁墩文集》卷七十《饮张指挥使家观戏》诗就提到"温州调"："锦棚曲奏温州调，银瓮香传采石春"；祝允明《怀兴文集》卷二十四《重刻中原音韵序》则称之为"温浙戏文之调"③。

表演南戏的班组被称为"越乐班"。明成化南戏剧目《白兔记》开场白云："奉请越乐班，真宰遥，銮驾早赴华筵。"对此古代戏曲研究者俞为民教授指出："越是浙江的故称，演出这本《白兔记》的是浙江的一个戏班。"④ 据此可以推断，谱中的"钺"通"越"，浙江的古称。"温家拳则钺所专习"一句意为浙江一带习练温州拳。"调"字在拳谱中先后出现三次："张拳设套待彼入套，本家设套待改调处""调出飞虹忽捉手""调出五横三推肘"。这三处调字如果按动词"调动"理解是说不通的，应解为"曲调"，即弄武的艺人需根据曲调的变化切换动作。

经元和明初的发展，温州南戏于明中叶步入发展高潮。明代前期，程朱理学严苛禁锢戏曲传播。俳优淫祀不合于道，平民阶层喜闻乐见的艺术形式遭到理学家们的鄙薄排斥。明代中叶以后，理学不断暴露自身弊端走向腐朽，社会渐渐摆脱冷寂萧条的文化氛围。肯定个体价值的社会思潮深入人心，文人重返戏曲创作领域。上至宫廷贵族、公卿府院，下到社会底层的庙台戏社，熙熙攘攘，举国若狂，形成了继元代之后第二个戏曲发展黄金期。在这个过程中，极善钻营的温州艺人不断将舞台搭建到其他地域。为追求艺术效果，温家拳被作为行当约定赋予"越"的地域属性，从而与北方的杨家枪、赵太祖拳量齐比高。

---

① 周伟良. 中华民族传统体育概论高级教程 [M]. 北京：高等教育出版社，2003：94.
② 俞光编. 温州古代经济史料汇编 [M]. 上海：上海社会科学院出版社，2005：2.
③ 徐宏图. 温州古代戏曲史 [M]. 北京：人民出版社，2018：12.
④ 俞为民. 宋元南戏考论 [M]. 台北：台湾商务印书馆，1994：34.

谱中提到的其他"拳家"也都是戏台羽翼。赵太祖长拳，即反映宋太祖的武戏桥段。宋朝是汉民族建立的王朝，国祚三百年，政治开明，经济文化空前繁荣。开国皇帝赵匡胤战功卓著又宽仁慈善，敷衍宋太祖故事是古代戏曲的重要题材。南宋话本《飞龙记》，元杂剧《甲马营降生赵太祖》《陈抟高卧西华山》，罗贯中杂剧《宋太祖龙虎江南会》，杂剧《千里送京娘》《陈桥兵变》，婺剧《月龙头》等，均演绎赵匡胤侠肝义胆、武功高强的人物形象。即使到了明末，太祖武戏热度也丝毫未减，明熹宗朱由校痴迷打戏，"常于亭中自妆宋太祖，同高永寿辈演《雪夜访赵普》之戏"[1]。

山西刘短打，即山西刘知远短打。《刘知远白兔记》（后文简称《白兔记》）被誉为"四大南戏"之一，演绎五代后汉开国皇帝刘知远从流浪汉起家最终登帝的传奇故事。早期版本在宋元时已有流传，经历宋、元、明三代的加工，一身武艺的刘知远屡立奇功、战胜瓜精、打跑刘公夫妇为三娘报仇，九转千回荡气回肠。故"山西刘短打"因《白兔记》尽人皆知。从武术角度来看，其"用头、肘"的特点，显然也不是拳家所应有的，只适合戏台。

吕短打，戚继光《纪效新书》作"吕红八下"，原型为温州平阳人吕洪。吕洪（1417—1485），字大正，号晋斋，北宋名相吕公著之后，景泰五年进士。经历正统、景泰、天顺、成化四朝，历任广东监察御史、江西巡按、云南按察副使、广东按察使等职。为政期间直言纳谏，监察有力，所到之处荐贤黜秽，拨乱反正。在广东任上"举发科场卖题案治罪二十余人"，在江西任上组织剿灭巨寇朱绍纲，向初登帝位的宪宗皇帝上疏时政八事："定圣心谨天戒，严黜陟明赏罚，褒忠直汰冗滥，审罪囚慎刑狱，考察官员，禁革昌功，审理囚犯，先年降黜"[2]。主政云南期间清理军政，严行监查，诱擒叛乱首领阿赛，为西南稳定做出重要贡献。

应该来讲，像吕洪一样获得百姓口碑的官员在当时并不少见，但对于温州南戏艺人来说，温州人吕洪在两广、江西、云南等地的青天形象，蕴含着巨大的经济价值，上演吕洪题材是拉近戏班与各地观众距离的有效手段。经过艺人的润色、附会、放大，身为文官又立有军功的吕洪，最终被演绎成文武双全的传奇英雄，上疏的八项建议也被塑造成技击法宝"吕洪八下"。然而值得玩味的是，吕洪事迹主要见载于入清以后编修的《浙江通志》《平阳县志》等地方志述，明史

---

[1] 金宁芬. 明代戏曲史 [M]. 北京：社会科学文献出版社，2007：6.
[2] 符璋，刘绍宽. 平阳县志 [M]. 台北：成文出版社有限公司，1990：376.

无传。从这一现象来看，吕洪似乎没在官场造成多大的影响，其形象不无存在被越乐班拔高的成分。

南戏舞台是孕育温家拳的土壤，南戏传播也为武术招式化发展提供了必要的条件。首先，武打表演吸引观众，孕育出武打动作的传承者和传播者。后来美国传教士评价中国人说："中国人对戏剧的热衷，就像英国人对体育的喜爱、西班牙人对斗牛的狂热一样，只要有轻微的触动，任何一个中国人都会把自己当作是戏剧中的一个角色。"① 观众津津乐道的过程，也是习武热潮传播蔓延的过程。其次，戏曲武打构建了理想的打斗模式。前招式化时代的手搏、摔跤、角抵、相扑等都是现实打斗，一拳一腿比论高低是膂力者、勇健者的专属。而戏台上一方可以优美优雅轻而易举地取胜，这种理想的取胜效果，毋庸置疑会成为实践者的追求目标。最后，戏班武生是武术招式的汇集者和践行者。表演动作和真实搏斗存在功能取向差异，而同时出现在武生演员的身上，两者发生融合。梨园艺人出身底层，自幼苦练行当功夫，拥有优于常人的身手和体魄，演出之外巡演过程中还必须充当安保角色，既要掌握戏台花套，又要拥有技击本领。

以下是出现在清人程岱莘《野语》中，一则关于昆曲名角"花面僧"的故事：

> 苏州昆曲名丑绰号"花面僧"，尝投身温州名班，颇受重用，擅长剧目有《千里驹》等。该班崇尚武艺，好用铁器为械。一日，乘船出演，停泊湖渚。夜半，忽听相邻的客船呼救。班中武艺最高的生角闻之，立即提叉飞跃而过，全班从之，与群贼斗。盗寡班众，一盗被叉死，他盗皆负伤而遁……②

由上可知，即使到了清末，温州戏班依旧延续着尚武传统。戏班男性都有武艺，为首的生角更是一位名货真价实的武林高手。

三、绵张拳的戏台氤氲

谱中提到的"绵张拳""张短打"，在当时可谓家喻户晓。《纪效新书》记为"绵张"，"吕红八下虽刚，不及绵张短打"。《江南经略》记为"眠张"。事实

---

① 阿瑟·史密斯. 中国人的性格［M］. 北京：人民日报出版社，2010：4.
② 徐宏图. 温州古代戏曲史［M］. 北京：人民出版社，2018：243.

上，绵张拳与五百年前的一次擂台比试有关。

据明人何良俊《四友斋丛说》(1567) 载曰：

> 武宗在南京，江提督所领边卒，躯干顽硕，膂力拳勇，皆西北劲兵也。白岩命于南方教师中，取其最矮小而精悍者百人，每日与江提督相期至校场中比试。南人轻捷跳趫，行走如飞，而北人麓坌。方欲交手，被南人短小者或撞其胁肋，或触其腰胯，北人皆翻身倒地，僵仆移时。江提督大为之沮丧。而所蓄异谋，亦已潜折其二三矣。①

正德十四年 (1519)，南昌的宁王朱宸濠起兵叛乱，很快就被王阳明平复。但皇帝朱厚照执意亲征，实则是对江南繁华向往已久。群奸在侧、人情汹汹，南巡途中，以边将江彬为首的西北边军目无法纪，强买强卖、骚扰地方。沿途官员怨声载道，百姓恨之入骨。武宗一路游嬉，次年抵达南京，遭到了乔宇（号白岩）、寇天叙等南京官员的集体抵制。正直臣子与荒淫的皇帝针锋相对，对遴选民女、勒索财物等无理要求坚决回绝。

南北对擂就是在这样的背景下发生的。痴迷武戏的皇帝本想观看北方兵戏谑南方兵，没想到南京兵部尚书乔白岩早有准备，不仅从南方军中精挑细选出众多矮小精悍者，还专门组织制定了以小打大的战术策略。结果擂台之上，纵使北兵身坚力沉，一交手就被南方教师或击打要害、或抱腰直摔，倒地半天都爬不起来。

> 江彬所领边卒骄悍之极，行游市中，强买货物，民不堪命。寇府丞亦选矬矮精悍之人，每日早晚至行宫祗候，必命以自随。若遇此辈，即与相搏，边卒大为所挫，后遂歛迹。亦所以折江彬之谋也。②

在应天府承寇天叙暗中授意下，南方教师与北方的兵卒展开了全方位较量。但凡遇到对方欺凌百姓就与之相搏。北兵不是对手，骄横之气尽消，不得不循规蹈矩。江彬一直以来怀有异志，原本打算趁机谋反，看到爪牙亲信如此狼狈，不轨企图也受到抑制。北疆精锐如鼠游街，处处碰壁，武宗颜面扫地，移驾镇江。南方教师不负众望，教训了无道的昏君，打击了江彬的气焰，南京上下如愿以偿，扬眉吐气。

---

① 何良俊. 四友斋丛说 [M]. 上海：上海古籍出版社，2012：39.
② 何良俊. 四友斋丛说 [M]. 上海：上海古籍出版社，2012：40.

关于这次擂台，雍正《宁波府志·边澄传》也有提及：

> 时江彬率边兵数万，从驾南巡，将回銮。彬谓"南兵不如北之勇"，欲留镇守南。司马乔宇坚执不可，谓"南兵亦自足用"，请会南北兵校艺。于是檄取澄及金华绵章，二人应募至京，宇乃与彬集演武场试之。北兵举双刀，捷如弄丸，澄挺击之，两刀齐折。北兵气沮，宇遂罢镇守。①

慈溪《师桥沈氏宗谱》（1851）"勇士槐八公传"也涉及此事。说沈栗擅拳勇武艺超群，但已年老不能前往，金华绵章与慈溪边澄城应募，结果"大夺北兵之气"。

> 正德间，武宗南巡。大帅江彬谓北兵胜南，司马乔宇谓南不亚北，遂会南北兵校艺演武场。时金华绵章慈邑边澄皆以拳勇名，师应募，大夺北兵之气。公闻之叹曰："使吾不病，当更使北兵愧恧无地耳。"

以上两则资料同出浙东，或许有影响关系，说江彬以南兵不如北兵为借口，打算长期驻留南京。乔宇张榜幕得慈溪边澄和金华绵章，技压北兵，打消了北兵驻守的念头。与《四友斋丛说》相比，后两者渲染成分浓重，但也折射出两点信息：其一，此事流传很广。南方教师驱逐昏君佞臣，成为江南地区无人不知的佳话。其二，人们在突出边澄和沈栗的豪杰形象时，都将之与"绵章"并列。可见"绵章"才是南方教师中最具分量的人物。

提及"绵彰"的还有明末清初杭州人金堡（1614—1681），据其《徧行堂集》可知，明清之交的"绵彰短打"已是一门深邃拳法，有众多解数，最精妙处是能一击必胜：

> 予尝与周七和尚论扑矣。周七曰："短打之妙，绵彰第一，绵彰短打解数最多，善学者，先得其重手，而后可与尽短打之妙。重手者，不待第二手，一拳、一脚、一掌、一指如击石火，如闪电光，如兔起鹘落，如刀过不带血，稍有顾盼拟议，稍有有余不尽之力，便成渗漏，便将自己性命送与别人，此一拍之决也……"②

---

① 曹秉仁.宁波府志［M］.台北：成文出版社，1983：2370.
② 澹归和尚徧行堂集［M］.广州：广东旅游出版社，2008：50.

综上可知，绵张、眠张、绵彰、绵章等均指同一人，故事原型为发生在1520年的南京对擂。绵张短打在明末清初被誉为拳中上品，清代中期以后，浙东一带开始流传"金华章瑞""罢镇守"的说法。

20世纪80年代编写的《浙江武术拳械录》对"绵章短打拳"的介绍为："该拳为浙江南拳中影响最大的拳种。创编人是金华章瑞，据《婺州章氏宗谱》记载，章瑞（1466—1538）武举出身，明朝曾任营千总。他的'拳法多柔，胜人以巧'。所以，当时因其姓叫拳为绵章短打……章氏后人（第四代）在咸丰因兵乱而迁居淳安，后又迁新登。他后人习上述家传武艺。"[①] 如果以上都成立的话，五百年前一鸣惊人的绵章拳，就应该是出现最早的系统拳法，也是当今为数不多有证于明代典籍的武术流派。

遗憾的是，在清光绪二十一年（1895）修撰的《金华章氏族谱》中，贯穿明清的宗谱、世谱、艺文里都没有出现章瑞的名字。按理说章瑞曾在军中任职，又是极有影响的人物，果有其人的话，是不大可能被族谱遗漏的。我们知道，雍正《宁波府志》和《师桥沈氏宗谱》都是清中期以后才出现的，两百年以后出现的文献不足以作为考察史实的依据。而且绵张拳在明中叶、明末清初、清中期三个时代的内涵情节不尽相同，擂台上的南方教师、江湖盛行的绵张短打、民间高手金华绵章之间，存在许多矛盾和不一致之处。故事显然经历了一个文化层累过程。因此，绵章短打的真实面貌，应该换一个视角进行解读。

需要注意的是，《四友斋丛说》成书已是武宗南巡的半个世纪以后，南北对擂的真实程度别无它证。而在略早几年成书的《武编》《纪效新书》以及与次其一年成书的《江南经略》中，见载的"绵张拳"均不涉及擂台情结。尽管对擂一事被归于《四友斋丛说》的"史类"，内容也并未呈现过多的渲染成分。但作者何良俊名列嘉隆四大曲论家，其曲论对"吴江派"影响深远。那么，真实的情况就极有可能是：南京对擂是16世纪二三十年代形成的戏曲桥段，绵张拳自此称著。尽管上述推断缺乏佐证，但从事件发生和流传的过程来看，绵张故事与戏曲有着不可分割的关系。

首先，温州南戏的传播路径与"绵张短打"的地域分布完全一致。南戏在宋代形成于温州后便向外传播，向北经金华传播至杭州，经杭州又传至浙东。金华位于浙江中部，有"陆路关隘、水上通衢"之称，是连接越地南北之纽带。

[①] 浙江省体委武术挖掘整理领导小组. 浙江省武术拳械录 [M]. 杭州：浙江科学技术出版社，1988：181.

温州南戏在金华催生出婺剧，金华婺剧至今仍以武功、特技为特色。南戏经金华、杭州、宁波的传播路线，与绵章事迹在金华、淳安、新登、慈溪的地域分布完全一致。因此，绵张并无其人，"绵张""眠张""绵彰""金华绵章""武举人章瑞"是婺剧向东继续辐射传播过程中，打戏题材经典化、社会化的结果。

其次，武宗朱厚照不仅沉迷百戏，作为一位个性十足而又短命的皇帝，其许多事迹都被加工成了戏文。武宗銮驾离开南京来到镇江，当地官员投其所好，竟促成沈龄一夕完成《四喜》传奇的创作①。武宗在大同宣府期间的微服艳遇，被谱写成小说《客床闲话》、杂剧《梅龙镇》等"游龙戏凤"题材。反观武宗南京之行，皇帝设擂、南北对决、以小搏大、臣子齐心、奸佞受挫，简直就是经过加工的段子，这极为符合当时吴越地区郁勃浓烈的戏曲文化。当然，这种荒诞夸张、不利教化的风潮引起一些正统文人的不满，祝允明于嘉靖元年（1522）就表示"浙东戏文乱道不堪污视"，可烧也②。依此推断，反映南京擂台剧目的大致情节应该是：来自金华的小个子"绵张"，打败了皇帝手下的万人敌，使南京百姓免受北兵的霸凌。

这一南戏题材沿着金华、杭州、宁波路线传播的过程中，经过不同地域文化之间的涤荡、层累。大概在清雍正时期，金华婺剧班敷衍的绵章故事在浙东地区与"边澄"传说相缀合，对擂故事变得更加丰满，进而成为《宁波府志》《师桥沈氏宗谱》的取材对象。《浙江武术拳械录》中所说"章氏后人（第四代）在咸丰因兵乱而迁居淳安"。从咸丰时期太平天国运动前推三代人，绵章短打拳的鼻祖正好处于雍正前后。如上所论，金华绵章成为新的舞台符号就是从这一时期开始的，雍正《宁波府志》也是在这一时段编撰的。真实情况与戏曲艺术的差别，于时相近的明人尚可分辨，但对清人来说，绵章就成了真实的历史人物。

四、从南戏舞台到最早的拳派

（一）戏班竞争语境下的拳论

古时候戏班与戏班之间的交流集中体现为"斗戏"。斗戏过程中，班组之间商业竞争，艺人相互切磋甚至逞强斗气。明末侯方域《马伶传》就记载了两个戏班在金陵斗戏的情景。兴化部和化林部东西对斗招徕观众，结果兴化部更胜一

---

① 金宁芬. 明代戏曲史 [M]. 北京：社会科学文献出版社，2007：7.
② 丁淑梅. 中国古代禁毁戏剧编年史 [M]. 重庆：重庆大学出版社，2014.220.

筹，华林部的马伶技不如人易装逃走①。浙江金华一带的婺剧至今还遗留着斗台、拼会场习俗。每逢节日赛会，婺剧社班少则两三个，多则十五六个，斗台前一天某地集中，第二天白天论资排辈决定顺序，之后按次表演，斗台的时间少则一天，多则七天，以最后时刻台下观众多者为冠②。

原文反映了越乐班与北方戏班斗戏的背景。明代中期，南方艺人已经将舞台搬至北方地区并深受欢迎。杨慎《丹铅总录》云："近日多尚海盐南曲……风靡如一，甚者北土移而耽之，更数后世，北曲已失传矣。"③《金瓶梅词话》多处提到指代南戏艺人的"海盐子弟"，也说明当时的山东地区已经盛行南戏演出了。

南戏艺人为了强调艺术效果，而事实上，温家拳所谓的"七十二行着，二十四寻腿，三十六合锁"，真正能列出来的也就十个势子。"三家短打，钺亦颇能，温家拳则钺所专习"，除了越地的刘短打、吕短打、张短打越乐班都能演以外，温家拳为越乐班独创专有。温州艺人对本地戏班的武艺了如指掌如数家珍，对山东专习的赵太祖拳却只有一个"多用腿"的印象。这表明这些艺人很有可能与北方戏班斗戏比试过，吃过对方腿法的亏，转而开始重视腿上功夫。

上述推测在拳谱中有着明显的体现：温家拳几乎看不到有杀伤力的打法，概括起来无非是一手哄脸，另一手飞拳上脸，而对腿法的描述十分详细。不仅进行了分类，还系详细介绍了循序渐进的习练步骤，提出先虚后实及用米袋、柱、磙石、条凳辅助训练的方法。

（二）高探马与竹马戏

"高探马"是温家拳的基本间架，谱中给出了围绕高探马的四个连动套子。"马"源自竹马戏，"高探马"与南戏表演所用的假马道具有关。竹马戏历史悠久，可以追溯到东汉时期，起初具有一定的仪式功能。汉末至唐，骑竹马作为一种"身骑假马"的小儿游戏非常流行。宋金以后竹马戏向艺术化方向发展，与新兴的戏曲舞台相结合找到了新的栖身地，或者进入歌舞表演之中，以舞队的形式出现，或者进入戏剧表演之中，以道具的形式出现，甚至演化成为以"竹马"命名的地方小戏④。

---

① 吴晟. 明人笔记中的戏曲史料 [M]. 南昌：江西人民出版社，2007：354.
② 洪波，叶晗，洪明骏. 婺剧 [M]. 杭州：浙江摄影出版社，2014：60.
③ 徐宏图. 浙江戏曲史 [M]. 杭州：杭州出版社，2010：118.
④ 黎国韬，詹双晖. 竹马戏形成年代论略 [J]. 广东第二师范学院学报，2011（2）：54

元戏剧表演时，竹马已经是可系也可临时解下的舞台道具。元杨梓《古杭新刊关目霍光鬼谏》："正末骑竹马上，开云：'奉官里圣旨，差老夫五南采访巡行一遭，又早是半年光景。'"元金仁杰《新关目全萧何追韩信》："正末背剑查马儿上。"明南戏剧种《六十种曲》之《白兔记》第三初《报社》有："[插画三台令]（众舞）打种鼓乔装三教，舞狮貌间着大旗，小二哥敲锣击鼓，使生儿箫笛乱吹，浪力者娘娘先呈百戏，驺马勒妆神跳鬼，牛筋引鼠哥一队，忙行走竹马似飞。"①

《宪宗元宵行乐图》局部
（图片来源：中国国家博物馆官网）

明代宫廷画《宪宗元宵行乐图》中就出现了艺人身披竹马表演三英战吕布的情景。原文"高探马惊法"完全对应竹马情景。惊的本意就是骡马因害怕而狂奔。因此"倒马锉""回身勒马听风""腿起如马踢为椿腿"都是身系竹马情境的动作表述。

(三) 层动作结构：行着、短打、长拳

拳谱中行着、短打、长拳先后三次呈现并列趋势："行着既晓，短打复会，行着短不及长矣""长拳行着凡打法，行着多从探马起""行着、短打、长拳"。可知"长拳"与"短打"两个概念具有相对性，而且"行着"比"短打"较难掌握。其中"短打"和今天认为的短小精悍的短距出拳一样，指最本能、最直接的打人动作，不做变势挥拳就打。"长拳"概念与后来之长拳也基本一致，指舒展开合、势势相承的动作舞弄。与挥手就能做到的短打相比，舞弄势子必须满足美的要求，需经历较长的学习过程，因而较难掌握。

"行着"含义则比较模糊。"长拳行着凡打法，行着多从探马起"，这里如果释"行"为行走、变化，那么"长拳"与"行着"就是主谓关系。似乎应该解释为"长拳行动起来有很多种打法，一般从探马势开始"。但如果深入文意，结合行着、长拳、短打的并列倾向，正确的理解就应该是：长拳即是行着，有很多

---

① 黎国韬.珠江三角地区传统舞蹈研究［M］.广州：中山大学出版社，2016：136-137.

种打法，一般从探马势开始。因此"长拳"与"行着"在概念上有些差异，内容上有所重叠。

行着、短打、长拳之间的关系反映了温家拳动作结构的三个层次。短打，处于内缘层次，是没有过多技法支撑、本能的打人动作。从舞台表演角度来说，短打是有情节设定的一方打一方配合挨打。长拳，指架子，处于中间层，指敷衍打斗情节的各种规定动作。行着，处于最外缘，是用肢体动作表达具体场景的程式化套路，包括上下场、行进、追逐、逃跑等以及反映人物情绪变化的动作集合。演员一上场就要开门亮相，根据所扮角色展示相应的指法、掌法、步法、身段等，即温家拳为数众多的行着。南戏表演需要有限的班组成员扮演众多的人物形象，演员们必须掌握非常多的程式化套路。因此，"七十二行着"实际上泛指梨园行当基本功。

五、温家拳的技术理论体系

（一）军事立场下"拳势"的提出

《拳》是"拳势"概念最早记载的文献。古代兵书用势来阐述军队节制，军事家孙武对势做了两种比喻，"激水漂石"和"势如弹弩"。前者指水从高处落下冲走石头的强大动能，后者指弩机发射之前所蓄积的势能。拳法对决是狭义的战斗，动作的施用决定比试的胜败，这与军事领域的势在理论上是相通的。从逻辑上来讲，势完全可以用来指导拳法。

拳势概念的提出具有深远的影响：一方面，武术招式的出现打破了集体攻伐与个体技击的界限，不仅使拳文化能够从军事领域获取种种滋养，也赋予"无预大战之际"的拳法以应然的军事功用，拔高了体育活动的社会价值。随着后来拳文化与思想、文学、艺术等众多的领域地不断交融，最终形成了内涵丰厚、价值多元、世界上独一无二的中国武术文化。另一方面，势起到了关联技击搏斗与动作演述的作用。尽管两者在武术历史发展过程中往往相携而出、密不可分，但现实搏斗和娱乐表演有着天壤之别。势的提出让规定动作有了理论载体，为表演观赏与真实技击提供了技术媒介，在此基础上成熟完备的拳法套子呼之欲出，从而影响武术形成了以单练为主、重观赏的活动特点。

（二）长拳和短打说法的形成

谱中共出现了五家拳法，山西刘短打、张短打、吕短打三家都是短打，只有赵太祖拳是长拳。与南戏关注家庭伦理不同，北杂剧更关注王侯将相历史兴亡，宋太祖戏曲多出现在北杂剧中。联系南北斗戏的背景可知，赵太祖拳是北方戏班武艺。越地武艺都被称作短打，唯独北方过来的赵太祖拳被叫作长拳，这里蕴含着南戏艺人对北方同行的贬低态度。短打、长拳在技术上各执一端都有局限，所以越乐班自诩"温家长打"。长拳短打的划分反映了越乐班的价值取向，以下作补充论述。

首先，温家拳持有短打优于长拳的观念。在戏台艺术孕育不同拳家、拳法的过程中，艺人和观众从观感出发，北方人身材高大所以叫长拳，南方人身材矮小所以叫短打。可以肯定的是，在南戏艺人心中，南方拳法优于北方拳法，于是谱中南戏相关拳法都被称为短打，短打才是上乘武艺。短打胜长拳观念符合汉民族柔弱胜刚强的思想传统。因此，赵太祖拳被称为长拳含有贬义，这与当时南戏繁荣掌握话语权有关。

其次，温家长打将两者结合，体现了越乐班表演实战兼而有之的价值取向。后来戚继光在《纪效新书》中指出诸家拳法技术单一："有上而无下，有下而无上，就可取胜于人，此不过偏于一隅。"①而温州艺人的取长补短早就开始了，他们不仅在腿法技术上向北方看齐，在拳法名称上也兼收并蓄，取长拳短打之和为"温家长打"。虽说短打才是解决胜负的关键，但"谓歌舞以演故事"离不开长拳架子，于是真正的"打"与舞台的"演"被糅合在了一起。

万历二十七年（1599）刻《天下四民便览三台万用正宗·武备门》中的"低四品势"

（三）标准化参照"四平势"

温家拳建立起以"四平势"为参照的标准化动作体系。井阑四平势、高探马势、指裆势、一条鞭势、七星势、骑虎势、地龙势、一撒步势、拗步势，等十个势都以四平势为基础。"四平"无疑是四平八稳之意，那么，四平势和井阑四平就只应该有高度上的差别。我们大胆推断，井阑四平即井栏四平。井边打水是古人最为日常的劳动，为方便打水，井栏不会太高，大约在膝盖高度，提拉井绳

---

① 戚继光. 纪效新书 [M]. 北京：中华书局，2001：229.

的时候身体左右必须是对称的。因此井阑四平势指大腿与地面平行，类似于后来的标准马步，四平势为中马步，一条鞭势两臂前后伸直，与步法前后方向一致，拗步势为弓步，一撒步即后撒一步，地龙势为扑步。

(四) 核心间架"高探马"

"行着多从探马起"，温家拳动作的核心是"高探马"，并围绕之建立了一系列用法组合。戚继光拳经也说"探马传自太祖，诸势可降可变"，认为探马势源于宋太祖。作为卓越的军事家，历代军事著作都是戚继光的必读经典。宋代著名兵书《武经总要》前集卷五中，有关于布置骑兵"探马"的论述，这大概成了"探马传自太祖"的理论依据。总之，戚继光也把高探马作为拳法的动作核心。至于他为何要舍近求远从宋代建立依据，后文会做专门讨论。

实战用法集中出现在原文后半段，从文中可归纳出四个围绕高探马的打法组合：

① "直行虎打法三着，打左右七星拗步"，此处的"七星"是七星势的最早出处。七星无疑源于古人对北斗七星的信仰，然而武术界比较公认的七星对应手、足、头、肘、膝、胯、肩七个部位的说法是极为牵强的。原谱中七星的对应七个元素理应该是：左拳、左肘、左肩、头、右肩、右肘、右拳。从头顶上方向下看，出左拳时左拳可看作是北斗星，其余六个元素为南斗六星，出右拳时右拳就是北斗星，其余六点为南斗六星。故打左拳为左七星，打右拳为右七星。"拗"为折，两脚前后站立，如果是同脚同手，为顺；反之右拳左腿在前或左拳右腿在前，则为"拗步"。连续出拳必然形成拗步，即所谓"打左右七星拗步"。该句的意思可概括为：硬打硬进如"直行虎"的打法包含三个动作，左拳，右拳，拗步。

《纪效新书》中的"探马势"
(图片来源：曹文明，吕颖慧校释《纪效新书十八卷本》)

② "高探马惊法：右腿蹴惊右手斩手，左手飞拳上脸，连右手拳一齐再发；搭脚、进步、高探马，左拳哄脸右腿低弹，左腿右拳飞拳上脸，倒身一蹲倒插幡。"前文论述过，"惊"指马受惊，这里是指从静处主动发起进攻，提供了两

种进攻方法。一是右腿虚弹，右掌趁机劈击，接左拳打脸，右拳打脸；二是先左脚弹踢，顺势落步成高探马，接左拳晃脸右腿弹踢，进而左腿右拳同时出击，落步后上身后仰出腿侧踹，这一连串列动作叫作"倒插幡"。

③ "高探马专打高探马：右腿惊左腿，左腿上蹿，玉女穿针。"作为基本势，高探马进可攻退可守。行家相遇，必然相互试探，就成了高探马专打高探马。此时双方均防守严密，选择腿法比较切实，右腿上步虚踢，实为垫步，出左腿侧踹，这叫"玉女穿针"。

④ "高探马变一条鞭：右拳惊，右腿随，拳窝里暗出，倒马锉，四平变身法，回身勒马听风。"出右拳向前试探，随之上右步落步，出左拳击打同时右拳向后伸直，两臂前后成一条鞭，接着弓步变马步下蹲，回撤转身成高探马。

六、唐顺之与温家拳的关系

唐顺之不仅对拳法，射、枪、刀、剑、棍等无所不精。准确梳理其武术实践的阶段历程，才有助于整体上把握其武术发明的内在用意。因此，厘清相关内容的写作时间和具体背景是极其必要的。

唐顺之接触温家拳的时间有两种可能。其一，前家居时期即二十九至三十二岁（1535—1539）期间。《年谱》有云："三十左右为诗古文辞，甲兵、钱谷、象纬、历算、击剑、挽强，无不习之。"[①] 其二，三十五岁从春坊右司谏任上被罢的后家居初期。洪朝选《荆川唐公行状》载曰："始居宜兴山中，继居陈渡庄，偏远城市，杜门扫轨，昼夜讲究，忘寝废食。于其时学射、学算、学天文律例、学山川地志，学兵法战阵，下至兵家小技一一学习。四方谈学攻文之士重跰盈履，艺能方技闻风远来。公身与之印证教习，必尽所长，或技能稍优于公，与公有所新得而未及印证于四方之士者，不惮险远、不畏寒暑，往返究竟，必精必透。方外修真道人衲子或有所得，延接叩请，不异学徒。"[②]

两个时段我们倾向于后者，根据末尾杂论部分可做出如下推断。"盘腿：里盘、外盘腿"所指并非武术范畴的腿法技术。从温家拳的打法及活动特点来看，不至于发展出后来才有的扫、挂等腿法，何况腿法在前文已经集中出现过。里、外盘腿指的是静坐——单盘腿、双盘腿。这可以说明接触拳法和初试静坐发生于

---

① 北京图书馆. 明唐荆川先生年谱 [M]. 北京：北京图书馆出版社，2010：126.
② 唐荆川研究会. 唐荆川诗文集 [M]. 南京：凤凰出版社，2012：607.

同一时段，由于此时把静坐与拳法看作同类事物，于是将"盘腿"放置在拳法内容的最末尾处。唐顺之开始静坐的时间是有迹可循的，文集所辑书信中最早涉及静坐的，是写于嘉靖二十年（1541）时年三十五岁的《答周约庵中承》："自屏居以来，澄虑默观亦既久之，乃稍稍窥见古人儒者所以为学之大端。"①"澄虑默观"所指即是静坐。因此，三十五岁前后接触到温家拳的推断是符合事实的。

根据杂论部分其他信息推断也可得出同样的结论。"前手如龙变化……钩连密，莫犯、莫敌"是指拳法；"点用单手送……扎用双手老实送一扎，用稍"是指枪法；之后是棍、扒、盘腿数语。由于此处许多内容与拳法无关，唐豪先生征引时干脆将之删去，云："谱中长拳盘腿之间，尚有一节，系讲枪棍扒诸法，与拳不涉，故删去。"②应该注意到，此处阐述的枪法与《枪》一节差异巨大。说明辑录拳法文字时尚未开始系统学习枪法。因此，唐顺之是在三十五六岁期间与江湖"艺能方技"取长补短过程中，遇到了弄武的南戏艺人，从而得到了温家拳的文字内容。相关活动开展的顺序是：三十五到三十七岁期间，先是习练拳法，而后开始静坐，三十六岁开始系统学习枪法。

那么，舞台上的温家拳形成于何时，又为何单单是被唐顺之记载了下来呢？

温州南戏的形成可上溯至南宋时期，如果当时就出现了温家拳，绝不会到嘉靖时期才被人发现。温家拳的形成必然需要经历一个内在过程。观众对武戏的热衷驱使温州艺人深入挖掘武打素材。随着武戏内涵的不断丰富，艺人口传心授的传承方式已不能满足日渐丰富的表演动作。于是一个个动作被赋予名称，与武打相关的楔子、旁白一同汇集成专门的文字内容。直到这些内容不断丰富乃至从南戏艺术中独立出来，以"拳"的形式开始社会传播。这个脱离舞台走向体育的过程，意味着温家拳的真正形成。如果以付诸文字为形成标志，那么温家拳形成时间并不长，具体从以下两个方面可以看出。

一方面，拳谱中存在大量源于戏台的内容，说明温家拳属于当时的新生事物。文中多处出现表示曲调的"调"字，以及圆光手、四平手、腮肩手、高搭手、沉坠手、勾脚等为数众多的表演元素，这些与技击毫无瓜葛的内容决定了温家拳不可能作为武术广泛传播。民国时期王道元曾发出这样的感叹："温家之七十二行拳、三十六合锁、二十四弃探马、八闪十二番……又皆往昔专技名家，惜

---

① 唐荆川研究会. 唐荆川诗文集 [M]. 南京：凤凰出版社，2012：137.
② 唐豪. 王宗岳太极拳经·王宗岳阴符枪谱·戚继光拳经 [M]. 太原：山西科学技术出版社，2008：13.

书缺有间乃无传人,滋可惜矣。"① 由于没能较好地完成从戏台表演到民间武艺的过渡,温家拳昙花一现,嘉靖以后再不见踪影。

另一方面,温家拳独树一帜的"行着"深含王学意旨。"着"是"著"的异写,"行着"即"行著"。最早出自《孟子·尽心上》:"行之而不著焉,习矣而不察焉,终身由之而不知其道者,众也。""行"与"著"的联用则出现较晚。明初理学家薛瑄(1389—1464)在孟子基础上提出"行著习察":"学者大病在行不著,习不察,故事理不能合一。处事即求合一,处事即求合理,则行著习察矣。"② 后来主张心即是理、知行合一的王阳明接过话题:

> 然世之讲学者有二:有讲之以身心者,有讲之以口耳者。讲之以口耳者,揣测莫度,求之影响者也;讲之以身心,行著习察,实有诸己者也,知此则知孔子之学矣。③

薛瑄被誉为朱学传宗"明初理学之冠""开明代道学之基"。薛瑄所处的时代,朱学一统天下,读书人口中的"行著习察"绝不可能与俚俗小道的戏文扯上关系。正、嘉时期,阳明心学为平民文化价值的提升提供了思想依据,底层艺人获得空前的职业自信。温家班高举的"行着"蕴含着南戏艺人对良知之学的响应。折射心学思想的"七十二行着"遂成为温家班众多舞台动作的统称。

第二节 唐顺之《峨眉道人拳歌》考

一、拳歌的创作时间

《荆川集》中的《峨眉道人拳歌》(以下简称《拳歌》)是对古代拳法的最早描写。由于同时涉及"峨眉道人""少林拳法",一直以来被视为派系文化源远流长的重要例证。事实上,具有武术流派意义的少林派、峨眉派的出现是相当之晚的。唐豪先生曾指出:"《峨眉道人拳歌》中,有'少林拳法世稀有'之句了,亦不过随笔渲染之语;否则,万历少林拳法,尚未与棍同登彼岸,换言之,即未

---

① 刘殿琛. 形意拳术抉微 [M]. 太原:山西科学技术出版社,2003:1.
② 薛瑄. 薛文清公从政录 [M]. 北京:中华书局,1985:1.
③ 王阳明. 传习录 [M]. 北京:开明出版社,2018:230.

闻名成派，岂有嘉靖间乃为世之稀有乎？"① 唐豪先生凭借明末程宗猷"（少林）拳犹未盛行海内，今专攻于拳者，欲使用与棍同登彼岸也"② 之言，认为嘉靖时期不可能出现少林拳法，峨眉道人拳歌是渲染杜撰。在武术神秘主义泛滥的民国时期，唐豪的论断可谓独具慧眼。

唐顺之草书《武当道人拳歌》

（图片来源：中国嘉德国际拍卖有限公司官网）

2011 年，嘉德公司拍卖成交了一幅唐顺之书法真迹——手卷水墨纸本草书《武当道人拳歌》。诗句内容与文集中的《拳歌》完全一致。唐顺之落款："荆川道人为思节书。非字之太拙，乃无奈卷子之太村也。"陈宝琛题引首："龙跃凤舞。"吴云题拖尾："唐襄文以古文名，其于诗与草书无闻焉。今观武当道人拳歌，出入于韩苏，虽专门名家不能过。草书亦纵恣从心，异哉。生平洽贯群籍，自天文、地理、乐律、兵法，至弧矢勾股、壬奇禽乙之属，无所不窥。其所纂《左右文武儒稗》六编，近今故家罕有其书，尝博访之。是卷为少穆中丞（林则徐）所得，癸巳（1833）六月五日饭于平政堂，出以相示，同观者蔡鸿胪之定、王观察青莲也。吴门后进吴云跋，时年八十有七。"

"思节"是指唐顺之的弟子万士和。万士和（1516—1586），字思节，江苏

---

① 唐豪. 少林武当考·太极拳与内家拳·内家拳 [M]. 太原：山西科学技术出版社，山西出版集团，2008：20.

② 马力. 中国古典武学秘籍录 [M]. 北京：人民体育出版社，2006：160.

宜兴人，嘉靖二十年（1541）进士，官至礼部尚书。除了师徒关系，二人还是儿女亲家，万士和的女儿嫁给了唐顺之的儿子唐鹤征。

唐顺之崇尚实学排斥书画技艺，传世书法不多，《武当道人拳歌》真迹辗转存世可谓珍品。对于武术史研究来说，价值则更加特殊。以"武当道人"为名而非文集中出现的"峨眉道人"，说明《拳歌》在后来汇集作品刊行文集时经历了一个易名的过程。各中信息，除了能说明《拳歌》与峨眉武术并无关系外，也为道人真实身份的揭示提供了线索。

峨眉道人拳歌[1]

浮屠善幻多技能，少林拳法世稀有。
道人更自出新奇，乃是深山白猿授。
是日茅堂秋气高，霜薄风微静枯柳。
忽然竖发一顿足，崖石迸裂惊砂走。
去来星女掷灵梭，天矫天魔翻翠袖。
舑舕含沙鬼戏人，髬髵磨牙赟捕兽。
形人自诧我无形，或将跟絓示之肘。
险中呈巧众尽惊，拙里藏机人莫究。
汉京寻橦未趫捷，海国眩人空抖擞。
翻身直指日车停，缩首斜钻针眼透。
百折连腰尽无骨，一撒通身皆是手。
犹言技痒试贾勇，低蹲更作狮子吼。
兴阑顾影却[2]自惜，肯使天机俱泄漏？
余奇未竟已收场，鼻息无声神气守。
道人变化固不测，跳上蒲团如木偶。

从"秋气"可知时间发生在一个秋天。通过对《荆川集》不同版本的对比以及与《拳歌》近临诗歌所反映的时间信息来看，似乎是创于嘉靖二十八年（1549），时年唐顺之四十三岁。然而依据时间顺序所作的推断明显存在问题。《杨教师枪歌》紧随《拳歌》之后，刻画其三十六七岁时的枪法师傅杨松，紧邻

---

[1] 唐荆川研究会．唐荆川诗文集［M］．南京：凤凰出版社，2012：59.
[2] 各版《荆川集》中均为"却"字，书法真迹中为"忽"字，可见是刻文时做的改动。

二作不应该有六七年的时间跨度。文集共录有六百余首诗作，伴随唐顺之跌宕起伏的命运，诗歌内容也呈现出明显的阶段性。早年出仕时以应制奉和、送别赠答、记游抒怀、咏古拟人题材为主。去官的前、后家居时期，多以归隐田园、送别赠答、日常礼俗、忧患国家题材为主。晚年起复北出塞南踰海，主要关注军事题材。《夏题中书画竹》《卓小仙草书歌》《古镜歌》《峨眉道人拳歌》《日本刀歌》《剑井行时有白气属天》《为谢参政与槐题青白莲书》等关于技艺器物的诗歌在文集中并不多见，它们的集中出现反映了作者阶段性的人生志趣，也表明诗歌的排列顺序并非严格依据创作时间的先后。

《拳歌》真迹赠予万士和，创作时间的考察可以从两人的交集入手。首先框定时间范围。从人生阶段来看，《拳歌》应创作于后家居时段（1541—1557），《自述》一诗下注"此下系后家居时作"也是旁证。故可将1541年作为时间上限，将《荆川集》的刊刻（1549）作为下限。嘉靖十四年（1535）引病辞官，开始在宜兴开馆讲学。宜兴名士万吉久慕其名，让自己的儿子万士安、万士和拜师学习。嘉靖十八年（1539）以春坊右司谏二度出仕，嘉靖二十年（1541）春万士和考中进士。与此同时唐顺之因"翰林三直"事件削去官籍，于二十年春正月离京。师徒二人在京师只有非常短暂的交集。此后大部分时间里两地相隔，凭借书信互通款曲，这在双方文集中都有体现。

嘉靖二十四年（1545）万士和归省[①]回到宜兴，师徒有了团聚的机会。嘉靖二十五年（1546）春万士和探访唐师，正值陈度草堂高朋满座。唐顺之邀请罗洪先、王畿、戚贤、万表、陈明水、吕光洵、周子恭等聚会论学"共作旬日之聚"[②]。同年秋七月万吉病重，唐顺之亲过探望，师徒再次相见。《拳歌》最有可能创作书写于这段时期，时年唐顺之四十岁。

《拳歌》作于四十岁秋，是唐顺之工夫观发生转变的写照。他二次遭黜后开始围绕静坐去欲深入性理之学，《明史》评价他这一时期的生活："掇扉为床，不饰裀褥。又闻良知说于王畿，闭门兀坐，匝月忘食。"[③] 但随着静坐体悟的深入，渐渐发觉收效甚微，转而开始反思主静的弊端。唐顺之三十六岁致信周子恭说："乃知濂洛主静与教人静坐之说亦在后人善学，不然，尽能误人，非特攘闹

[①] 孟庆媛. 唐顺之书信编年考证［D］. 上海：华东师范大学，2010：33.
[②] 北京图书馆. 明唐荆川先生年谱［M］. 北京：北京图书馆出版社，2010：603.
[③] 张廷玉. 明史：第250卷［M］. 北京：中华书局，1974：5424.

泊没中能误人也。禅家之绝去尘缘，一蒲团了却此生，此所谓果哉，未之难矣。"① 他三十八岁时致信张邦奇："闲静中转见种种欲根起灭不断，虽暂随契机歇息，终非拔本塞源工夫，亦觉实病之难除，实工之难进也。"② 然而，静坐是程颐、程颢、朱熹等理学大家都极为推崇的工夫手段，疑惑、徘徊、纠结中，唐顺之并没有找到好的出路。

四十岁这年秋天万吉重病。七月二十日唐顺之前往看望，七日后万吉殁，年六十三。唐顺之《万古斋公传》对万吉的品行操守给予极高评价，"刻意以古人为师，读书观古人忠孝大节""尊经传甚笃而守格式甚谨""露齿之笑，未尝出于一口；拨衣瞰足、箕踞跛倚之小过，未尝一加忽身"③。如此砥砺精进竟不得高寿，奔丧而归的万士亨一病不起奄奄一息，万士和中途归省也是因疾病困扰。笃信经传、艰苦缜密的万氏父子竟落得如此下场，这如果不是人的问题就一定是圣贤教化本身出了问题，万家的变故给唐顺之带来灵魂深处的撼动。再联系自己"年及四十，尪羸卧床，已成废人"④，唐顺之从纠结心态中觉醒转变——理学家们静心虚寂的修身主张是不可取的，为学者必须动静结合抖擞精神。

《拳歌》写在此刻意义非常，表明唐顺之开始公开肯定体育活动。道人从静坐中发力弄拳，动静更迭复归蒲团，承载着全新的工夫理念。虽然在他三十岁之前就在射法上下过苦工，三十五岁前后更是不放过各种琐碎技艺博杂兼收。但毕竟射箭可以直接服务于军事需要，江湖枪法也很容易披上军事外衣，拳法则完全属于他的个人兴趣或者说是健康需要。因而他对拳法的态度一直是自娱自乐遮遮掩掩，否则相关诗歌作品不至于比《杨教师枪歌》出现得晚。谱写《拳歌》不仅是在向弟子表达慰藉，更是在传达动静兼合、超越窠臼的生命取向。

另外，唐顺之心系社稷，用世之心从未泯灭。四十岁以后诗歌明显开始颓放消沉，这一方面由于身体健康的恶化，一方面出于对北虏南倭局面的忧虑。嘉靖二十六年（1547）江南局势骤紧，七月倭寇起浙闽，十二月犯宁波大肆杀掠。当他准备有所作为时，健康情况又急转直下。长期焦虑的状态严重影响了文学创作，有学者就其诗歌风格的变化指出："大致以嘉靖二十五年（1546）为界限，后家居时期四十岁以后的十多年来，眼界由高华雅清转向低俗庸颓，从取材、命

---

① 唐荆川研究会. 唐荆川诗文集 [M]. 南京：凤凰出版社，2012：138.
② 唐荆川研究会. 唐荆川诗文集 [M]. 南京：凤凰出版社，2012：114.
③ 唐荆川研究会. 唐荆川诗文集 [M]. 南京：凤凰出版社，2012：458-459.
④ 唐荆川研究会. 唐荆川诗文集 [M]. 南京：凤凰出版社，2012：170.

意、格调到语言词句,皆转向卑俗俚白,风格颓放衰沉,多不足取。"① 自此到晚年复出的十多年里,诗歌最突出的主题成为病痛和忧虑。从这个角度来看,拳歌的创作也当在四十一岁之前。

二、"道人"的真实身份

武术派系文化传奇而富有魅力,人们相信唐顺之是接触到了一位来自峨眉山的道士涉笔成诗。"余奇未竟已收场"一句也表明作者是观众身份。但如果联系当时的武术发展阶段和唐顺之的人物特点就会发现,无论是真迹中的"武当道人"还是文集易名后的"峨眉道人",道人不是别人,而是唐顺之本人。

道人不等同于道士。两宋理学又称道学,宋代以后一些远离政治的学者常常自称"道人"。元代赵孟頫自称松雪道人,杨维桢自称铁崖、铁笛道人,明代朱有燉自称全阳道人,祝公望自称龙丘道人,徐渭自称青藤道人。唐顺之喜爱荆溪山水,自号荆川,常以"荆川道人""荆川山人"自称。《拳歌》真迹落款就是荆川道人。自称道人在《荆川集》中多处出现,如《囊痛卧病作》载"苦讶道人长好懒,如今懒病果相成";《纪梦》载"道人久谢天台梦,也学刘郎一度迷";《赴官扬州与左妹夫两弟鹤儿白堉登金山坐禅房》载"纵是维扬迎师急,道人且坐白云关";《万思节以集中无名作诗见贻》载"学道频年慕屡空,支离犹坠语言中";书信《寄赵浚谷》载"若今果不访兄,则需待三年五十之外,作一游方道人见兄耳"。

万士和是其入室弟子,两家又是儿女亲家,相互之间可以说没有秘密可言,如果挥毫赐墨只是刻画一位隐去姓名的"武当道人",这无论如何都是说不通的。武当山在明初就成为首屈一指的道教圣地,兼有宗教、政治、神话等多重意义。明太祖、成祖都曾寻觅过遗迹于此的著名道士张三丰。唐顺之学无归宿泛于佛道,万士和《祭荆川唐先生文》有云:"其取益也,佛氏之禅定,老氏之虚静,养生家之窾窍,玄然一亲经历。则如身坐相轮之上,而曲直不蔽。"② 以"武当道人"为题,有意把道人演绎成"道士"完全符合唐顺之的思想特点。

回到诗歌创作的角度,唐顺之擅于用典,但对于新生事物拳法而言,可以用来作为创作素材的典故并不多。东汉《吴越春秋》中的"白猿"与东晋《拾遗

---

① 张慧琼. 唐顺之研究 [M]. 南京:凤凰出版社,2016:154.
② 万士和. 万文恭公摘集·卷十 [M]. 台南:庄严文化事业有限公司,1997:10.

记》中的"白猿"相映成趣,玄妙莫测变化多端且都与武有关。因此选择以白猿意向为构思起点,首句就指出"乃是深山白猿授"。平心而论,前四句有关拳法出处的交代,除了"少林拳法世稀有"折射少林僧(三奇和尚周友多次应征参加武宗平叛)以武闻世外,都是艺术手段的穿凿。由于看中的是拳法的健身价值,《拳歌》几乎没有涉及技击层面,而是借用了大量出现在《西京赋》中的汉百戏元素。

诗中提到的"茆堂"指唐顺之在宜兴阳羡张渚镇的别第。三十五岁罢黜后,他在离宜兴城四五十里的张渚镇购置了一处宅院,自称"茆堂","卜居阳羡山中,读书十余年"① 长达十七年的第二次家居生活多数在这里度过的。茆堂在诗歌中也有体现,《家僮自野田携黄菊二株至轩中感而有作》载"旷野阴阴万木霜,谁携数蕊到茆堂";有时也称茆屋,《夜归陈渡草堂时新与诸子别去有怀》载"褐衣颇笑非怀玉,茆屋何因却聚星"。

对于了解唐顺之的友人说,"峨眉道人"完全就是一个讨趣的玩笑。王慎中曾向王畿评价唐顺之说:"荆川随处费尽精神,可谓泼撒,然自跳上蒲团,便如木偶相似,收摄保聚,可无渗漏,予则不能及。"② 此话说在十多年后,嘉靖三十六年(1557)五月,王慎中赴福州,与王畿、阮鹗相会于三山石云馆,互酬问答讨论良知之学。王慎中与唐顺之并称"王唐",并肩倡导唐宋古文关系莫逆,《荆川集》序言就是王慎中所作。"跳上蒲团如木偶"分明就是王慎中搬用《拳歌》诗句对唐顺之静坐工夫的评价。在王慎中眼中,那个"自出新奇"忽而静坐忽而弄拳的"峨眉道人"就是唐顺之本人。

三、"峨眉道人"取代"武当道人"的原因

经过四十岁前后发生的思想转变,之前的出佛入道已经被儒学的回归所取代。即使其本人始终肯定方外之术的积极成分,但诗文见刻所带来的社会影响,是不同于与弟子友人关起门来开玩笑的。易名"峨眉"目的是为撇清自己与旁门左道的直接关系,同时又尽量保持《拳歌》作品的艺术魅力和思想意旨。那么,既然是用虚设的道人刻画真实的弄拳,那就不如一虚到底,把道人出处和身份信息进一步模糊处理。峨眉山远僻蜀地"险远不能至",易名峨眉道人能够更

---

① 张廷玉. 明史:第250卷[M]. 北京:中华书局,1974:5424.
② 王畿. 王畿集[M]. 南京:凤凰出版社,2007:12.

好地掩人耳目起到隐藏身份的作用。

唐顺之没有到过四川，多闻蜀地山泽雄浑别有乾坤，身不能遂心向往之。他为朋友诗稿撰写《前后入蜀稿序》这样写道：

> 山泽好奇之士，往往以极幽迟诡谲之观，博搜山川草木鸟兽变化之情状为快，然其耳目有所滞而不能，偏于是有侧身四望之思。宦游羁旅之士，其力足以穷悬车束马之径，凌趼鸢挂猱之阻，然其情志有所累而不能遣，于是有怀乡去国之忧。情志与耳目常相违，而山川之与人常不相值。惟蜀僻在西垂，古所谓别为乾坤者也。雪岭大江之雄浑，峨岊青城之窈丽，仙灵之所窟宅，其胜甲于天下；然陆则拒以飞涯断栈，水则陋以惊江急峡，斗雷霆而翳日月，其险且远亦甲于天下。
>
> 自古好奇之士慕其胜，而以其险远不能至，于是有梦而游、寤而叹焉者，自非游宦与羁旅，终其身无因而一至焉。其至者怵于险而忘其为胜，于是羁臣迁客之思深，而轻举冥搜之好移，变衰摇落之感生而雄浑窈丽之观改。盖昔人所赋"侧身西望阻岷峨"者，既足以着山泽好奇、缱绻顾慕不能自遂之情；而其所记峡州至喜堂者，亦足以尽宦游羁旅、憔悴无聊不能自遣之状。夫虽幸为耳目之所接而夺于情志之所不快，与虽幸为情志之所快而限于耳目之所不接。其耳目所不接者，既不能使景就乎情而工为凿空揣悬之言；其情志之所不快者，又不能使情就乎景而泄其和平要眇之音。于是大夫缺于登高能赋之义，而骚人奇士纵欲原本山川、极命草木，亦无所凭焉以骤其精而发其辨博。噫嘻！此春山公《前后入蜀稿》所以为可讽也。
>
> 公自郎官出为郡守，自郡守迁按察副使，先后皆在蜀，其为郡守也于重庆，盖陆走栈、水浮峡而后至，中州之人所谓险且远；其为副使也，于建昌则在灵关大渡瘴雨绁烟之外，虽蜀人亦素惮以为险且远者，而公皆恬然安之。政事之暇方且披巉岩，践霜雪，穿猩鼯豺虎之窟，俯江妃水仙之宫，以穷其胜，而犹若未足，故其险无所不涉，则其胜无所不穷。其所历与所ící一切可愕可喜则无不见之乎诗，盖其大者关政理谣俗之故，其细者足以牢笼百物山川草木鸟兽变化之情状；其叙险也既可以使人唏嘘惨栗而如堕，其叙胜也又可以使人飒爽飞动而如跻。向非公以其宦游旅寓之迹而兼乎山泽奇士之好，情志之所快与耳目之所接适然

遇合，固不能摹而写之若是公诗既刻为二卷，其子于德请序于余。余以谓使好奇之士读公之诗，可以不俟涉险而坐穷其胜于庭户燕闲之间；宦游羁旅之士读公之诗，且将悦乎其胜而忘乎其险。顿然释志于惊江绝栈之上。也然则不能自遂与不能自遣者。皆将于公之诗乎有得也。余山泽人也，盖慕蜀而不能至者，亦将于公之诗乎有得也，遂不辞而序之。①

通过上述序言可知，友人的诗集《前后入蜀稿》分为上下两卷，具体内容已难以知晓。作者"春山公"描绘的蜀地风物使作序者唐顺之身临其境，"飒爽飞动而如跻""不俟涉险而坐穷其胜"，大发感慨"慕蜀而不能至"。其中"山川草木鸟兽变化之情状""猩鼯豹虎之窟""江妃水仙之宫"大大丰富了唐顺之的想象空间和创作灵感。于是为避免道人的真实身份被人识破，出现在《荆川集》中的"武当道人"被置换成了"峨眉道人"。主人公彻底成了一个难觅踪迹的神人，作者也更像是一个旁观者了。拳法最终与峨眉山关联起来，文学的作用也让少林、白猿、道教等元素相杂其中。

上述推断是有依据的，唐顺之生前问世的《荆川集》祖本中并未录入《观道士祈雨二首》。两诗出现于万历元年（1573）刊行的《重刊唐荆川先生文集》。此时唐顺之已作古十多年，唐鹤征在祖本基础上搜集先父遗作重刊文集。其一："星坛步处云随合，里邑喧呼道士功。四海正需霖雨急，卧龙何日起隆中。"其二："巫舞商阳古有之，神灵风雨灌坛时。阴阳燮理输谁力，秪遣儿童颂法师。"② 根据内容可知，祈雨诗是唐顺之二十三岁春季参加会试、殿试期间所作。《明史·礼志二》载："嘉靖八年春祈雨，冬祈雪，皆御制祝文，躬祀南郊及山川坛。"③ 那个时候，作为一个初出茅庐、意气风发的新登举子，唐顺之对施法降雨的道士发出由衷赞叹。而后来唐顺之作为表仪天下的学子楷模，在公开传播的文章里，是必须要与被视为异端的道教保持距离的。

值得一提的是，《峨眉道人拳歌》问世大约一百五十年后，清朝举人张永铨作《沙拳歌题李竹逸拳谱后》："虞山老叟季蓝田，白发婆娑七十年。蹒跚向作侯门客，口谈拳法如谈禅。苹林堂中逞妙手，崖石欲裂沙欲走。飞腾疑是隼摩空，踞伏还同虎捕兽。我闻此法本沙家，睥睨江湖任独夸。拙中藏巧多三昧，曲

---

① 唐荆川研究会．唐荆川诗文集［M］．南京：凤凰出版社，2012：286-288.
② 唐荆川研究会．唐荆川诗文集［M］．南京：凤凰出版社，2012：94.
③ 南炳文．明史续探［M］．天津：天津古籍出版社，2018：817.

折钩连似六花。往来无异掷星梭,天矫浑如舞绮罗。直教四体都无骨,却把空拳尽作戈。此艺由来传者稀,吾友李子雅好奇。抡文年少登乡荐,讲武名高绌教师。闲来偶作沙拳谱,泻尽天机绝千古。欲携此叟走京华,应为朝廷作御侮。惭余屡向词场蹶,廿载空言笔似铁。学书学剑两无成,消磨数斗英雄血。"二十八句内容有十句都是《拳歌》的翻版。另外,小说《西游记》(1592)第八十二回,行者训斥猪八戒道:"他们是此地之怪,我们是远来之僧,你一身都是手,也要略温存。"西游记作者用"一身都是手"来比喻本领高强,足以说明唐顺之《拳歌》的地位和影响是不言而喻的。

第三章
唐顺之枪法考论

武术谚语有云：月棍年刀一辈子枪，十八般武艺唯枪称王。枪是古代战场的主要装备，也是武术招式化、套路化转变过程中的主导力量。《武编》前集卷五《枪》一节是最早阐述枪法技术的文献。本章讨论唐顺之枪法的出处、活动内容和影响。第一节，梳理文献追问唐顺之枪法的来源。第二节释读原文内容。第三节论述六合枪的活动形式与特点。第四节联系唐顺之的文学思想揭示其与六合枪的关系。第五节讨论六合枪法的早期传播。

第一节　嘉靖时期的北枪南传

一、选活跃于江南的杨家枪法

较早记载杨家枪的是俞大猷《剑经》：

> 山东河南各处教师相传杨家枪法，其中阴阳虚实之理与我相同，其最妙是左右二门拏他枪手法，其不妙是撒手杀去而脚步不进。今用彼之拿法兼我之步法将枪收短，连脚赶上，且勿杀他，只管定他枪，则无敌于天下矣。①

俞大猷指出杨家枪流行于河南和山东，评价很高，认为枪长于棍，但手法相通，缺点在于没有步法。俞氏所论被戚继光于嘉靖四十年（1561）② 成书的《纪

---

① 赵本学，俞大猷. 续武经总要［M］. 北京：商务印书馆，2017：229.
② 根据高杨文、陶琪等编撰的《纪效新书》（18卷本）一书，十八卷本是在嘉靖三十九年（1560）义乌练兵期间所著的十四卷本基础上写成，十八卷本的成书时间不晚于嘉靖四十一年，不早于嘉靖四十年三月。由于枪、拳等章节练兵时就已形成，故本研究将1560年作为相关内容的创作时间，将1561年作为问世时间。

效新书》原文转述。《纪效新书》成书次年，郑若曾在《筹海图编·客兵》一节中指出五台山僧人的武艺是杨家枪：

> 今之武艺，天下胥推少林；其次为伏牛，要之伏牛诸僧，亦因欲御矿盗而学于少林者，其次为五台，五台之传本杨氏所谓杨家枪法也。①

郑若曾认为少林僧的武艺在各路僧兵中最为上乘，其次是学从少林的伏牛山僧，再次是习练杨氏枪法的五台山僧。郑氏在另一部海防著作《江南经略》中两度述及杨家枪，其一《僧兵首捷记》：

> 夫今之武艺，天下莫让少林焉；其次为伏牛，要之伏牛诸僧，亦因欲御矿盗而学于少林耳。其次为五台，五台之传本之杨氏，世所传杨家枪是也。②

此处记述几乎是之前"客兵"文字的照搬，不同处是将"世所谓杨家枪法"改成了"世所传杨家枪"。似乎表明六年之后，作者的态度有所变化。其二，《兵器总论》阐述的十七家枪法中，首推杨家枪。相比对其他武艺的描述，用墨最多，内容最详，是出现最早的杨家枪法直接描写：

> 如使枪之家凡十有七，曰杨家三十六路花枪。其分出者：曰大闪干，曰小闪干，曰大六合，曰小六合，曰穿心六合，曰推红六合，曰埋伏六合，曰边栏六合，曰大封臂，曰小封臂。③

倭战期间奔赴东南的各路士兵中，来自北方的长枪兵是最常见兵种，如青州长枪手、京营神枪手、辽东义勇虎头枪手、河间府义尖儿手等。以上资料集中出现于嘉靖后期东南动荡、战火连年的倭乱期间，时间接近，内容互牵。可见杨家枪由北方而来，河南、山东以及山西五台山都有流传，传播人群至少包括武师、僧人、军人等。

除了军事论著，时人文集中也不乏杨家枪的身影。徽州文武兼具的举人王寅（1506—1588），在《丈八矛赠樊大》中刻画了一位来自天雄国（河北大名）的

---

① 郑若曾. 筹海图编 [M]. 北京：解放军出版社，1990：971.
② 郑若曾. 江南经略 [M]. 合肥：黄山书社，2017：597.
③ 郑若曾. 江南经略 [M]. 合肥：黄山书社，2017：557.

"樊大",并指出樊大的枪法"乃出杨家令公后":

> 赤晴紫面卷髯黑,叹举千钧盛臂力。江北江南只独行,貂裘来自天雄国。万人围堵戏登场,尔矛巍巍丈八矛。矛头风生火旋热,叱咤纵横电光掣。气欲推山山可颓,势欲挽日日可回。荷矛上马何太易,不异置身在平地。纵辔桃花帖草飞,直追巧中苍鹰坠。年今半百鬓未丝,相逢稀见敢相持。始知神艺人间少,暗里调矛每自嗤。斯矛之法尔谁受,乃出杨家令公后。变化机关有道存,精练须经十年就。我虽为儒良不腐,弱冠攻文犹好武。锦囊探赠愧黄金,交结虚君寸心剖。羽书夷房报纷纷,尤解明王正赖君。烈士定应图不朽,早期一战立功勋。①

唐顺之在三十六七岁时(1542—1543)曾跟随一位叫杨松的河南师父学枪。十年之后,他听说两个弟弟也在向一位杨姓河南老翁学习枪法,写信鼓励弟弟道:"余三十六七岁时曾问枪法于河南人杨松,是时殊有跃马据鞍之气,每以未能尽其技为恨。后十年里,两弟正之、立之复学枪法于河南一老翁,亦杨姓也。两弟俱壮年锐志,而立之尤贾勇直前,几于所谓逢人斗轻健矣。余见之不觉技痒,更欲一尽其技以毕。"② 唐顺之所作《杨教师枪歌》提供了更多杨松的信息:

> 老杨自是关东客,短衣长躯枣红面。千里随身丈八矛,到处寻人斗轻健。谓余儒生颇好武,一挥滚滚发雄辩。坐惊平地起波涛,蠕蠕龙蛇手中现。拨开双龙分海嬉,攒簇两蛇合穴战。争先尽教使机关,缩退谁知卖破绽。目上中眉犹自哂,绵中裹铁那能见。满身护著不通风,百步撺来激流电。飞上落下九点丸,放去收回一条线。问君何为技至此,使我冯轩神雾眩。答言少小传授时,五步七步画地践。迩来操弄三十年,浑身化作枯树竿。心却忘手手忘枪,眼前只见天花旋。乃知熟处是通神,解牛斫轮安足美。因君亦解草书诀,君枪岂让公孙剑。③

杨松行走江湖枪不离身,所到之处以枪会友,聊起枪法滔滔不绝。江苏武进的唐氏兄弟先后跟随两位来自河南的杨姓师傅学枪,可见中原枪法教头在南方的

---

① 王寅.十岳山人诗集·卷三.[M].台南:庄严文化事业有限公司,1997:14-15.
② 唐荆川研究会.唐荆川诗文集[M].南京:凤凰出版社,2012:579.
③ 唐荆川研究会.唐荆川诗文集[M].南京:凤凰出版社,2012:58.

流行。但与时人不同的是，尽管前后两位教师都姓杨，唐顺之在《武编·枪》中却对杨家枪不置一词。显然，他不同意枪法源于杨家将的说法。

值得一提的是，王寅诗中的"樊大"，在《武编》中被称之为"老樊"。除了杨松和老樊，唐顺之还提到了"孔凤"和"济宁史"。据《登州府志》载："孔凤，弘治举人，乙卯（1555）汉阳知府，专务德化，平生端谨好学，未尝与人嬉谈，致仕归时长短略不启齿。"① 孔凤举人出身官至知府，于枪也有建树。"济宁史"不可考，应该是唐顺之晚年御倭期间结识的一位山东官吏，既然是济宁史，其枪法也当属山东河南的杨家枪法。

枪法高手也有山西人。唐顺之的弟子，宜兴人万士和在《赠山西刘客》中刻画了一位精通枪法的山西人刘某：

> 家居汾曲美长髻，结客江南自少年。入市何曾断朴性，使枪直预过师传。论交意气真堪仗，对众言辞每不前。自笑雄心灭未尽，一逢侠客便欣然。②

汾曲指山西临汾一带，晋商遍布各地，刘某应该是晋商一员。刘淳朴腼腆，自幼结客江南，枪法造诣居然不在老师之下。根据万士和文集中紧临前诗《戏咏荆师射》"山西侠客射雕手，犹叹吾师用术工"③ 可知，两位山西人很可能是同一人，刘某兼通射、枪二艺。两诗中的"师"均是指唐顺之，唐与刘某进行过射法和枪法的交流。

俞大猷《剑经》也提到在山西结识的一位叫林琰的枪法教师，很可能也是山西籍贯：

> 在偏头关时，得之教师林琰者，其诗曰："壮士执金枪，只用九寸长；日月打一转，好将见阎王。"④

林琰在偏头关教枪，说明枪法在西北的卫所也深受欢迎。"只用九寸长"说明技术绝非虚花水平，能入俞大猷法眼，自然非同寻常。综上所述，在16世纪

---

① 凤凰出版社.中国地方志集成［M］.香港：凤凰出版社，2004：421.
② 万士和.万文恭公摘集·卷一［M］.台南：庄严文化事业有限公司，1997：20.
③《戏咏荆师射》：山西刘姓射雕手，犹叹吾师用术工。持处虎蹲还据石，发时鹰击又承风。印空绝影虚闻响，落地无尘已没锋。岂是屠龙无所售，幻来余技亦神通。
④ 赵本学，俞大猷.续武经总要［M］.北京：商务印书馆，2017：225.

中叶的嘉靖时期，枪法在河南、山东、山西、河北等地风行，并开始向东南地区传播。从西北边陲到东南草堂，上至官宦儒士，下至商旅游方，教师口手相传，这些枪法常常以杨家枪法自称。

二、杨家枪的戏台出处

樊大、老杨、杨翁、刘某、林琰、孔凤、济宁史、五台山僧为代表的北方枪法，与当时北方盛行的杨家将戏曲密切相关。

北宋的杨家将以杨继业、杨延昭、杨文广祖孙三代为代表，长期活跃在抗辽、西夏战争的前线。对契丹战斗中殉国的杨继业及以同样能征善战的长子杨延昭，以及他们所代表的杨家将得到宋人的同情和歌颂。欧阳修曾写下"至今天下之士，至于里儿野竖，皆能道之"[1]。北宋笔记小说《杨无敌》的出现，表明杨家将故事题材在北宋中期就开始在民间广泛传播。南宋勾栏瓦舍艺术绚烂，不仅形成了《杨令公》《五郎为僧》《杨志卖刀》等歌颂杨门事迹的说话艺术，还出现了戏曲剧目《打王枢密爨》。在戏曲发展高峰的元代，杨家将故事题材变得更加丰富，元曲剧目多数散佚，现存关于杨家将的剧目仍有九个之多。

杨家将故事在明代取得了集大成发展。明王朝取得大一统的重要标志是把幽云十六州收回，长城重新起到阻隔游牧铁骑的作用，加上明初在军事上的优势，洪武、永乐不断对北用兵，有效遏制了残元的军事势力。太平局面影响了观众对文艺题材的取向，社会风气一度偏重文戏冷落武戏，杨家将戏曲曲目锐减。"正统以后，敌患日多。故终明之世，边防甚众"[2]，英宗时期，蒙古瓦剌部崛起，御驾亲征的英宗皇帝在土木堡沦为俘虏，京畿精锐损失殆尽，自此酿成北疆持续至明亡的军事劣势。北房的肆意南下又一次成为汉民族的梦魇，代表英勇无畏精神的杨家将故事再度成为人们的精神寄托，相关戏曲、小说等艺术题材迎来新的发展高潮。经过长期的艺术汇聚，万历时期形成了《杨家府演绎》《杨家府世代忠勇通俗演义》两部章回体小说，标志着杨家将故事的集大成。

杂剧舞台上的杨家将英雄个个枪法卓绝，经典的艺术形象诱使人们开展枪法活动，探索枪法技术，呈现出蔚为大观的学枪练枪浪潮。河南、山西、河北、山东等地的枪法活动，准确对应了明清时期杨家将文化信仰的地理分布。学者李爱

---

[1] 蔡连卫. 杨家将故事的形成及原因 [J]. 山西大学学报（哲学社科版），2013，36（4）：43.
[2] 刘毅. 明史 [M]. 北京：北京燕山出版社，2010：2235.

军等通过对古代杨家将文化地名的研究指出,在全国已发现的354个以杨家将故事命名的地名、遗址中,排在前五位的地区分别是河北108个,山西76个,山东55个,天津26个,北京24个。主要分布是北以长城为界、南以黄河下游和汉水上游为界,以杨家将历史活动区的陕西、河北为中心向周围扩散,包括山西、河北、北京、天津、陕西东部、河南北部、山东西部等区域①。

除了边患影响,枪法风靡与枪器自身特点也有一定关系。第一,枪头红缨舞动如虹,对戏台艺人来说能使舞台增色;第二,枪器有锐利尖头,对于游走江湖的客商来说是经济便捷的防身器物;第三,对于战场而言,无论步兵还是骑兵,长枪都是主要装备,枪法活动符合保家卫国的战斗语境。

相对于南方地区,山西、河北、河南、山东等地临近北疆,需要借助杨家将事迹鼓舞斗志。广泛的枪法传播孕育出一批以授枪为业的北方教师群体。美国历史社会学家黄宗智指出:"从明清之际大体也就是从16世纪开始,华北地区就开始了一个经营式地主的扩张运动……经济下降的小农,不同程度的外出佣工,以帮助日益缩减的家庭收入。"② 华北地区人口大量外流,不少人选择南下到富庶的长江中下游一带,这应该是嘉靖时期北枪南传现象的社会背景。

枪法源于戏台的观念与人们的练武目的存在矛盾,既使对于当时的人来说也是难以接受的。这一点,从早期记录者不同的态度中可见一斑:最崇枪法的唐顺之态度最坚决,不提杨家枪,亦不提杨家将;俞大猷、郑若曾随俗折中,取杨家枪之说,不提杨家将;王寅明确提出杨令公,五台山僧人自称杨氏所传。如果说王寅是徽州人对北方情况可能不了解,或者说诗歌内容本身具有艺术成分。那么,山西五台山僧人也自称杨家枪的现象则值得深究。

五台山僧兵的杨家枪说源自南宋瓦舍的"杨五郎"形象。北宋时期的五台山地处宋、辽、西夏交界,居高临下具有重要战略意义,五台山僧兵力量也不断壮大。靖康之变期间,五台僧兵前赴后继与金军死战,僧人庞僧正、吕善诺、杜太师、真宝等纷纷身败殉国,英勇事迹与一溃千里的北宋军队形成鲜明相比。建炎南渡以后,五台僧兵的抗金事迹开始受到南宋统治者的重视。由于南宋初期十分倚仗陆续南渡的前北宋西军,临安城中的瓦舍也是为这些西北军人所设,于是演绎北方精忠故事题材成为南宋政府慰劳军人的重要途径。在此过程中,抵御北

---

① 李爱军,司徒尚纪. 杨家将文化的起源、扩散和地名分布 [J]. 热带地理, 2008 (2): 197.
② 黄宗智. 华北的小农经济与社会变迁 [M]. 北京: 中华书局出版社, 1986: 81.

方契丹的山西英雄杨家将，与同样抵御北方之敌女真的"五台山僧"被瓦舍艺人糅合在了一起。"杨家将"故事与"僧侣"要素相结合，于是出现了出家于五台山并活跃于契丹战场的杨五郎形象①。在此顺便指出，同样产生于瓦舍的五台山僧形象，还包括宋话本中喝酒吃肉、侠肝义胆的花和尚鲁智深。

在杨家将戏曲及小说传承化、经典化的过程中，杨五郎出家五台山的故事借助明代中期戏曲发展高潮家喻户晓。因此在大众观念里，五台山僧的武艺理所应当属于"杨五郎"血缘出处的杨家将，五台僧人也自称习练杨氏枪法。

第二节 《武编·枪》的释读

以下为万历戊午（1618）徐象橒刻本《武编》前集卷五《枪》一节的内容。按照出现顺序可分为六合、枪谚、对练、枪制、枪论等五个部分。

> 头一合枪：先有圈枪为母，后有封闭、捉拿、救护、闪赚，是花枪名色叫作梨花摆头。第二合枪：先有缠枪，后有拦枪，黄龙战杆、黑龙入洞，拿杆救护闪赚，是花枪名色叫作铁子扫（注：铁子扫即后文所称"铁扫子"）。第三合枪：先有穿指，后有穿袖，鹞子扑鹌鹑，救护闪赚，是花枪明色叫作凤点头。第四合枪：先有白拿枪，后有进步枪。如猫捉鼠，加朋退，救护闪赚，是花枪叫作白蛇弄风。第五合枪：先有迎风枪（注：迎风枪即后文提到的"迎封枪"），后有截进枪，四封四闭，死中返活，无中生有，四面使枪。第六合：一截、二进、三拿、四缠、五拦、六彻，共加六路花枪。上有场秦王磨旗，下有场拨草寻蛇。中调四路闪赚：梨花摆头、铁扫子、凤点头、白蛇弄风。
>
> 尔枪动，我抢拿，尔枪不动我抢发，中间一点难招架。指人头，取人面，高低远近都要见。枪势浮腰，索先取手，后取脚，取了手与脚②，闭住五路通伤口。枪有三件大病，那三件大病：一立身不正，二立当不③（注："当"通"裆""不"通"否"），上不照鼻尖，中不照

---

① 松浦智子. 关于杨家将五郎为僧故事的考察 [J]. 明清小说研究, 2009 (4): 27-41.
② 戚继光《纪效新书》作"枪是浮腰锁，先取手，后取脚"。故"锁"为戚的订正，"浮腰锁"不是本意，"枪势浮腰，索先取手"更符合原文主旨。
③ 枪法的三件大病分别是：立身不正，立裆不正，三尖不照。

枪尖，下不照脚尖，三件大病。疾（注：疾通急）上又加疾，扎了犹嫌迟。

他使里把门（注：守圈里）等我，我将枪闪向圈外，拦拿放（注：放指发用，处置）枪。他若一拦拿我，我闪过圈里进枪；他若使外把门等我，我将枪闪过圈里，缠拿放枪。他若一缠拿我，我闪过圈外进枪，此顺其势而用之也。

他若使里把门等我，我用缠拿硬上一剁（注：剁指由上向下劈）放枪。他缠拿我，我闪从圈外进枪；他若使外把门等我，我拦拿硬上一剁放枪；他拦拿我，我闪从圈里进枪，此逆其势而用之也。

翻来覆去，我从圈里放枪，他缠拿我，我闪从圈外进枪，他拦拿我，我闪从圈外反拦拿他，所谓死中返活也。翻来覆去，我闪从圈外放枪，他拦拿我，我闪过圈里反缠拿他，所谓无中生有也。

拿圈里枪为缠拿，为封拿；圈外枪为拦拿，为闭。重手为拿，轻手为封闭。仰（注：指阳手，即手心朝上，与后文的阴手对应。）手向里为穿指（注：穿指指左手逆时针外旋手心向上），阴手向外为穿袖（注：穿袖指左手顺时针内旋手心朝下）。凤点头，上下带左右，后手上下动，上觑面下觑手。白蛇动风右转，梨花摆头左右上下。铁扫子左右动。俯身者进，仰身者退也。缠拿伸前手，后拿（注：拿原文有误，应为"手"）挨身身俯，拦拿缩后手，前手挨身身仰。缠拿后手手心向里，拦拿后手手心向外。

老杨（注：杨松，唐顺之的枪法师父）封闭皆用阴阳滚手（注：两个手配合形成的拧转），老樊（注：樊大，河北大名人，时之名手）以为滚手迟一着，只两手心俱向下，拿定竿子。

救圈（注：刻版原文全篇均作"○"）里枪，只前手略左旋一圈①，打开为封。救圈外枪，只前手略右转一圈为闭。手法甚紧，其圈为母（注：紧为紧凑，母为根本）。

---

① 对方从圈外绕至圈里进攻，我顺指针绕过复成圈里状态，并非指前手向左旋腕。

第三章　唐顺之枪法考论

　　双手持枪，离彼前手前三尺即放下前手①，将后手挨竿一转进枪，其救下枪为提。

　　亦不全滚，手略滚一半便转②。手持中平，枪头交三尺滚（注：滚指拧转）。

　　彼在圈里即转右足，两手用气力将竿捺住为缠③。或彼抽出枪扎我圈外，即将竿从下向上一挑为拦。

　　彼若使花枪（注：花枪指前手虚持后手左右摇转）则缠拦不住，我或用低枪或用降枪（注：低枪指从低处向上扎；降枪指从高处向下扎），待彼将穿过时我枪从上乘机疾札前手（注："札"通"扎"）。

　　盖彼以左穿右穿为妙，我正乘其穿而用之也。穿指枪从圈外穿过扎圈里，我用仙人抱琵琶势将前后手一缩向上托开。穿袖枪从圈里穿过扎圈外，我用帖挑势从下向上托开向左。此二法免用滚手以彼撒手进枪近也，二枪从下揭上，此法一一杨所无（注："杨"指杨松）。

　　樊封闭移后脚左右。孔凤封闭移前脚左右，离子午（注：子午指二人对扎时互守的中线）。松单手转身进步送枪，本双手跪进枪（注："本"指"原本"；"跪"指大弓步）。济宁吏单手，不进步，送进枪俱不离子午。

　　一（注：一虚词无实意）枪竿疾（注："疾"通"蒺"）藜条为上，柘条次之，枫条又次之，余木不可用。

　　枪制木杆上刃下鐏，骑兵则枪首之侧施倒双钩、倒单钩，或杆上施环。步兵则直用素木或鸦项，鸦项者以锡饰铁嘴如乌项之白。其小别有锥枪、梭枪、槌枪。锥枪者，其刃为四棱，颇壮锐不可折，形如麦穗，边人谓为麦穗枪。梭枪长数尺，本出南方，蛮獠用之，一手持旁牌，一手摽以掷人，数十步内中者皆踣，以其如梭之掷故云。梭枪亦曰飞梭枪。槌枪者，木为圆首教阅用之。近边臣献太宁笔枪，首刃下数寸施小

---

① 对练开始前两枪相搭，我将枪头放在离对方前手三尺远的位置。
② 此处省略了三个字，完整的句子应为（后）手略滚一半（前手）便转。该句交代了拧枪细节。
③ 写"捺"字时，从左上起笔行笔至右下，故用"捺"来比喻从上向下逆时针的缠枪。

铁盘，皆有刃，欲刺人不能捉搦（注：搦指抓）也，以状类笔故云。拒马枪，其制以竹若木，三枝六首，交竿相贯，首皆有刃，植地辄立，贯处以铁为索，更相勾联。或布阵立营拒险塞空，皆宜设之。所以御贼突骑使不得骋，故曰拒马。

绳系枪头则为钭（注："钭"通"抖"）鞭绳，离枪头尺余则为团腰。钭鞭左脚左手在前，阴手使。团腰右脚右手在前，阴阳手使。其妙在善收以鉎（注："鉎"通"铁"）团恍人目，则即进枪也。吕公拐降枪，前有月牙铲左搧右搧。使孙膑拐、小拐、群枪亦降枪，前有枪头离头一尺五，置一横拐，离一尺又置一横拐，十字相交以折枪。竿长丈二三，圆转不停，即与狼铣降枪同法。

处州人使狼铣右脚右手在前，阴阳手使，攩（注："攩"同"镗"）扒（注："扒"同"耙"）亦多如此，犹开弓之左右也。

攻行守固法：

凡枪以动静两分，动则为攻，静则为守。攻内有行，守内有固，此为攻行守固，以无为是也。凡攻，至交姤得气处止，棍头接着为得气。攻而有两。行则以守，攻而后行，内有守。攻而不行，方激而后行，以守，激不行，而再激，行得以前。①

攻、行、激、守皆为正，攻内有化，为斜。以金、木、水、火、土为正五行，五行有变。上下跳跃走步，谓之不正，为斜。斜，偏也，偏以勾、隔、劈、绞为外五行，因偏故不及子午②。正攻无制，攻行之说，乃进枪之要诀也。外有虚、空、无之要，乃攻行之内，发用之道也。

激为问，问之必答。问而无应者，如痴哑之人面立也战斗之机，何以为胜败乎？守固者皆为备己，攻行者诸能治人。斜正交行内有酌见，子午配合观其动静。知识攻行化论，故可以守待其动也。神不定而心乱为，谓之不识斜正。

---

① 此段大意：进攻最好分两个环节进行。初次进攻不易得手，需谨慎试探，不宜硬进。稍作试探马上收回，根据对方的反应迅速组织二次进攻，这样才有利于突破防守。
② 直接进击中线为正攻，跳跃走步以及勾、隔、劈、绞等从侧面避开中线为斜攻、迂回进攻。正攻也要结合斜的变化。此处金、木、水、火、土是五行理论与武术的最早关联。

右（注：右指上文）论攻行守固不在扎法内讲。

扎法：实扎、虚扎、拿扎、打扎、穿扎、滚扎、单手扎、扎中扎、三阳扎、挫手扎。

有不犯五行扎。

有量枪扎，冲开子午之门。埋头上扎，先阴变阳攻。抛高扎，乃阳变阴攻。此三扎不在五行中论。

虚实有空，忘势为无，交合故有，内去留之，道分其浊，辨其浮沉，可取皆在于五行混浊之内。纷纷绕绕，周度无穷，洞察玄微，道合气行。有亿万化生，学者可以详究为节，万无一失。

论中虚实：滚、穿、花、浮为虚；打、拿、挫、扑为实。上抛、中量、下颠，扎内行空，至极为无。

伏虎等势俱斜路棍。习棍法两敲，卓离一尺，高一尺[1]。

第三节　六合枪与唐顺之的关系

一、六回合的结构

开篇介绍枪法对练的六个回合，可谓"六合枪谱"，文字古朴工整，语言节奏明快，情景生动形象。"合"指回合，从回合的逻辑来看，六合枪谱所述的是二人分六个回合进行的枪法对练。如果从枪法的技术特点出发抛开文学层面夸张的干扰因素就会发现，主导创作的是"文法本位"思想。作者是通过六个回合的语言结构，运用古文笔法阐述不同视角上的拧枪手法。六回合是概念上的对练，众多名称也不对应具体动作。

作为最早出现的枪法文献，以下就六回合的内容做详细论述。

首先，看似缜密的六个回合，事实上是手法的多角度阐述。第一回合中的实质内容是"封""闭""捉拿"，第二合是"捉拿"的具体方法"缠"和"拦"。何为"封闭"，后文有阐述："拿圈里枪为缠拿，为封拿；圈外枪为拦拿，为

---

[1] 此段文字大意为：棍的技法是两头敲击。棍圈的有效攻击，是左右宽一尺、上下高一尺的范围。此段用虚、实、五行、道、气概念映射枪法动作，道学气息浓重。

闭"。可知"封"和"闭"是方向相对的拧转，从左向右为封，由右向左为闭。再根据后文"圈里枪只前手略左旋一圈，打开为封救，圈外枪只前手略右转一圈为闭"可知。"封闭"和"拿"的区别在于力量的大小，力度大的是拿，力度小的是封闭，所以说"重手为拿，轻手为封闭"。"缠"是"封"的延伸，"拦"是"闭"的延伸。"缠拦"和"封闭"本质上是一回事，"封闭"也就是"救护"。

第三合介绍"穿指"和"穿袖"。根据后文"阳手向里为穿指，阴手向外为穿袖""穿指枪从圈外穿过扎圈里""穿袖枪从圈里穿过扎圈外"等可知。穿指、穿袖是前手动作的细节，前手顺时针翻转是穿袖，逆时针翻旋是穿指。有练枪经验的人都知道，枪圈是在两手密切配合下拧转而成，通过前后手有节奏差、速度差的同向拧转，激发长杆韧性而形成的枪机运行轨迹。因此也就是说，"封""缠""穿袖"是顺时针拧枪的同一个动作，"闭""拦""穿指"是逆时针拧枪的同一个动作。

前四合反复出现的"闪赚"，是对枪法技术的抽象概括，指通过封闭缠拦伺机搏利。通过以上分析，头四回合的内容就很明了了。简单地说，作者是就不同视角的描绘，把拧枪手法拆分成封、闭、缠、拦、拿、穿指、穿袖均匀地放在前四个回合中，反复得到重复的救护、捉拿、花枪都只是换了一种说法而已。

第五回合内容发生了明显变化，开始描述动态场景。一方迎面封闭，另一方截击，先后四封四闭，并引入抽象的"无中生有""死中返活"，勾勒出一幅旗鼓相当的对战画面。用原文话说就是"翻来覆去""四面使枪"。第六合格调又是一变，枪法被凝练成六个字。其中"拦""缠""拿"是第二合重点阐述过的，"截""进"出现于第四合，"彻"是全篇唯一一次出现。

其次，六回合在文法本位作用下，呈现出明显的拼凑罗列现象。从后文交代的"凤点头，上下带左右，后手上下动，上觑面下觑手。白蛇动风右转，梨花摆头左右上下，铁扫子左右动"来看，除了铁扫子目标下盘拧转成分并不突出以外，其他三个是很难加以区分的。我们知道，枪法一拧就成一个立体枪圈，上下左右无不是枪，如果非要进行区分，至多也只有正圈、反圈的区别。因此，梨花摆头、凤点头、铁子扫、白蛇动风，都是对枪圈的描述，很可能是出自不同教师之口枪法术语，这里被用作构建文字结构的材料。

那么，为什么不是五合、七合，偏偏设计成六个回合呢？我们推测，在古人的思想观念中，"六"代表天地自然之道。易经每一卦有六爻，阴阳二气周流六虚，周天子有六军，尚书有六德，《诗》有六艺，《礼》有六畜、六兽、六禽，秦设六官，字有六书，宗族六亲，祭祀六神，佛家六道轮回，六具有超验性和本然性。另外，在当时风靡的戏台拳法中，山西刘短打、绵张短打、吕洪短打都是六套之数。洽贯群籍的唐顺之想必也注意到，古籍中具有体育性质的如六博、打双陆以及《汉书》中的手搏六篇等，都有六的关系。

二、枪的长度与活动形式

关于枪的长度，戚继光《短兵长用说篇》中说："彼之枪长一丈七八尺……一棍不过六七尺"[①]；王鸣鹤《登坛必究》云："不过一丈八尺，短止一丈五尺，大抵因人之身材三，足矣，太长则难击刺也。"[②] 按明代尺寸1尺约0.32米，一丈八尺大约为5.8米。丈八是战场枪制，即便杨教师果真"千里随行丈八矛"，也是不大可能做到"满身护著不通风"的。

唐顺之虽然没有直接交代枪的长度，但从文中信息可做出以下推断。第一合第一句"先有圈枪为母"，与第六合第六字的"彻"不仅是首尾呼应关系，也是对枪活动的基本环节。前者指对练前有一个约定的准备过程，双方两枪相交，近乎一种仪式，叫作"圈枪"。如何圈枪后文有交代："双手持枪，离彼前手前三尺即放下前手。"圈枪属于准备过程，二人各自将自己的枪尖放置在离对方前手三尺远的位置上。也只有这样才能解释第六合的"彻（撤）"字，撤枪与圈枪相对，指对练结束后把枪撤回。《武编》刀法、简法中"彻"也均为撤回之意。

"枪头交三尺滚"，"滚"，指通过拧转使枪从彼枪一侧缠绕至另一侧。也就是说，对扎过程中，两枪相交重叠部分的长度也是三尺，这样的距离才适合展开有效拧转。对枪需要同时满足"离彼前手前三尺即放下前手"与"枪头交三尺滚"两个距离条件，因此枪的长度就等于前后手的距离加上两个三尺的距离。常识告诉我们，常人双手握枪时前后手的距离大约也是三尺。三个三尺（枪头交三尺+枪头离彼前手三尺+两手间距离三尺），唐顺之的枪长九尺，约2.9米。

---

① 戚继光. 纪效新书 [M]. 北京：中华书局，2001：182.
②《中国兵书集成》编委会. 中国兵书集成 [M]. 辽宁书社，1989：3887.

合理的距离限制使九尺长枪在战与练之间求得平衡，这是枪法能够率先脱颖而出的重要原因。"三尺"条件加上定步的要求，即使一方占据绝对中线优势刺出，枪尖最多可以扎出四尺左右（刺枪扬程＝前后两手间距三尺＋转身拧胯＋重心前移产生的位移距离）。而触及对手躯干则至少要刺出五尺以上，所以若想伤及对手，前手和脚是扬程的极限，故云"索先取手，后取脚""乘机疾扎前手"。

保证安全的"手前三尺"作为参与者的经验共识，成为对枪活动的一般规则。为令对手插翅难逃，不少行家采用单手送枪的方式增加扎枪扬程。"济宁吏单手，不进步，送进枪俱不离子午"，单手送枪，右手握枪向前伸满增加扎的距离。这样一来，稳定性和收回速度必然受到影响。济宁史依然能够"不离子午"，无疑经历了长期的习练。

单手送枪在当时十分普遍，因而杨家枪法给俞大猷留下"单手撒去而脚步不进"的印象。一些职业教师不满足只在手法上下功夫拓展技术融入步法，杨松"单手转身进步送枪，本双手跪进枪"。杨松原本采取双手、马步变弓步的扎枪方式，但由于扎枪距离不理想，后来改成单手、转身上后步送枪。技术调整反映了强烈的求胜欲望，也反映了枪法竞技的激热程度。

值得注意的是，六回合后的补充语言："上有场秦王磨旗，下有场拨草寻蛇，中调四路闪赚：梨花摆头，铁扫子，凤点头，白蛇弄风。"梨花摆头、铁扫子等既然是对头四回合的归纳，这里又说它们是"中调四路"。依此逻辑，算上"上有场秦王磨旗"和"下有场拨草寻蛇"上下场的两个环节，六合就不应该是原文中的顺序，而应该是：秦王磨旗、梨花摆头、铁扫子、凤点头、白蛇弄风、拨草寻蛇。

出现顺序上的错置是由于套用了戏台程式。元杂剧在宋大曲的基础上形成了"每剧皆用四折，每折易一宫调"[①]的剧式。明初杂剧遵循元剧模式，一般仍用北曲曲调、一本四折加一二楔子[②]。古人没有体育的概念，娱乐功能的活动常常被称为"戏"，于是这里也视一场对枪为一出四折的戏。梨花摆头、铁扫子、凤点头、白蛇弄风代表的四个回合被当作对枪活动的主干，即所谓"中调四路"，然而上、下场的准备环节意义重大，四合的篇幅也远不及六个回合有张力，于是最终延展成六个回合。

---

① 王国维. 宋元戏曲史［M］. 南京：凤凰出版社，2010：76.
② 金宁芬. 明代戏曲史［M］. 北京：社会科学文献出版社，2007：18.

"上有场秦王磨旗"是现实意义上的第一合,指比试前竖直持枪进场,两枪相接手前三尺放枪,对应"先有圈枪为母";"下有场拨草寻蛇"是现实意义上的第六合,对练结束各自把枪垂下,原地转身同时枪尖贴地画圆,完成双方的分离,对应第六合第六字的"彻(撤)"。

综上所述,六合文字对练是虚写,手法是实写,作者是通过结构上的语段营造出前后经六个回合对战的观感。六合枪法所蕴意的真正活动形式,是在合理控制距离前提下二人定步进行的枪法对练,并且拥有上场、下场、圈枪、撤枪等活动模块,本质上是比试对长枪弹性的驾驭。

三、六合枪与唐顺之的文法论

唐顺之以文章"在有明中叶,屹然为一大宗"[①],很大程度上得益于其文必有法的文学主张。受王慎中影响,唐顺之三十岁前后开始钻研历代古文,并从中提炼出一套独到文法。当时主张"文必秦汉,诗必盛唐"的秦汉派握柄文坛,认为汉代以后无文可取,本质上是对成化以来士风沦落的回应,表现为情对理的超越。但问题是文必秦汉割裂了秦汉唐宋一脉而成的古文传统,复古流于形式,割剖字句浮夸造作,流弊甚巨。

秦汉文和唐宋文是古代文章的两大宝库。唐顺之并不反对学习秦汉文章,他认为秦汉古文"法于无法之中",唐宋古文"以有法为法"。所谓无法之法,是指秦汉古文质朴天成,很难入手。而唐宋诸家已有十分自觉的文法意识,文法清晰、有章可循,适合作为学者的入门参考。因此他主张通过学习唐宋文章从而达到秦汉文章的境界。唐顺之与王慎中掀起的"以古文为时文"潮流很快得到响应,茅坤、归有光、陈束、李开先、罗洪先、赵时春、任瀚等人先后加入进来,成为举世瞩目的"唐宋派"。由于理论建设者唐顺之主张学习韩、柳、欧、"三苏"、曾、王等八家文章,后人亦称唐宋派为"八大家派"。

嘉靖三十一年(1552),唐顺之在《董中峰侍郎文集序》中首度提到这套文法:"汉以前之文,未尝无法而未尝有法。法寓于无法之中,故其为法也密而不可窥。唐与近代之文,不能无法而能毫厘不失乎法。以有法为法,故其为法也严而不可犯。密则疑于无所谓法,严则疑有法而可窥,然而文之必有法出乎自然而不可易者,则不容易也……尽出自古以来开阖首尾经纬错综之法,而别为一种臃

---

① 纪昀. 四库全书总目 [M]. 北京:中华书局,1965:1056.

肿偌涩浮荡之文。"① 这套文法的具体内容，直到他于嘉靖三十五年（1556）推出《文编》才公之天下。那时目睹倭寇残暴，唐顺之已"痛心疾首食不下咽"②，文法的和盘托出也表明五十岁时已做好为国捐躯的准备。

《文编》是大型古文编选，总计六十四卷，上迄先秦时期下至南宋，共收录历代古文一千四百余篇，其中先秦两汉文章三百多篇，唐宋文章一千多篇。唐顺之点评历代文章探讨行文之法，目的是矫正盲目法古、流于形式的复古思潮，倡导唐宋古文的有法之法。这套写作方法可以说冠绝古今，就连王慎中也自愧不如道："予之作文比荆川早悟一两年，予未有荆川识见，但荆川文字终有凌振之气。予法之稍和厚，亦系予所禀耳。"③ 当代学者孙彦将《文编》中的文法归纳为文章命意、篇章布局、炼章择字以及叙事法等多个方面④。

以下就六合枪与文法论的关系做讨论。

篇章布局之法是文法论的重心，即唐顺之所谓的"开阖首尾经纬错综之法"。孙彦归纳为：错综变幻、波澜起伏、逻辑转换、前后照应。错综变幻是指行文要两条线索并行，带来叙事和议论的参差交错。波澜起伏指错综时要讲求抑扬结合，形成跌宕起伏的节奏。逻辑转换指分层展开论述，层与层、段与段转折递进要富有逻辑性。但如果一味错综则缺乏主线，容易造成为一盘散沙的情况，因此要同时做到前后照应才能统而不散。

回到六合枪文字来看，拧枪手法并不复杂，顺时针和逆时针拧转而已，为了起到强调作用，唐顺之用了三个回合的篇幅来写。第一合"封"和"闭"，第二合"缠"和"拦"，第三合"穿指、穿袖"，这些成对动作都是在讲手法细节：顺时针为封、缠、穿指，逆时针为闭、拦、穿袖；动作小者为封闭，大者为缠拦；顺时针旋为穿指，逆时针为穿袖。这样的写法避免了平铺罗列，所谓错综变幻。

再来看逻辑转换层层递进。第一回合提出"封"和"闭"的同时引出"捉拿"，第二合就"捉拿"的具体方法分出"缠""拦"，第三合着眼前手翻转，顺时针为"穿指"、逆时针为"穿袖"。四、五合无关手法，勾勒出一幅棋逢对手的对战画面，映衬结构以外并无实意。第六合"一截、二进、三拿、四缠、五

---

① 唐荆川研究会. 唐荆川诗文集 [M]. 南京：凤凰出版社，2012：294-295.
② 北京图书馆. 明唐荆川先生年谱 [M]. 北京：北京图书馆出版社，2010：688.
③ 吴震. 王畿集 [M]. 南京：凤凰出版社，2007：707.
④ 孙彦. 从《文编》看唐顺之的"文法"说 [J]. 南京师范大学文学院学报，2013 (4)：124.

拦、六彻"形成对六合"六"的照应。反复出现的"救护闪赚,是花枪名色叫"起到主干骨架的作用,使错综变幻、波澜起伏获得前后照应、层层推进的附着点,六个回合看起来散而不乱。

如此一来,现实意义上的头一合与最末一合就必须做出让步,否则就会与开阖首尾经纬错综的文章写法形成矛盾。因此"上有场秦王磨旗,下有场拨草寻蛇"以补充说明的形式出现在六回合之外。

文章命意之法有两层内涵,"载道宗经"和"法意平衡"。《文编》主张载道之文、文道合一,载道宗经的唐宋八大家文章成为主要的收录对象。韩愈说"盖学所以为道,文所以为理耳",柳宗元亦云"文者以明道",欧阳修也说"大抵道胜者文不难而自至也"①。这里的"道""理"即程朱理学所言之天理、儒家之道,指文章立意要合乎经典文道合一。然而,过于侧重道,就会僵化陈腐"以道废文",因此就必须谋求"道"与"法"关系的平衡。《文编》序言曰:"圣人以神明而达之于文,文士研精于文以窥神明之奥。其窥之也,有偏有全,有大有小,有驳有醇,而皆有得也,而神明未尝不在焉。所谓法者,神明之变化也。"②唐顺之指出"法"要依附于"神明",也就是要让文法服务于思想内涵的发展变化。如果只是生搬硬套,就不可能到做到内容和形式的珠联璧合。

法意平衡充分体现于六合枪谱文字之中。梨花摆头、铁扫子、凤点头、白蛇弄风、黄龙战杆、黑龙入洞的巧妙安置是六合枪谱文字激荡多姿的关键。每一回合交代的技术阶梯与彼岸境界达成结构上的平衡,梨花、白蛇、铁扫子、凤凰等神物压缀也让枪圈的灵动跃然纸上。就头一回合来说,封、闭、捉、拿是法,梨花摆头是意,法意平衡,高妙至极。这样避免了侧重"法"的呈现而形成一连串动词的平白陈列,也不至于孤注"意"的烘托而流于虚无。唐顺之赋予枪法"唐宋八大家"内涵的影响深远,法意平衡作为武术文本的叙事方式延续至今。

炼章择字,指用简洁精当的文字,对文章内容、风格、笔法、结构等做出归纳。《文编》中对韩愈《唐故河南令张君墓志铭》尾评:"正、片、实、简";对柳宗元《故襄阳丞赵君墓志铭》尾评:"正、实、整、散、文、片";对欧阳修《太子师致仕杜祁公墓志铭》尾评:"变,实,文,贯,简,整,总"等等。当代学者姜云鹏指出:"此种品评方法,应为唐顺之所独创,其所表达的内涵又颇

---

① 孙彦. 从《文编》看唐顺之的"文法"说 [J]. 南京师范大学文学院学报, 2013 (4): 124.
② 唐荆川研究会. 唐荆川诗文集 [M]. 南京: 凤凰出版社, 2012: 284.

为模糊，需要读者反复对文章进行品味和咀嚼，才能领略其中之真的。"① 唐顺之炼章择字的特点，与六合枪谱中"封、闭、缠、拦、截、进、彻、穿指、穿袖、捉拿、救护、圈枪、闪赚、死中返活、无中生有"等动作概括完全一致。枪法文字完全对应其古文点评特色，毫无疑问，六合枪谱是唐顺之的独创。

结合上述结论，这里就六合枪谱文字的创作时间作讨论。唐顺之名动天下、为学多变、著述丰硕，但是相关作品、书信的准确写作时间很难考实，常常成为其人物研究的限制因素。鉴于"文法论"与六合枪的特殊关系我们认为，六合枪谱文字的创制应是在嘉靖三十一年，即他四十六岁时。就是在这一年，他在《董中峰侍郎文集序》中首次提出"首尾开阖经纬错综之法"。联系他暮年对戚继光说的"工夫十年矣"，如果"十年"不是一句随意概说，那从三十六七岁问枪杨松算起，至四十六岁整好十年。勉励两位弟弟唐正之、唐立之练枪的《示两弟》也是写于这一年。另外，文中并未出现浓重的战争气氛，如果六合枪谱是后来挥戈期间所作，那么"兵、阵、杀、胜"等元素是必然会取代梨花、白蛇、凤凰、铁扫子的。

第四节 六合枪的早期传播

一、客兵中的诸色枪法

《江南经略》刻于隆庆二年（1568），倭乱已基本肃清，作者郑若曾在"兵器总论"中一共收录了十七家枪法：

> 如使枪之家凡十有七。曰杨家三十六路花枪（其分出者：曰大闪干，曰小闪干，曰大六合，曰小六合，曰穿心六合，曰推红六合，曰埋伏六合，曰边栏六合，曰大封臂，曰小封臂），曰马家枪（上十八盘，中十八盘，下十八盘），曰金家枪，曰张飞神枪，曰五显神枪（花枪七十二势），曰拐突枪，曰拐刃枪，曰锥枪，曰梭枪，曰槌枪，曰大宁笔枪，曰拒马枪，曰捣马突枪，曰峨嵋枪，曰沙家十八下倒手杆子，曰紫金镖，曰地舌枪。

---

① 姜云鹏. 唐顺之古文评点初探——以《文编》为中心 [J]. 理论界, 2013 (6): 132-134.

第三章　唐顺之枪法考论

　　上述枪法有着不同的源流和特点，大致可分成三类。第一类纯粹以形制为存在属性，如拐突枪、拐刃枪、锥枪、梭枪、槌枪、大宁笔枪、紫金镖等。器制特点决定了功能的具体，也制约了体育化发展的可能。第二类具有对练体系，已经上升到技艺高度，可以称之为枪法者。如杨家三十六路花枪、马家枪、沙家十八下倒手杆子，其中沙家指的是山东沂州的沙家兵，马家枪很有可能指马芳的马家军，此间马芳先后镇守宣府、蓟镇等地，来自直隶的客兵有其部属。以上三家不仅拥有名号，也有具体的活动内容。第三类，五显神枪花枪七十二势。与第二类不同，"五显神枪"是南方武艺。五显信仰形成于南宋时期的徽州婺源，南宋王炎《五显灵应集序》曰："凡郡县，必有明神司祸福之柄，庇其一方。在吾邑（婺源），则五显是也……地方百余里，民近数万户，水旱有祷焉，而无凶饥；疾疠有祷焉，而无夭折……达于淮甸、闽、浙，无不信向。"[1] 从"花枪七十二势"名称来看，一方面，是受到了南戏武打的影响，甚至很可能本身就是戏台武艺。"七十二势"与客兵枪法围绕对练的"合""盘""倒手"截然不同，明显为单练套子。另一方面，用"势"称谓动作明显是受到了戚继光的影响。尽管《纪效新书》作为当时最先进的军事理论成果不可能轻易流入社会，相关文献也能反映"长枪二十四势""长拳三十二势"在万历以前并未形成社会传播。但此时戚家军已成军七八年之久，以"势"指示动作的观念迅速产生同化作用是必然的。另外，根据郑若曾"若招募得人，以一教十，以十教百"[2]的积极态度，倘若七十二势不是噱头，一定会就内容继续展开。因此可以断言，五显神枪的"七十二势"与温家长打所谓的"七十二行着"一样都是虚数。

　　由上可知，十七家枪中可称之为"法"的都是北方客兵携至东南的对练之法。沙家的"上中下十八盘"与马家的"十八下倒手"虽可视为技术，但因缺乏文字记载不见内容。从对练的立场来看，"盘"是接触、旋绕之意，"倒手"指手腕翻转。两家技法与唐顺之的"封闭""缠拦""闪赚"别无二致。相比之下，"杨家三十六路花枪"内容就具体许多，并且出现了六处"六合"。根据之前的结论，六合枪出自唐顺之手笔，而《江南经略》成书之时唐顺之已逝世八年。那么，北方客兵的"六合"来源则有两种可能，戚继光或唐顺之。源于戚继光的可能性不大，如果是那样的话，就不会叫"路"，而一定是"杨家三十六

---

[1] 孔令宏. 五显神的源流与信仰 [J]. 地方文化研究, 2016 (3)：56.
[2] 郑若曾. 江南经略 [M]. 傅正, 宋泽宇, 李朝云, 等, 点校. 合肥：黄山书社, 2017：557.

势花枪"了。如果是受唐顺之的影响，那么，在其晚年一年多的抗倭岁月中，应该直接领导过一支来自北方、擅长枪法并以杨家枪自称的北方部队。

二、唐顺之与青沂枪手的交集

考唐顺之的剿倭经历，他的确指挥过一只来自北方、闻名遐迩的军队——青州长枪手。司马迁东游叹赞："自泰山属琅邪，北被于北海，膏壤二千里，其民阔达多匿知，其天性也……洋洋哉，固大国之风也。"青州秉承东夷刚强尚武之风，青州兵自古以来就是一个响亮的名号。唐顺之的知交曾铣就十分看好青州枪手。嘉靖二十五年（1546），时任陕西三边都督的曾铣上疏收复河套，提出以两千山东枪手为主力的春末攻势："为今之计，宜用练卒六万人，益以山东枪手二千多，备大石，每常春夏之六，携五十日之饷，水陆并进，乘其无备，直捣巢穴。"①奏疏提到的山东枪手，即山东青州一带的长枪手。

唐顺之曾经任职兵部，素闻青州枪手骁勇，嘉靖二十二年（1543）他致信山东巡按御史叶经说："青州枪手，胆勇超捷，诚劲兵也。居常固之以恩，而齐之以军律，虽蹈汤火可矣。"②嘉靖三十年（1551）赵时春升山东按察司佥事分练民兵，唐顺之致信叮嘱："闻兄佥宪山东，以操练民兵为事，青齐劲卒教之以有勇知方，以备一切不虞之变，自是兄所素长，不待赘也。"③青州枪手威名赫赫，于是倭寇蹂躏东南之时，明廷命专人赴山东募兵。

嘉靖二年（1523）爆发争贡之乱，明廷罢市舶司施海禁。面对日本不断提出的朝贡请求，明朝态度坚决，对时间、人数、船只大小均等做出严格限制。为得到大明货物，日本贡船游弋海上伺机劫掠，渐渐沦为倭寇。当时日本处于战国时期，室町幕府失去对各地领主的控制，大名之间你争我夺，失业的奸商、流民、海盗、浪人、武士等纷纷漂洋过海加入劫掠行列。而江南太平日久武备尽弛，倭寇登岸几入无人之境。倭乱在嘉靖前期就时有发生，但祸乱多在海上，并未形成太大规模。嘉靖三十一年（1552）以后，倭人数万汹涌内突，倭船一岁一来遮天蔽日，次数之频繁、人数之庞大、气焰之嚣张，史称"嘉靖大倭寇"。

倭乱给中国东部沿海地区带来前所未有的灾难。《嘉靖大政类编》载："日

---

① 台湾"中央"研究院历史语言研究所. 明实录 [M]. 台北："中央"研究院历史语言研究所，1965：2-3.
② 唐荆川研究会. 唐荆川诗文集 [M]. 南京：凤凰出版社，2012：138.
③ 唐荆川研究会. 唐荆川诗文集 [M]. 南京：凤凰出版社，2012：207.

本自近年两贡中经阻回往来内地，日久习中国虚实，及诸之亡命恶少、奸商、黠僧又为之指画向导。三十一年四月遂驾船，自浙江舟山象山等处登岸，破黄岩县，流劫余姚、山阴等处，杀房居民无数，民间动辄称倭来相恐喝矣。"① 《明史·日本传》载："三十二年三月，汪直勾诸侨，大举入寇，连舰数百，蔽海而至。浙东西、江南北，滨海数千里，同时告警，破昌国卫。四月犯太仓，破海县，掠江阴，攻乍浦。八月劫金山卫，犯崇明及常熟、嘉定。三十三年自太仓掠苏州，攻松江，复趋江北，薄通、泰。四月陷嘉善，破崇明，复薄苏州，入崇德县。六月由吴江掠嘉兴，还屯柘林。纵横往来，若入无人之境。"②

青州兵是倭乱爆发后第一支应募南下的客兵队伍。嘉靖三十三年（1554）五月，世宗皇帝批准兵部提议下诏："南京兵部尚书张经不妨原务，兼右副都御史总督南直隶浙江山东两广等处，遣御史温景葵、兵部员外郎张四知赴山东招募民兵及青州长枪手精锐堪战者六千人，令参将李逢时、许国督赴扬州，听张经调度。"③ 于是在参将李逢时、许国的带领下，青州枪手、沂州杆子手南下苏松。然而，首战大败：

> 八月，倭寇自嘉兴还屯採淘港柘林等处，进薄嘉定城。会募兵参将李逢时、许国以山东民枪手六千人至，与贼遇于新泾桥。逢时帅其麾下先进，败之。贼退据罗店镇，官军追及之，擒斩八十余人。山东兵复追击倭寇至採淘港，乘胜深入，伏起，我兵大溃，溺水死者千人，指挥刘勇等死之。初，新泾桥之捷，李逢时功最，许国恨李逢时与之同事而不先约己，乃别从间道袭贼，欲以夺逢时功。会日暮大雨，刘勇等兵先陷没，诸军继之，皆仓卒不整，遂大败。④

数千精兵大溃败阵亡上千人。世宗皇帝闻讯震怒，诏令应天巡抚屠大山下诏狱，许国、李逢时与总兵解明道俱论死。后谢明道问斩，屠大山黜为民，许国连降三级⑤。主将落职，山东兵更是军心动摇，"山东兵见主持被逮，欝欝思归，稍自引去。总督张经请下有司追捕。兵部言此辈俱系北土乌合之兵，驱之苏松水

---

① 黄凤翔．嘉靖大政类编二 [M]．三通馆本：七十六．
② 张廷玉．明史：第10卷 [M]．北京：大众文艺出版社，1999：3632-3633．
③ 黄凤翔．嘉靖大政类编二 [M]．三通馆本：七十九．
④ 中国历史研究社．倭变事略 [M]．上海：上海书店出版社，1982：11．
⑤ 黄凤翔．嘉靖大政类编二 [M]．三通馆本：七十六．

泽之地，固不相宜，令悉遣之，诏可。"① 山东募兵被遣返。后来随着倭乱的不断升级，东南军力完全不能应对动辄数万的倭寇，明廷只能不断从京师、宣大、山西、陕西、蓟州、湖广、河南等处调兵填补，山东募兵又一次加入抗倭行列。

　　四省平倭总督胡宗宪曾任职益都（青州）知县，对山东兵也持积极态度。他认为："愚观山东诸郡，民性疆悍乐于战斗，倭之短兵不足以当其长枪劲弩。倭之步战不足以当其方轨列骑。"② 嘉靖三十八年（1559）正月，胡宗宪奏请"倭患未弭，春训迩，请募山东民兵三千，选委谋用将官，督驻苏松常镇防守"③。于是山东民兵再次应募南下。这支由青州、沂州农民组成的枪手部队作为主力参与了唐顺之指挥的庙湾之战。过程中，唐顺之的六合枪法与杨家枪发生结合并有了新的叫法——杨家三十六路花枪。

三、六合枪与杨家枪的合流

　　嘉靖三十七（1558）年十一月，唐顺之奉诏南下与总督胡宗宪协谋抗倭。职责本是巡视军情，但他并未高坐督府"今日一道文书江北督总兵，明日一道文书江南督兵备"④，而是殚精竭虑严防死守，终日往来巡视于江防海岛，尝言"使一病都堂居海中，则诸将无不敢下海，则贼气自夺也"⑤。经过严厉整顿，官兵感义奋勇枕戈待旦，倭寇叹曰"江南自来无此备"⑥。嘉靖三十八年四月，千余倭寇于崇明（今上海），唐顺之督诸将击之大捷。沉贼船七艘，得首级一百三十颗，生擒一人，溺死者无数，无一贼得以登陆，是十年以来在海上歼灭倭寇为数不多的重大胜利，时称"三片沙大捷"。

　　江南稍安，江北告急。长江海岸防守严密，倭寇沿江内进，突破海门（今南通），先后登岸达七八千人，势如破竹直逼扬州。"扬府告急之使几如秦庭之哭矣"⑦，唐顺之抽身赶赴江北。到达战场后，先是配合凤阳巡抚李遂击溃倭寇主力于姚家荡，剩下的千余倭寇退守庙湾（今阜宁）不出。庙湾于嘉靖三十六年（1557）就一度成为倭寇据点，这里原是当地盐商精心筑造的堡垒，延袤数里、

---

① 中国历史研究社. 倭变事略［M］. 上海：上海书店出版社，1982：12.
② 郑若曾. 筹海图编［M］. 北京：解放军出版社，1990：1394-1395.
③ 中国历史研究社. 倭变事略［M］. 上海：上海书店出版社，1982：44.
④ 唐荆川研究会. 唐荆川诗文集［M］. 南京：凤凰出版社，2012：235.
⑤ 北京图书馆. 明唐荆川先生年谱［M］. 北京：北京图书馆出版社，2010：115.
⑥ 唐荆川研究会. 唐荆川诗文集［M］. 南京：凤凰出版社，2012：626.
⑦ 唐荆川研究会. 唐荆川诗文集［M］. 南京：凤凰出版社，2012：235.

坚固如城，而且背靠大河易守难攻。唐顺之决心亲自率兵将庙湾倭寇斩尽杀绝。

根据战况的发展，原本应募南下计划开赴长江以南的青、沂兵，已被截驻江北留用。为了全歼庙湾贼寇，唐顺之集结了邢镇率领的青州兵，何本源率领的沂州兵，包括高湜的溆浦兵，彭何年的镇溪兵，叶灿的处州兵，沈迁、桂汝攀的鸟铳手，以及周冲的箭手、枪手等合计一万多人的兵力。五月初庙湾之战打响。唐顺之率军以鸟铳手为前队，处州兵紧随，枪手、箭手为左右翼，往复冲杀十几个回合，出巢迎战的倭寇被赶回据点不敢露头。然而青州兵的弱点又一次暴露，险些酿成明军的崩溃，"日过午，战益酣，贼尽铳突出，青州兵小却，尘起军奔"。好在唐顺之有所心理准备，"据鞍整众而归，贼望见不敢蹑"①。

这次围攻庙湾获敌首及四十六、沉船十三艘。虽获胜利，唐顺之深切体会到官军素质之低下，尤其对山东枪手的表现极为失望。青州兵已今非昔比，许多无赖混杂其中，"青州素係耕田之民，今抛荒田地，皆往东南投军，亦无意杀贼，只在掳得一饱而归耳"，"哄然成群，各执长枪短棒棍，闲时则安行徐步，伺便则抢掳劫掠"②。虚与委蛇的青州兵给他带来极大的困扰，他在战报中向胡宗宪诉苦道："青兵不可留，沂兵不可去，其中间委屈不能尽言。需面尽言之，但青沂事同一体，归思亦同。青兵一动，沂兵势亦难止……"③

庙湾之贼尚未全歼，崇明生变。全歼庙湾倭寇已成定局，于是唐顺之将陆续达到八千左右的青沂兵交给巡抚李遂调用，自己率一千二百人返回崇明。庙湾余寇最终被巡抚李遂和兵备副使刘景韶全歼。从四月中旬到五月中旬的一个月时间里，唐顺之与山东募兵朝夕相处，这成为六合枪法传播的有利条件。

作为皇帝钦命巡视，唐顺之号令众将执掌生杀，但当直接领导青州兵这样的"鱼腩"之师时，自然免不了绞尽脑汁做一番思想动员。枪法无疑是最好的交流语言。青州兵体健魁伟人多势众，所欠缺的根本不是武艺，而是与敌争锋的胆气与豪气。交流枪法、推广对练，唐顺之冀图用己之所长扶正势气。《枪》一节中"济宁吏单手，不进步，送进枪俱不离子午"，大概就是此时所记。在此顺便指出，《枪》一节的整体内容必然是经历了长期的积累，前文已做出推断，六合枪谱文字作于他四十六岁，尔后的枪制、枪论等内容应该是后来作的续补。

《武编》六合枪法是文字游戏不能用作军事训练，军营中的六合对练必然呈

---

① 唐荆川研究会. 唐荆川诗文集 [M]. 南京：凤凰出版社，2012：546.
② 唐荆川研究会. 唐荆川诗文集 [M]. 南京：凤凰出版社，2012：569.
③ 唐荆川研究会. 唐荆川诗文集 [M]. 南京：凤凰出版社，2012：595.

现出另一幅面孔。再来看郑若曾笔下的杨家三十六路花枪：

> 其分出者：曰大闪干，曰小闪干，曰大六合，曰小六合，曰穿心六合，曰推红六合，曰埋伏六合，曰边栏六合，曰大封臂，曰小封臂。

"封臂"即唐顺之所述"封闭"，是基本手法；"闪干"即"闪竿"，指顺势而为，对应"死中返活""无中生有"；"大小"是指两手间的距离，军队用枪长必然长于九尺，经常需要将两手之间的距离放长增加力臂；"推红"围绕头面高度，"穿心"围绕胸腹高度，"边栏"围绕下盘，"埋伏"指蹲身体势。全套六个六合共计三十六动，对应了唐顺之六合枪围绕"六"的结构特征。

第四章
《武编》对戚继光枪拳的影响

唐顺之对戚继光有知遇之恩，受唐顺之启发戚继光颠覆传统，创制套子武艺用于军事训练。本章第一节围绕鸳鸯阵的发明推阐《武编》文本向戚继光的传递过程。第二节从鸳鸯阵的角度考察套子武艺的价值。第三节、第四节分别梳理《武编》枪拳对戚继光枪拳的影响。第五节分析戚继光假托附会的动机和用意。

第一节 《武编》文本的传递

一、唐顺之对戚继光的荐举

唐顺之南下督师绩效显著，"是岁江南北贼两万余，无片甲归者，咸谓兵兴以来未有此捷也，江南北倭患遂息"①。嘉靖三十八（1559）年九月，升任右佥都御史代为巡抚凤阳。在此期间，他向朝廷递上《条陈海防经略事疏》，从御海洋、固海岸、图海外、定军制、足军食、鼓军气、复旧制、别人才、定庙谟九个方面给出自己的建议。这些建议多数被采纳，成为直浙地区倭患彻底肃清的战略基础，后来经郑若曾《筹海图编》收录，上升为国家海防战略。

"别人才"对前线官员指名具实一一评价，肯定了一批表现出色的官员和将领。如兵备副史刘景韶"英敏多谋，临机立断""淮阳杀贼两千余，多赖其力"；浙江海道副使谭纶"雄姿劲气，法令必行""贼与我军见闻寒颤，今岁浙东杀贼千余多赖其力"；苏松兵备副史熊桴"自倭始自今日，无一岁不在兵间，忠实练事，沉毅内明，出入海潮，临危不惧"；杭州府同知唐尧臣"留心武备，训练有方"；绍兴通判吴成器"素识兵势，屡立新功"；浙江总兵官卢镗"老练善谋"；副总兵刘显"骁勇善战"等。唐顺之对贪匿军资、消极避敌者毫不留情，台州

---
① 唐荆川研究会. 唐荆川诗文集 [M]. 南京：凤凰出版社，2012：632.

知府黄大节"贪渎有迹，昏眊无能，政成黜吏，贿满私橐"，狼山提督副总兵曹克新"沉溺酒色，常如昏睡，牟勇俱无，精气已消"。年轻的戚继光也在推举之列，"则革任宁绍参将戚继光先登敢勇，立有新功，见监原任"①。

"见监原任"是因为戚继光在一年前被免职。嘉靖三十四年（1555）戚继光以浙江督指挥佥事南下御倭，虽仅有二十八岁，恩威并施士卒归心，胆气独雄当乎八面，很快升任宁绍参将。嘉靖三十七年（1558）胡宗宪诱擒倭寇渠魁王直，引发余党的疯狂报复，王直义子毛海峰率众盘踞岑港（今舟山）作死斗。世宗皇帝诏令俞大猷、戚继光"期一月之内荡平，如过限无功，各逮击至京问罪"②。然而敌人堡垒坚固，明军四面围攻付出巨大代价也未能攻克，作为直接负责人，戚继光与俞大猷双双被革职留用。

戚继光初次见到唐顺之大概在嘉靖三十七年（1558）十一月，唐顺之来到杭州旋即开始行查各镇兵粮船只总数。此时的戚继光虽为戴罪之身，却早已成为青年将领中的出类拔萃者，也很快引起了唐顺之的注意。唐顺之满怀憧憬，眼前这位小有名气的山东后生，卓尔不群，沉毅有度，是不可多得的栋梁之树。在戚继光眼中，荆川先生不仅是代表天子的巡视官员，更是表仪天下、造诣精深的鸿儒硕学，斯人的文章学问尤是兵法成就，哪怕能够讨教九牛一毛，也是在所不惜的。短暂的交集使戚继光受益匪浅，唐顺之呕心沥血积累的军事见地得到了晚辈的继承。

剿倭难题在于南方驻军如鸟惊弓不能一战，内地调至的客兵骄横腐朽，统兵将领们无有不束手无策怨声载道。《嘉靖大政类编》载："客兵太多不受约束，川兵皆逃去无一留者，总督杨宜袖手无册"③；《俞大猷年谱》曰："田州瓦氏与山东枪手俱不受律，指挥颇不容易"④；唐顺之《与白伯伦仪部》："我兵素怯，见贼便走，苗兵、狼兵亦复如是"⑤；《条陈海防经略事疏》："一闻贼战，如浇冷水，颜色可怜，纵不便走，股已先僳。虽未必尽然，而然者固过矣。"⑥ 戚继光《纪效新书》："其性颇为无奈，驱之则前，见敌辄走，敌回又追，敌返又走。"⑦

---

① 唐荆川研究会. 唐荆川诗文集 [M]. 南京：凤凰出版社，2012：536-537.
② 中国历史研究社. 倭变事略 [M]. 上海：上海书店出版社，1982：42.
③ 黄凤翔. 嘉靖大政类编二 [M]. 三通馆本：八十七.
④ 何世铭. 俞大猷年谱 [M]. 泉州历史研究会，2012：198.
⑤ 唐荆川研究会. 唐荆川诗文集 [M]. 南京：凤凰出版社，2012：237.
⑥ 唐荆川研究会. 唐荆川诗文集 [M]. 南京：凤凰出版社，2012：534.
⑦ 戚继光. 纪效新书 [M]. 北京：中华书局，2001：29.

第四章 《武编》对戚继光枪拳的影响

明军之脆弱令人咋舌，嘉靖三十四年（1555）浙兵与四千多人直隶兵合击陶宅（今武义）区区三百倭寇，竟付出浙兵死千余人、直隶兵死二百余的代价。兵备副史刘焘督兵五千再次围攻，结果"官军见贼即散走，焘堇以身免"①。

根据采九德《倭变事略》所载，仅嘉靖三十四年（1555）四月前后，增调至嘉兴一带的各地士兵就多达二十万人②。这些客兵消耗粮饷靡费财力，非但不能发挥应有作用，对百姓的毒害却并不亚于倭寇。"调至之兵祸比倭尤惨"③，"调兵无益而有损，费尽江南几万钱粮，竟不能得一战之用而去，至于地方骚扰几如寇至"④，"客兵有复为地方所苦，东南事愈不可为矣"⑤。《宁波府志》对外来客兵如此描述道："今募兵他省，动越数千里，征发仅千百人，未及至而已捐官帑，需不訾矣。况至者未必皆精，以至赴斗，往往贪饵致败。恐官府之诘之也，即又弃戈而鼠走，所过道路率有逞其狼豕贪贱之性。白日剽掠昏夜则汙渎妇女，一或捍拒则露刃而哗，杀人无忌。故谚曰：'遇倭贼毋遇客兵，遇倭犹可避，遇客兵不得生。'由此而观客兵有害无益明矣。"⑥

当时的戚继光人微言轻，后来对于对客兵失措也有所揭示："自总督胡公身任东南之重，简命甚专，东南数省帑藏，率从调用，天下兵勇，亦莫不便宜征用。川苗粤猺、楚土把舍。北边骑兵、河南毛民，凡称胜兵者辄致之。第临敌驰檄，远者万里，近亦不下数千，至必经年，而贼扬帆去矣，安能当贼，一贾其勇！所过城邑，又纵之扰掠，计其利害，十个不当一。吴越始虐于贼，复苦于兵。故谚云：'贼为梳，兵为篦'。余少年领浙东参将事，目睹心悼，谓会稽霸地也，古今虽殊，风气人性或犹不异，沼吴之役，渡江之子弟，迹犹未陈，坐今檄调四方，坐受兵夷之害乎。"⑦

客兵多为乌合之众危害巨甚，唐顺之下令严禁山东农民南下投军："照得调兵必有堪合，过关必有引文。今山东无藉之徒假以投军为名，或诈称系浙江江北军门调遣，既无统领，又无文验……非有明文调发，不许擅出百丽之外，违者从

---

① 黄凤翔. 嘉靖大政类编二 [M]. 三通馆本：八十七.
② 中国历史研究社. 倭变事略 [M]. 上海：上海书店出版社，1982：106.
③ 唐荆川研究会. 唐荆川诗文集 [M]. 南京：凤凰出版社，2012：607.
④ 唐荆川研究会. 与白伯伦仪部. 唐荆川诗文集 [M]. 南京：凤凰出版社，2012：235-336.
⑤ 黄凤翔. 嘉靖大政类编二 [M]. 三通馆本：八十五.
⑥ 张时彻. 宁波府志：第42卷 [M]. 台北：成文出版社，1983：350.
⑦ 戚继光. 止止堂集 [M]. 北京：中华书局，2001：233-234.

重究治。庶几军政以肃，祸本潜消。"① 随后在《条陈海防经略事疏》"定庙谟"中深入剖析募兵、调兵、练兵三者之间的矛盾，提出分阶段停止调用客兵的建议："远募不如近募，调兵则多调不如少调，募兵先尽本地方骁锐"，权且"以募兵为权宜"，把训练当地土兵作为首要任务，"俟训练有成，然后募、调俱罢"②。由于特殊的身份和极高的个人威望，唐顺之的建议受到了当朝者的重视，兵源策略很快得以调整。

远募客兵弊端重重，组建当地武装抵御倭寇成为当时有识之士的共识。万表召集的少林僧兵令倭寇闻风丧胆，谭纶在俞大猷的协助下组建台州兵成效显著。戚继光多次奏请练兵主要目的就是"可省客兵岁费数倍"③。为使"总有练兵之志，亦无可乘之时"④ 的戚继光早日发挥作用，唐顺之在三沙捷报中趁机向胡宗宪进言："谭（纶）海道与戚（继光）参将，仍望令其暗整兵马以待用。虽极如此等语翁不喜闻，当机不得不一发耳。"⑤ 后来也是得益于唐顺之在弥留之际的奏请，嘉靖三十九年三月（1560），明廷将新设立的台金严分守参将一职授予戚继光⑥。基于近乎师徒的关系，戚继光在《纪效新书》中为唐顺之记下了浓墨重彩的一笔：

> 巡抚荆川唐公于西兴江楼（按：今杭州萧山）自持枪教余，继光请曰："每见他人用枪，圈串大可五尺，兵主独圈一尺者何也？"荆翁曰："人身侧形只有七八寸，枪圈但拿开他枪一尺，即不及我身脾可以。圈拿既大，彼枪开远，亦与我无益，而我之力尽难复。"余又问曰："如此一圈，其工何如？"荆翁曰："工夫十年矣。"时有龙溪王公、龙川徐公皆叹服。一艺之精，其难如此！⑦

倭寇来犯受季风影响有着时间规律，分别集中于四月和九月。嘉靖三十八年（1559）局势开始发生扭转。由于春季防御得当，上岸倭寇基本被全歼，江北地

---

① 唐荆川研究会. 唐荆川诗文集 [M]. 南京：凤凰出版社，2012：569.
② 唐荆川研究会. 唐荆川诗文集 [M]. 南京：凤凰出版社，2012：553.
③ 戚继光. 戚少保奏议 [M]. 北京：中华书局，2001：66.
④ 戚继光. 纪效新书 [M]. 北京：中华书局，2001：3.
⑤ 唐荆川研究会. 唐荆川诗文集 [M]. 南京：凤凰出版社，2012：594.
⑥ 北京图书馆. 明唐荆川先生年谱 [M]. 北京：北京图书馆出版社，2010：113.
⑦ 戚继光. 纪效新书 [M]. 北京：中华书局，2001：165-166.

第四章 《武编》对戚继光枪拳的影响

区取得了史称"淮扬之捷"的一系列胜利,自此倭寇被迫将目标转移至福建广东一带。这一年秋季也是长江流域十多年来难得的安宁时期。明廷趁机调整布局,九月,擢升凤阳巡抚李遂为南京兵部尚书,凤阳巡抚一职由唐顺之接任,戚继光也终于接到了编练新军的任务。

从唐顺之被称"巡抚"可知,西兴江楼上的问枪一幕发生于戚继光赴义乌之前,唐顺之尚未赴任扬州的某个时间。戚继光九月赶赴义乌编练新军,唐顺之则是因病两个月后才赴任扬州。唐顺之《年谱》载曰:"十一月之官淮扬,公积劳病甚,不能行然以淮扬重地,朝方倚重不敢辞,勉强赴任。"[1] 因此江楼问枪发生的时间是在嘉靖三十八年(1559)九月。不难推断,战火间隙,作为军中的二号人物,唐顺之与亦师以友的王畿以及徐学诗坐在一起讨论的,自然不是良知学问,一定是军事问题。联系戚继光紧随其后展开的招兵行动可知,江楼雅集是众人就练兵计划对戚继光的殷切付嘱,也只有这样当众展示枪法才合情理。

九月戚继光开始义乌招兵,次年四月唐顺之在凤阳巡抚任上病逝。在这期间,唐顺之对练兵的进展投以强烈关注。他在写给胡宗宪的公移中先后两次索要戚继光新研制的盾牌。其一写于十一月:"戚继光堪御鸟铳防牌,如有,付一面来做样子"[2];其二写于病逝前不久的三月:"闻戚继光有御鸟铳牌,屡索之不得,望公取一面付作式,然亦不知其果能御铳而珍秘若此也?"[3] 我们知道,鸳鸯阵的创制就是在这一时期——嘉靖三十九年(1560)春正月,戚继光创"鸳鸯阵"著《纪效新书》[4]。从公移表现出的急切态度来看,唐顺之对胡宗宪迟迟不给的态度十分不满。

易篑之际,唐顺之急不可待目睹新盾,不单纯是对新军战力的关切。事实上,作为练兵的倡议者和谋划者,唐顺之已将平生兵法韬略汇集成的《武编》交给戚继光作为理论参考,并对其中自创的一套盾牌战法期待甚高。戚继光也终于不负期待,把新战法发扬光大,训练出了一支百战百胜的灭倭劲旅。由于唐顺之出山受严嵩举荐名誉受损,一举一动都在后方引生诟议,大概因此,戚继光从未明示过两人的特殊关系。怀着对前辈的缅怀,《纪效新书》自序中不无暗示地写道:"夫曰'纪效',明非口耳空言;曰'新书',所以明其出于法而非泥于

---

[1] 北京图书馆. 明唐荆川先生年谱 [M]. 北京:北京图书馆出版社,2010:86.
[2] 北京图书馆. 明唐荆川先生年谱 [M]. 北京:北京图书馆出版社,2010:97.
[3] 唐荆川研究会. 唐荆川诗文集 [M]. 南京:凤凰出版社,2012:230.
[4] 刘聿鑫,凌丽华. 戚继光年谱 [M]. 济南:山东大学出版社,1999:26.

法，合时措之宜也。"① 万历末年，姚文蔚对两部兵书的关系有所察觉，为《武编》作序指出："贯穿七书，包络通典，出入百将，傅《纪效新书》等集。"②

二、"鸳鸯阵"的出处

戚家军的鸳鸯阵举世瞩目影响深远，但戚继光并未阐发过鸳鸯阵的出处。一般认为鸳鸯阵师承广西狼兵，近年来越来越多的学者提出是受唐顺之的影响。鸳鸯阵的战术基础是狼筅和盾牌的巧妙配置，狼筅出自浙江处州兵，狼兵虽用盾牌，但并非其特色，更何况七人为伍与鸳鸯队五人为伍绝非简单的差异。狼兵嘉靖三十三年北上次年调离，若是承自狼兵，那么嘉靖三十六、七年（1557—1558）间戚继光"一面照常督集官兵战剿，一面统代新兵"③训练直浙兵时，鸳鸯阵就应该出现了。《江南经略·调客兵》曰："于本处应募民兵中，择其最骁勇者，各照狼兵、土兵之法，编为队伍，结为阵营"④；戚继光《纪效新书》十四卷本也说："尝见狼、土之兵，土官法严，战无不胜。初调杀倭，每得一胜，旋即败衄。"⑤ 郑氏、戚氏分别将狼兵之法与土兵之法并列，也可说明鸳鸯阵与狼兵无直接关系。

鸳鸯阵最早现于《武编》前集卷四"秘战第七"：

> 秘战者，即新名鸳鸯阵之谓也。每冲锋五人为伍，用长挨牌一面。伍长选身长力大者一名在前，执牌面左止，许顾左不许顾右。后身第二名执狼筅面右，以筅出牌，右五尺紧紧靠牌。其枪手在筅之后三步平执枪，伍长执牌径进，余各依法随行。敌绝不敢以枪戳牌，如将枪由牌顶戳来，伍长用牌一起，即将枪高阁，急待收枪我之枪兵出而戳敌矣。如左面戳来，必欲中伤执狼筅兵之后脊，枪须由牌兵面前过三尺余，牌兵可以手握其枪，后之枪手出矣。如敌兵将枪由右来欲伤牌兵之臀，筅兵以用筅按其枪锋，而后行枪手又出矣。如贼用枪由牌下戳牌兵之足，牌兵用牌一坐下压其枪，而后之枪手又出矣。至于贼之短兵刀钩等项必不

---

① 戚继光. 纪效新书 [M]. 北京：中华书局，2001：2.
② 唐顺之. 武编 [M]. 刻本徐象橒曼山馆·卷一：序.
③ 戚继光. 纪效新书 [M]. 北京：中华书局，2001：4.
④ 郑若曾. 筹海图编 [M]. 北京：中华书局，2007：729.
⑤ 戚继光. 纪效新书 [M]. 北京：中华书局，2001：76.

第四章 《武编》对戚继光枪拳的影响

能近，惟牌兵专视一面，而既防筅兵之脊，筅兵亦专一面而防牌兵之后。枪射铳手俱立牌后六七尺，则正面矢石已不能及而复左右皆救矣。

再如贼众道平，我则通将牌齐列，虽有万贼，进不能与我相交刃，退后有所逼而不敢，必生延望。相持稍久而我之奇伏相机遣出，又张声势，两翼渐逼。贼必分兵四御，我则开牌缝而出，甲士麾之，贼计穷矣。夫浙兵之不敢战，谓其以赤身生命抗死寇，无自卫之策也。鸳鸯阵之法最妙者，取其敌之锋刀不能及兵身。庶兵之胆可恃，以无恐而敢进，且退则有蔽于后，进则如载堵墙而前。百战不殆此也，振勇破坚此也，直捣巢险此也。

再如贼在山上有檑木滚石，我欲山下仰攻，而上贼将木石下抛。则每牌下止用三人执牌于前，而上遇有木石下掷，以目看正，各兵伏身其下，以此牌遮其身。上牌下根附山高土坡，牌头下垂，则木石遇之而直行无碍顺势滚下。我再举牌复登破险，上山尤要器也。但牌身如用铳打透，诸计皆周矣。革铳新牌之功用何如哉？

官军怯懦不敢战由多方面因素导致，如东南地貌对明军惯用的战术极为不利。胡宗宪说："北兵擅于骑射，东南水乡技难独展开"[1]；戚继光云："南服之地，水田畦径。至稻青时，萦纡路途，宽者不过五尺，小者一尺，仅容侧足。皆水田茂禾，深稻虽行，三五人即塞。往往用兵千数百人，密相蚁附，一路而行，一遇败衄，前后拥迫踩践，落田中者，复为田港水泥所阻，往往失事甚大。"[2] 另外，明军的装备也远不及有备而来的日本海盗。倭弓长有八尺弓力极大，凭借足踏弓弰发射，中则人立倒[3]。

倭刀精良令明军遇之辄避："倭挥双刀，银光耀目，望风奔溃，倒戈就戮，死者相枕"[4]；"浙兵俱系赤体赴敌，身无甲胄之蔽，而当惯战必死之寇"[5]；"倭之刀最精利，长六尺，两手两刀，共一丈二尺。虽左刀以木假之，然其右之真者，亦足以杀人而无敌。故中国之畏倭者，畏其刀也"[6]；"我兵攒枪刺之，贼斫

---

[1] 郑若曾. 筹海图编 [M]. 北京：解放军出版社，1990：971.
[2] 戚继光. 纪效新书 [M]. 北京：中华书局，2001：25.
[3] 戚继光. 纪效新书 [M]. 北京：中华书局，2001：66.
[4] 中国历史研究社. 倭变事略 [M]. 上海：上海书店出版社，1982：6.
[5] 戚继光. 纪效新书 [M]. 校释. 北京：中华书局，2001：3.
[6] 郑若曾. 筹海图编 [M]. 北京：解放军出版社，2007：969.

一刀，十数枪齐折，兵皆徒手而奔"①；"倭善跃，一进足则丈余，刀长五尺，则丈五尺矣。我兵短器难接长器，不捷，遭之者身多两断"②；"倭寇挥刀若神，人望之辄惧而走"③。

　　唐顺之从浙江兵"赤身生命抗死寇，无自卫之策"出发，结合东南水泽环境，设计出五人为伍的鸳鸯阵。所谓"鸳鸯"，指盾牌与狼筅左右不离互为依托，"正面矢石已不能及而复左右皆救"。盾牌、狼筅迎接敌锋，三名长枪手跟进戳击，前后配合以多打少，既限制了倭寇的个人能力又不失机动灵活。戚继光在参阅《武编》过程中注意到鸳鸯阵的有待完善之处：一方面，以长枪戳刺扮演主要攻击角色是不够的，短兵器的搭配必不可少；另一方面，五人一组的编制过于微细，没有在灵活性和杀伤力之间取得效益的最大化。因此，必须对人员数量和兵器配置做出调整。经过几个月的反复试验，戚继光将五人一队改成十人一队：牌兵二名，狼筅兵二名，长枪兵四名，短兵（镋钯④手）二名。此外每队还设有队长一名和专门负责炊事的火头兵一名。十人分成两组，每一组牌兵在前，其后是狼筅兵，其后是两名长枪手，最后是一名镋钯手。与敌交锋之时，狼筅以救牌，长枪以救筅，短兵救长枪。

　　鸳鸯阵的核心要素是盾牌。围绕盾牌考察就会发现，"十人为一队，每队以一人为队长"编制思路也是出自《武编》。唐顺之在前集卷五"牌"中写道：

　　　　罗拱辰牌论曰：若敌在百步之外，我兵必先用弓弩及边铳以制其锋。及至来近短兵相接，尚在三十步内外，必须用镖枪以飞击之。敌人见镖必避之，中镖者必倒，我兵必乘其势各持便器而入。各兵冲进又必列牌于队前以蔽矢石，而牌乃阵中第一器所不可少者。陆战之法大率以十人为一队，每队以一人为队长。就将原熟竿子枪上缚一号旗，以便摆阵用。内牌手三人执牌在前谨蔽敌锋，用手牌者执镖一二枝以备飞击，镖既发矣而随用腰刀。其用挨牌者手持长枪，一以护众一以旋刺，而腰刀又随身可用则用也。次枪手四人傍牌而行避身牌后，亦各兼带镖枪一

---

① 中国历史研究社. 倭变事略 [M]. 上海：上海书店出版社，1982：94.
② 戚继光. 纪效新书 [M]. 北京：中华书局，2001：82.
③ 郑若曾. 筹海图编 [M]. 北京：解放军出版社，1990：557.
④ 唐顺之《武编》中"扒（耙）""攩（镋）"是两种不同器械，有时也作"耙"。俞大猷《剑经》作"钯"。戚继光所制更接近镋，故名"镋钯"。

第四章 《武编》对戚继光枪拳的影响

枝。次又或弓或弩或铳者共三人,又藏身于枪手之后,居中立者其面向前,左右立者以背相向临敌。则先发弓弩铳,贼近则牌手竿子手所执飞镖齐发,镖发则牌手与弓弩铳等兵乘势并进,长短相间,彼此相护,斯能取胜。

手牌亦名燕尾牌,宜用白杨木或轻松木为之,取其轻而坚也。每面约长五尺七寸,阔一尺上下,两头比中间阔三四分,俱小尺。用手牌便于用刀,先以镖枪飞击,先挫贼锋,然后用刀。则前后左右隔贼技器施我刀法,此手牌之利也。左手执牌,大指横挽刀一把,里又带镖一枝,右手擎镖一枝。与贼相近三十步内外,先用右手镖飞击,次取牌里镖又飞击。然后用刀瞷贼,或枪或刀如后二式应之。手牌隔枪:左手执牌右手执刀,与贼相近时,见贼用则将牌下手,节闪于身前露身对贼。贼枪必对身戳来,以牌向后一拍,我刀顺牌角而下,则贼枪被牌拍去而我刀伤贼矣。又一法:将牌闭身俟贼枪对戳来,略将牌前面向后一扭,其枪自虚落于我后,我刀随即砍去。手牌隔刀:与贼相近以左手执牌,将牌略闪身后露身前半。俟贼刀砍下,以牌从前执起迎隔贼刀,右手用刀拦腰砍下,贼刀被我牌隔去而我刀伤贼身矣。

挨牌亦用白杨木为之,每面约长五尺,阔一尺五寸,下头比上略小四五分,俱小尺。挨牌用绳索用木橄榄者。用挨牌则以牌上长绳上木橄榄扣入绳回中挂于项上,以左手中指缝中夹牌下短绳上木橄榄。仍以五指挽枪前半节,右手执枪后半节。或伸或缩或长或短或左或右旋刺,非惟护自身且护从牌之兵。手牌止用得镖与刀,一手持牌也。挨牌可以用枪手,两手俱不持牌也。此用挨牌式以左手中指缝中夹下面短索上木橄榄,照前牌下式。以颈项挂牌上绳,照前牌上式。仍以左手五指挽枪前半节,右手执枪后半节。或伸或缩或出长出短或左或右旋刺,非惟护自身且护从牌之兵。

文中提到的罗拱辰是一位令倭寇威风丧胆的人物。罗拱辰,字西泉,广西马平人,嘉靖二十二年(1543)举人,"有膂力,熟弓马,能投标枪于数十步外中贼。督巡抚知其能,檄守海盐。暇日邀师生辈,教射回饮酒谈兵。尝于坐上射矢不虚法。"① 初任松阳县令。嘉靖三十二年（1553），倭寇四处转掠无可御者，罗拱辰率处州兵往来御敌，所到之处皆有战功。嘉靖三十五年（1556）调为松江海防同知，"拱辰上任后贼已不复至县""规画城守数千言，实有裨世用"②。以战功擢升浙江按察佥事，有御倭方略录于《筹海图编》。

上述唐顺之记述的罗拱辰牌法，十人一队，三人执牌在前（一队长、一手牌、一挨牌），枪手四人随牌而行，再后设弓弩铳手三人，无疑就是鸳鸯阵发明的灵感来源。唐顺之在之基础上缩小编制、加入狼筅，加固了前队的稳定性，填补了牌与枪之间的长度空缺。该阵法的问题是未尝投入实践，只是理论雏形。

戚继光在唐顺之鸳鸯阵基础上主要做了三个方面改进。第一，在牌、筅、枪之后添设锐钯手，进一步长短相杂。盾牌遮蔽整个队伍，狼筅制约充当藩篱，长枪作为主要攻击点，短兵锐钯补缺空隙。第二，参考《武编》"牌"的编制将鸳鸯阵人数放大。第三，盾牌是鸳鸯队一切的基础。罗拱辰说"牌乃阵中第一器所不可少者"，唐顺之说"牌身如用铳打透，诸计皆罔矣"。戚继光敏锐地对盾牌进行改良，将手牌落实为更加便捷的圆藤牌，"内用大藤为骨，以藤篾条条退藤缠联"③；将挨牌从一尺五寸加宽至二尺，并在外层钉上皮、竹等更加坚固如图所示。

戚继光改良后的鸳鸯阵
（图片来源：刘隼鑫、凌丽华主编《戚继光年谱》）

令人意味深长的是，唐顺之在鸳鸯阵文字结尾处写道："革铳新牌之功用何如哉？"此句显得非常突兀，是在询问新型盾牌格挡火铳的效果。再联系其先后两次向胡宗宪索要戚继光新制盾牌可知，"秘战第七"就是专门写给正在练兵的戚继光的。事实上，戚继光的确千辛万苦造出了能够抵御火铳的盾牌，名曰"刚柔牌"。但由于造价高、工艺复杂，并未得到广泛配置。《纪效新书》对此牌有所介绍，重十五斤，费银五两，"四五十步之外可以遮衔铅子，屡试无失"。终归为了保密，只是道

---

① 中国历史研究社.倭变事略［M］.上海：上海书店出版社，1982：79.
② 褚华.沪城备考：第2卷［M］.上海：上海通社，1935：6.
③ 戚继光.纪效新书［M］.北京：中华书局，2001：175.

出了大概的制作方法，"今开法于后，不立图者，秘之也"①。唐顺之索之不得也是情理之中的。

第二节　戚继光对"套子"的驾驭

一、间阎之操亦谓真操

戚继光追随唐顺之学到的不仅是《武编》和鸳鸯阵，唐顺之的"天机"思想也对之产生了巨大影响。数百年后的民国时期，习练国术尚武精神成为社会各界的共识。梁启超云："吾所谓武，精神也。无精神而徒有形式，是蒙羊质以虎皮，驱而与猛兽相搏击，适足供其攫啖而已"②；钮永健云："军事之胜利，在精神不在物质"③；孙禄堂："然所以富强之道，在乎黎民之振作。振作之主义在精神，若无精神则弱矣"④；万赖生："正能养其卓绝精神，雄伟侠勇肝胆，纵西人身高体壮、自命为拳术家者，如与我国武术家遇，鲜有不败北者"⑤；王芗斋："拳道之大，实为民族精神之需要，学术之国本，人生哲学之基础，社会教育命脉。"⑥

"精神"是心体抬升的产物，是心体的外在表现和道德落实趋向，是连接主观世界与客观行动的桥梁，也是唐顺之最常用的论学内容。《荆川集》中出现了"收敛精神""耗散精神""凝聚精神""聚拢精神""将精神并归一路""精神力量""精神可透金石""收摄精神""精神尚可不死""精神不可磨灭""抖擞提醒精神"，等等。经过唐顺之点化，戚继光把"精神"视为选兵第一标准："所柰此数者，皆选兵之一等，而必胆为主。胆之包在人心腹中，不可见，何以选为？殊不知人之精神露于外，第一选人以精神为主。"⑦ 精神体现于文学创作，是本色论所谓"真精神与千古不可磨灭之见""一段精神命脉骨髓"⑧，用于选兵

---

① 戚继光. 纪效新书 [M]. 北京：中华书局，2001：243.
② 梁启超. 少年中国说 [M]. 北京：中国言实出版社，2017：181.
③ 林小美. 民国时期武术运动文选 [M]. 杭州：杭州中大图文设计有限公司，2012：134.
④ 孙禄堂. 孙禄堂武学录 [M]. 北京：人民体育出版社，2001：8.
⑤ 万籁声. 武术汇宗 [M]. 北京：中国书店，1984：5.
⑥ 姚宗勋. 意拳：中国现代实战拳术 [M]. 北京：北京体育学院出版社，1989：144.
⑦ 戚继光. 纪效新书 [M]. 北京：中华书局，2001：42-43.
⑧ 唐荆川研究会. 唐荆川诗文集 [M]. 南京：凤凰出版社，2012：182.

择人则对应折射个人品格毅力的外在风貌。

那么，站在唐顺之"以天机为宗，无欲为工夫"的思想立场，精神为选兵首重，相对应的训练方向则是"障天机者莫如欲"。也就是说，士兵的精神必须经历"去欲"的锤炼，为将者要洞察纤毫，洗涤士卒身上的不好习气。于是戚继光指出："夫方寸之微，出入无乡，一少恃其旧气，便着障根，以渐变去，便至不可收拾。"[①] "必洗涤其肠胃，尽去其故态，施不测异常之令"[②]。对于望贼奔溃的明军而言，"素无节制"[③] 即是根本欲障。于是"束伍为始教，教号令次之，器械次之"[④]，要求集体意志与作战需要保持高度一致；一反在训练素材方面表现出的宽纵态度，施行严苛的连坐制度，"一人当先，八人不救，致令阵亡者，八人俱斩"[⑤]，"凡若大阵败走、被贼杀死、官兵伤在背后者，还以败事论，并不优恤，仍罪其各家并原募之人。"[⑥]

认识到这一层，心的价值被充分施用于军事实践。戚继光重视调动心的力量："人之为类，万有不同，所同赋者，此心也"[⑦] "是故世未尝无百战百胜之卒，惟在我无百战百胜之心耳"[⑧]；小心把握士兵的心理动向，"未阵而恐其迟，及阵而恐其瑕，交阵而恐其诱，既胜而恐其骄，精神心意，举无不流通于士卒敌人之间……随查其心神志气之利害处，从宜鼓盈之而决其机。"[⑨] 心体的抬升使《纪效新书》在"捃摭陈言横生鄙论""木人火马殆如戏剧"[⑩] 的明代兵书中脱颖而出。反映在操练素材的制定上，是对"常套之操"的否定和对"间阎之操"的肯定。戚继光在《纪效或问》中有十分得意的论述：

> 或问：常操之套，果可用于临敌否？而真操赏罚精微之处，亦在此否耶？光曰：操兵之道，不独执械走阵于场肆而后谓之操，虽闲居、坐睡、嬉戏亦操也。善操兵者，必使其气性活泼，或逸而冗之，或劳而息

---

① 戚继光. 纪效新书 [M]. 北京：中华书局，2001：42-43.
② 戚继光. 纪效新书 [M]. 北京：中华书局，2001：31.
③ 戚继光. 纪效新书 [M]. 北京：中华书局，2001：25.
④ 戚继光. 纪效新书 [M]. 北京：中华书局，2001：38-39.
⑤ 戚继光. 纪效新书 [M]. 北京：中华书局，2001：73.
⑥ 戚继光. 纪效新书 [M]. 北京：中华书局，2001：74.
⑦ 戚继光. 纪效新书 [M]. 北京：中华书局，2001：155.
⑧ 戚继光. 纪效新书 [M]. 北京：中华书局，2001：34.
⑨ 戚继光. 纪效新书 [M]. 北京：中华书局，2001：34-35.
⑩ 何良臣. 阵纪注释 [M]. 北京：军事科学出版社，1984：249.

第四章 《武编》对戚继光枪拳的影响

之,俱无定格;或相其意态,察其动静,而撙节之。故操手足号令易,而操心性气难;有形之操易,而不操之妙难。能操而使其气性活泼,又必须收其心,有所秉畏就业。又有操之似者,最为操之害,何则?欢哗散野,似性气活泼;懈苦不振,似心有就业。为将者辨此为急,知此可以语韬钤之秘矣。猎人养鹰犬,故小道也,将无所似乎?且夫好生恶死,恒人之情也。为将之术,欲使人乐死而恶生,是拂人之情矣。盖必中有生道在乎其间,众人悉之,而轻其死以求其生,非果于恶生而必死也。故所谓恩赏者,不独金帛之惠之谓,虽一言一动亦可以为恩为惠。所谓威罚者,不独刑杖之威之谓,虽一语一默亦可以为威为罚。操之于场肆者,不谓之操,所谓筌蹄也;而兵虽静处间阎,然亦谓之操,乃真操也。微乎微乎,妙不可测。神乎神乎,玄之又玄。此圣贤之精微,经典之英华,儒者之能事,岂寻常章句之可拟耶?况诿之弓马粗材、武夫血气之技,乌乎可?[①]

操场训练无论如何都与实战需要存在差别,无论内容多么贴近实战,一旦形成固定程式,必然会陷入徒演过场境地。士卒表面上看起来"似性气活泼",实际上"懈苦不振"为之所累,不能达到练为战的目的。操兵者需要懂得过程与目标的矛盾关系,就像猎人豢养鹰犬,训练手段都是过程,都不是固定的,驾驭心理动向、激发士兵血性才是操练之目的。只要能树立舍我其谁、战之必胜的坚定信念,训练也就不必拘囿于操场。所以说,"闲居、坐睡、嬉戏亦操也""虽静处间阎,然亦谓之操,乃真操也"。

戚继光捍御南北身先士卒数年百战,对交手倭寇需要什么样的武艺有着清醒的认识。不切实用的武艺被他分为三个层次:其一,用来针对北方游牧民族的旷野大阵不合适。"若夫北方原旷,地形既殊,敌马动以数万,众寡亦异,驰如风雨,进不能止,岂可以此用之者耶?"[②] 其二,花枪、花刀、花棍等单舞花法皆不可学。"开大阵,对大敌。比场中较艺,擒捕小贼不同。堂堂之阵千百人列队而前,勇者不得先,怯者不得后;丛枪戳来,丛枪戳去,乱刀砍来,乱杀还他,只是一齐拥进,转手皆难,焉能容得左右动跳?一人回头,大众同疑;一人转移

---
① 戚继光. 纪效新书 [M]. 北京:中华书局,2001:19-20.
② 戚继光. 纪效新书 [M]. 北京:中华书局,2001:15.

寸步，大众亦要夺心，焉能容得或进或退？"① 其三，乡勇械斗每打必胜之技并不足以抵挡倭寇。"如乡兵所执名为锐叉钯镰者，横头用无刃铁梁，柄头用平顶铁箍，长不逾眉；其所习之法，又前后左右回头跳舞，双手平拿两头，所余不过一尺。渠盖如此习之，及其平日在乡党争斗，每打必胜，遂自谓无敌"。"殊不知此器此习乃乡中互相争斗用之，彼此皆然，且恐以刃伤人，得罪必重，故只用此物打伤；就或打死，终非刃杀之意。其贼之来也，利刃长锋，二丈有余，及身寸余，迎刃而毙。"② 从这个角度来看，备受戚继光推崇的俞大猷棍法，事实上也是归于不堪临阵行列的。

戏局套数也好，乡团械斗也罢，都是训练过程中的干扰因素，心学润泽出的练兵思路正是要将这些不利因素转化成有利因素。心学赋予唐顺之的是不依外境的超然境界，赋予戚继光的则是他因势利导的练兵手段。戚继光指出"其拳也，为武艺之源"③，套子喜闻乐见，具有不可取代的群众基础，把套子作为操练内容，最是契合"操而使其气性活泼"的训练目的。戚继光的开放态度，使套路武艺堂堂正正地走进了军营。

二、戚家军的套子武艺

表面看来，《纪效新书》对套子武艺的态度是矛盾的，这是由于戚继光将之作为"次第给而习之，以诱其入"④ 的过程环节而非目的。套子兼有体育、艺术、文化等多重质地，未经阵战的"畎亩之夫"往往当成临阵实技。对此戚继光一语道破套子的戏台出处："杀人的勾当岂是好看的？今之阅者，看武艺但要周旋左右，满片花草，看营阵但要周旋华彩，视为戏局套数""如此就操一千年，便有何用？"⑤ 然而目的和过程的关系是二元矛盾的，过程是为不断接近目的而绝非等同于目的。为最大限度地起到诱导作用，戚继光为鸳鸯队中各式兵器制定出"一折一字考问操法"⑥ 的套子训练素材。

就藤牌而言，戚继光绘制了"懒扎衣势""斜行势""仙人指路势""滚牌

---

① 戚继光. 纪效新书 [M]. 北京：中华书局，2001：13.
② 戚继光. 纪效新书 [M]. 北京：中华书局，2001：37.
③ 戚继光. 纪效新书 [M]. 北京：中华书局，2001：230.
④ 戚继光. 纪效新书 [M]. 北京：中华书局，2001：76.
⑤ 戚继光. 纪效新书 [M]. 北京：中华书局，2001：19.
⑥ 同上。

势""跃步势""低平势""金鸡畔头势""埋伏势"等8个固定招式。"纪效或问"中道出藤牌的真实取用："藤牌单人跳舞，免不得，乃是必要从此学来。内有闪滚之类，亦是花法。定须持标与长枪对杀，先标使去，亦要不早不迟；标既脱手，要进得速、出刀快，方为成艺。"①

狼筅授予"年近四旬，筋力已成者"②，作用是充当藩篱，谈不上什么花样动作。戚继光为之绘制"中平势""骑龙势""钩开势""架上势""闸下势""拗步退势"等六个招式。最终的考核要求是："先令自使，看其身手、步法，次用枪对较。凡长枪哄诱不动，又能遮隔不入，为熟。"③

长枪是鸳鸯阵中配备最多的武器，是戚家军训练的重中之重。有盾牌、狼筅、镋钯前后拱卫，长枪手其实并不需要掌握过多的动作。"比较武艺赏罚篇"中规定出枪法考核的三个层次："先单枪试其手法、步法、身法、进退之法；复二枪对试，真正交锋；复以二十步内立木把一面高五尺，阔八寸，上分目、喉、心、腰、足五孔……"④ 枪手首要经历一段时间手法步法的单人操练，指导内容是"长枪二十四势"；单舞纯熟之后，第二阶段是两两对练，指导内容是"八母对练"和"六合对练"；第三阶段是单人戳靶训练。

镋钯相对长枪略短，作用是"防长枪进老，故短以救之"⑤。义乌练兵所著十八卷本《纪效新书》的镋钯素材是"照俞公棍法以使叉钯钩镰"⑥。大概是当时未将《剑经》全番吃透的缘故，戚继光并未给出镋钯的具体招式。至其晚年修订十四卷本时，才在《剑经》内容中插入六个镋钯图势："朝天势""中平势""退步势""伏虎势""金枪势""骑龙势""架枪势"。需要指出的是，十四卷本（1584）中删去拳法、精简枪法等行为，固然是一定程度上对套子武艺泛滥的矫正，但并不意味戚继光对套子的价值做了调整。那时候十八卷本已经在军事领域形成了相当大的影响，戚继光自然能考虑到两个版本同时流传的互补作用。

拳法在训练中具有特殊地位。由于"长拳三十二势"前所未有，后人常常陷入对之内容的过度解读，其实戚继光说得十分明白："此艺不甚预于兵，能有

---

① 戚继光. 纪效新书[M]. 北京：中华书局，2001：13.
② 戚继光. 纪效新书[M]. 北京：中华书局，2001：44.
③ 戚继光. 纪效新书[M]. 北京：中华书局，2001：94.
④ 同③.
⑤ 戚继光. 纪效新书[M]. 北京：中华书局，2001：93.
⑥ 戚继光. 纪效新书[M]. 北京：中华书局，2001：13-14.

余力，则亦武门所当习，但众之不能强者，亦听其所便耳。"① 不可轻易误导士兵，不强制要求学习是其对拳法的基本态度。《纪效新书》中的许多内容，戚继光对士兵都做出记忆要求，"各于长夜，每队相聚一处，识字者自读，不识字者就听本队识字之人教诲解说，务要记熟"②。拳法是不在其列的。《纪效新书》与《武编》内容对比如下表所示。

《纪效新书》与《武编》内容对比

《纪效新书》章节	内容	来源	处理方式
《长兵短用说篇》	八母、六合	《武编·枪》	整理加工、托伪杨妙真
	长枪二十四势	《武编·枪》	整理加工、绘图、制谱
《藤牌总说篇》	牌法	《武编·牌》	整理加工、绘图、制谱
《短兵长用说篇》	棍法	《续武经总要·剑经》	直接收录、绘图
《射法篇》	射法	《续武经总要·剑经》《武编·弓》	整理、绘图
《拳经捷要篇》	长拳三十二势	《武编·拳》	整理加工、绘图制谱、托伪宋太祖

需要注意的是，尽管戚继光天赋异禀年富力强，套子内容的制定也绝非别出心裁，一蹴而就。《武编》前集卷五中的武艺素材为之提供了重要的前提，成为创编套路图谱的基础材料。主要体现在以下两个方面：一方面，是动作标准化思路。温家拳建立了以四平势为参照的动作标准化体系，包括井阑四平势、高探马势、指裆势、一条鞭势、七星势、骑虎势、地龙势、一撒步势、拗步势等十个拳势，以及用法部分出现的旗鼓拳、玉女穿针等。温家拳的动作标准被戚继光充分吸收，成为枪法、拳法、牌法、狼筅包括射法的动作表述框架。如拳法中出现有井栏四平、高四平、中四平、探马、七星、拗单鞭、七星、骑虎等温家拳势法。"四平"在枪法中被细分成为上平、中平、下平，枪法还参照拳势推出拗步势、旗鼓势、地蛇势、骑龙势、伏虎势等。牌法总共八个势子中，与温家拳直接相关的有斜行、拗步、低平、埋伏四个势子。狼筅总说中有六个势，其中中平势、骑

---

① 戚继光. 纪效新书[M]. 北京：中华书局，2001：227.
② 同①.

龙势、扨步势、架上势等都是对温家拳的照搬或延伸。射法的基本站姿"四平架手"也借鉴了四平的概念。

另一方面，法意平衡。戚继光注意到枪法经唐顺之文学章法渲染后耳目一新的效果，因此十分注意在内容和名称之间建立法与意的平衡关系。长枪二十四势每一势都是由象形取意，以三字或四字熟语命名。为有助于理解，给每一势都加上说明性文字。不仅如此，包括枪、拳、棍、牌、狼筅、射法中，每一动作都被配上图画。图、势、决三位一体的文本形式简洁明了，通俗易懂，成为武术典籍沿用的叙事模式。

"法意平衡"在长拳歌诀中体现尤为突出。为了不干扰"势势相承"的行拳节奏，由长短对句制成的拳诀中，三个字而成的招式名称被置于句子开头，与后半句的内容相对构成主谓结构。如头一句"懒扎衣出门架子，变下势霎步单鞭，对敌若无胆向先，空自眼明手便。""懒扎衣"是统领该句的总名称，之后则为用法诠释。尽管文学造诣远不能与文坛巨擘相提并论，戚继光用通俗的语言成功延续了法意平衡的观念。

第三节 《枪》对《纪效新书》的影响

一、戚家军的枪长与长短辩证

前文讨论得出，唐顺之的六合对练是建立在枪长九尺基础上，用于军事阵战的枪肯定更长。《纪效新书》始终没有给出长枪的长度，只是间接涉及：

> 又如长枪，近见浙江之习，皆学处州狼筅法，中分其半。官军所传之法，亦有回转。但大敌交锋，与平日场上相对比不同。千百之人，簇拥而去，丛如麻蓬，岂能舞丈余长竿，回转走跳？若此则一二丈仅可布一人而已，不知有此阵否耶？至于中分其半，则又后尾垂带，一为左右之挨挤，手中岂能出入？遂乃遇敌而败。不曰习艺之非，制器之误，乃曰枪不可恃，于枪何尤哉？[①]

上述内容表明了戚继光对长枪持握方法的态度，要求手握枪根而非中分其

[①] 戚继光. 纪效新书[M]. 北京：中华书局，2001：38.

半，涉及枪的长度"丈余"。如此模糊的长度交代摆明是在掩饰，关乎性命的部队制式装备是不可能没有尺寸标准的。倭患平息之后戚继光北调蓟镇，在那里撰写了另一部兵书《练兵实纪》（1571），戚家军的枪长才公之于众——"长丈二尺五寸重三斤"，注曰："此用竹北方干燥风劲多脆折，用赞竹腰软用木，北方无此木夫。长枪必利用但不知以何物为之，乃可。今将竹杪内二尺余冠以木心，外用藤扎亦可暂用"。"必执持正根，用杨家法，初则用之，南方杀倭，全赖于此"①。可知戚继光给义乌兵装备的枪长是一丈二尺五寸。

《纪效新书》对武术器械发展产生重要影响的是枪法篇和棍法篇两部分内容。前者称丈二长枪为"长兵"，后者称镋钯和棍为"短兵"。值得注意的是，在戚继光晚年改定的十四卷本中，棍法对应的内容有了调整，加上了"（短兵）今俱加长，别有尺寸。手握根间，一寸不可留，皆有七八尺在外"②。也就是说，至少在后来的戚继光那里，作为短兵的镋钯及棍的长度也是一丈。那么一个问题就很值得思考了，丈二长枪是为长兵，一丈之棍是为短兵，这长与短的划分标准是什么？长兵、短兵又有何技术差异呢？

长短辩证始出先秦兵书《司马法》"长以卫短，短以救长"，长和短是依据攻击距离划分兵器的不严谨观念。鸳鸯阵不同于传统军队，小队内部器械相杂刺卫兼合，建立一以贯之的长短理念对培养协同意识十分必要。出于这样的意图，戚继光反复强调"长兵贵在短用，短兵贵在长用"。典型的长兵如鸟铳、火箭、标枪等发射武器，它们的特点是势能强大。"长兵短用"意义在于将距离尽量缩短最大化地发挥势能："至若弓箭、火器，皆长兵也。力可至百步者，五十步而后发，此亦长兵短用之法也。长则谓之势险，短则谓之节短，万殊一理。"③

短兵器的特点是便捷灵活，变化丰富。鸳鸯队中的枪和镋钯的长度差别不大，技术主旨也完全一致，于两者之间再做长短辩证已没有实际意义。所以戚继光对枪的长短归属持有看似矛盾的态度，丈二长枪与钗、钯、棍、刀等也一同被列为短兵。《短兵长用说篇》中有这样的阐述：

> 夫钗、钯、棍、枪、偃月刀、钩镰，皆短兵也，何则？彼之枪一丈七八尺，我之器不过七八尺，若如浙江钗钯之法，俱手握在头下，其手

---

① 戚继光. 练兵实纪 [M]. 北京：中华书局，2001：307.
② 戚继光. 纪效新书 [M]. 北京：中华书局，2001：75.
③ 戚继光. 纪效新书 [M]. 北京：中华书局，2001：48.

外头柄通不及二尺长，一棍不过六七尺，又欲两头双使而两手握开，所剩棍头不过尺余，彼之长枪闪闪而进，疾如流星，我就精熟，只能格得彼枪不中入我身耳。及其我欲进，则彼原进我钗内不深，一缩又复在外，我不得拨定彼枪，使无反手，如何敢进？如此终日，我无胜理。短兵利在速进，终难接长持久，即为所乘。必如总戎公俞虚江之法，则所执钗棍钩钯皆有六七尺在外，彼若以长入我，必须进深五尺，被我一格打歪，即用棍内连打之法，下下著在长兵上，流水点戳而进。彼先进我五尺，我一进又有五尺，是得一丈之势矣。被我连打，势不得起，欲抽脱去，岂能便抽一丈？一入长兵之内，则惟我短兵纵横，长兵如赤手同矣。藤牌、腰刀，本短中之短也，而必用标枪，亦即短兵长用之法也。夫藤牌用标，非取以杀人，盖彼以枪器持定，我牌无故不得进，故用标一掷，彼以顾标而动，我则乘势而入；彼若不为标所动，则必为标所伤，我亦有隙可入。短兵长用之法，千古奇秘，匪欺人也。[1]

上述内容就"短兵"对付长枪而言，"枪"与钗、钯、棍、偃月刀、钩镰一同被视作是短兵。短兵长度不占优势，必须在对方入深之时大胆进身，用连打之法连续击打在对方长兵上，对方"势不得起"丧失作用，也就任我短兵纵横了。不独在此处，长枪与短兵相通在"长兵短用说篇"中也有体现："彼器不得交在我枪身内，彼自不敢轻进，我手中枪就退至一尺余，尚可戳人，与短兵功用同矣。此用长以短之秘也。"[2]

长枪的长短归属问题绝非戚继光故作高深多此一举。作为鸳鸯阵中最长的兵器，把长枪列入长兵行列进行长短辩证，有助于长枪手养成进退灵活、制人而不受制于人的本领。那么，既然长枪被视为长兵，"长兵短用"就赋予了长枪短用的可能，枪法训练也就不一定时时执握枪根，手握中段的情况也必要存在。这为之在唐顺之枪法基础上进行拓展提供了理论依据。

二、六合对练的可操作化

《纪效新书》中枪法内容集中体现于卷十《长兵短用说篇》。大体可分为：

---

[1] 戚继光. 纪效新书［M］. 北京：中华书局，2001：182-182.
[2] 戚继光. 纪效新书［M］. 北京：中华书局，2001：158.

长短辩证、诸家评述、八母、六合、枪谚、名称、枪制、二十四势等八部分内容。其中六合、枪谚、技法、枪制三部分内容是在《枪》的基础上发展而来的。

唐顺之以六合开篇，显得十分突兀，戚继光则借鉴了《拳》以诠释概念为切入点的思路，以长短辩证开篇。接下来评述杨家、马家、沙家之法，无疑也是受到"拳"点评家数的影响。之前有过结论，杨家、马家、沙家均是北方对练枪法，在此不多赘述。

戚继光随后推出八母枪，是一方进攻一方防守的喂手对练。之所以称之为八母，是借鉴了书法的"永字八法"，事实上一共阐述了四对中路、二对上路、三对下路，共九对对扎攻防。

> 八母枪起手：
> 你扎我，我挐枪；你扎我，我拦枪；你扎我脚，我颠枪；你上扎，我捉枪；你下扎，我橹枪；你上扎，我捉枪；你下扎，我颠枪；你枪起，我缠拦下；你扎我，我挐枪。

其中"挐"是"拿"的异写字。"颠"是由上向下逆时针拧出的枪圈，用来化解里把门情况下对方对下盘的攻击；与之相对"橹"即由上向下顺时针拧出枪圈、向左下扫拨，用来化解外把门情况的下盘攻击。

接下来的六合对练是《长兵短用说篇》的重点。

训练是一个漫长过程，需要口令落到实处、分段、分节地不断重复。"八母枪"内容单薄缺乏层次，很难用来组织操练。《武编·枪》中的六合对练精彩绝伦，是不可多得的理想素材，但也明显存在着问题。唐顺之的文法论遮蔽了六合对练的具体操作，学者难测其奥，这意味着戚继光必须对六合枪法进行改造。以下就《武编》和《纪效新书》中的"六合枪"做对比：

第一合：

> 《武编》：先有圈枪为母，后有封闭、捉拿，救护、闪赚，是花枪名色叫作梨花摆头。
>
> 《纪效新书》：先有圈枪为母，后有封闭、提挐、梨花摆头，救护要分明。里把门、外把门，闪赚是花枪。名曰秦王磨旗。

第四章 《武编》对戚继光枪拳的影响

我扎你,你挈枪还枪,我挈枪。我扎你,你拦下还枪,我拦枪。你尽头枪,我颠枪还枪。你挈枪还枪,我挈枪。你扎我,我挈枪闪赚花枪上。你挈枪还枪,我挈枪。你扎我,我拦下闪赚花枪上。你拦下还枪,我拦枪。你扎我尽头枪,我颠枪闪赚花枪上。你挈枪还枪,我挈枪。我摇花枪。乃秦王磨旗。

通过对比可以看出,戚继光遵循了《武编》进行六段分层介绍的行文逻辑。第一回合阐发"封闭"。"捉拿"被写成"提拿","梨花摆头"不再作为回合的总名称,另取"秦王磨旗"。此外加入了"里把门""外把门"的内容。"尽头枪"是指两手相合向前刺满。"闪赚花枪上"是指完成捉拿创造时机之后的拧枪前戳。"摇花枪"也是指拧枪。第一回合被细化为大约10对两两对扎动作。

第二合:

《武编》:先有缠枪,后有拦枪,黄龙占杆,黑龙入洞,拿杆、救护、闪赚,是花枪名色叫作铁子扫。

《纪效新书》:先有缠枪,后有拦枪。黄龙飚杆、黑龙入洞、掤退救护,闪赚是花枪,名曰凤点头。

我缠你枪,你扎我。我拦下还枪,你拦下还枪,我拦枪。你扎我,我拿下。你起枪,我随枪缠拿下。你拦枪,我还枪。你挈下还枪,我掤退救护拿你枪。你扎我,我拦下。我摇花枪。乃凤点头。

第二合除末尾凤点头的名称有错置外,内容基本一致。在第一回合的基础上进一步介绍缠、拦技法。之前讨论过,唐顺之所谓黄龙战杆、黑龙入洞等是对枪圈的不同比喻,并无实意。第二合已经不再是保守地进行基础攻防了。在第一回合中,扎、拿、还等动作前后相承一字一动。第二合明显增强了竞技意识,双方同时做出动作,一方缠拦时另一方不是配合等待而是绕过直扎。这一合被戚继光细化成两个人分别进行的十个动作。

第三合：

  《武编》：先有穿指，后有穿袖，鹞子扑鹌鹑，救护闪赚，是花枪明色叫作凤点头。

  《纪效新书》：先有穿指，后有穿袖。鹞子扑鹌鹑救护，闪赚是花枪。名曰白蛇弄风。

  你扎我，我拏下，闪赚花枪上。你拏枪还枪，我拏枪。你扎我，我拦下，闪赚花枪上。你拦下还枪，我拦枪。我摇花枪。乃白蛇弄风。

第三合阐述的是两个来回。一方扎一方拿后反扎，一方扎一方拦后反扎。重复使用"闪赚花枪上"，开始强调手法的重要性。此外，末尾名称"凤点头"变为"白蛇弄风"。这一合被规定成了十三个动作。

第四合：

  《武编》：先有白拿枪，后有进步枪。如猫捉鼠，加朋退，救护闪赚，是花枪叫作白蛇弄风。

  《纪效新书》：先有白拏枪、掤退枪救护，后有白拦进步、灵猫捉鼠，闪赚是花枪，名曰铁扫帚。

  我白拏进步上扎你，你拏枪还枪，我掤退救护拏枪。我白拦进步上扎你，你拦枪还枪，我拦枪。我白颠进步闪赚花枪上扎你，你拏枪还枪我拏枪。我摇花枪。乃白蛇弄风。

第四合出现了两个明显变化，一是开始出现上步的情况。之前讨论过，戚继光枪长丈二五寸，比唐顺之长出三尺，这为步法的融入提供了条件。依据"枪头交三尺滚"的对枪原则，两枪相交重叠部分的距离是三尺，这样一来，除去握枪两手间的距离三尺，一方枪头到另一方前手的距离是六尺。如果上步前进一到两步（三尺左右），枪头离对方前手的距离仍有三尺，足以保证安全。

第二个变化是动作表述呈现集成化。"白拏进步上扎""掤退救护拏枪""白颠进步闪赚花枪上扎"等不仅仅是融入了步法，也是前面几个回合许多动作的浓缩。前三回合一字一动的判定标准已不再适合用来划分第四合的动作。另外，原文末尾的"白蛇弄风"被易为"铁扫帚"。

第四章 《武编》对戚继光枪拳的影响

第五合：

《武编》：先有迎风枪，后有截进枪，四封四闭，死中返活，无中生有，四面使枪。

《纪效新书》：先有四封四闭，后有无中生有、迎封接进、死中反活，闪赚是花枪。名曰拨草寻蛇。

你扎我，我挈枪进步扎你。你挈枪还枪，我挈枪。你扎我，我拦枪进步扎你。你拦枪还枪，我拦枪。你挈下我枪。你枪起，我反挈你枪。你拦下我枪。你枪起，我反拦下你枪。你挈我枪，我枪闪过，拦你枪。你拦我枪，我枪闪过挈你枪。你扎尽头枪，我颠开捉住。你反起扎我，我拦下，闪赚花枪上。你拦枪还枪，我拦枪。我摇花枪。乃拨草寻蛇。

唐顺之没有为第五合设计名称，戚继光取名"拨草寻蛇"。这一合在手、身、步整体配合的基础上进一步深入技术，着重呈现"无中生有""死中反活"。"你扎我，我挈枪进步扎你""你扎我，我拦枪进步扎你"对应无中生有，顺其枪圈顺其力；"你挈下我枪。你枪起，我反挈你枪""你拦下我枪。你枪起，我反拦下你枪"对应死中反活，受困之后力无断续，对方一起即施反击。

第六合：

《武编》：一截、二进、三拿、四缠、五拦、六彻，共加六路花枪。

《纪效新书》：一截、二进、三拦、四缠、五挈、六直。闪赚是花枪。下游场拨草寻蛇，上游场秦王磨旗。

此回合戚继光也选择以六字呼应全篇，六字中有五字与唐顺之是一致的。第六字"彻"被改成了"直"。"直"源自俞大猷《剑经》棍法的取直理念"直打直挑"[①]。按唐顺之原意，"彻"即撤回，与头一合"先有圈枪为母"相对，意为对练开始时两枪相搭，结束时两枪分离为彻（撤）枪。戚家军长枪更长，不再适合进行上下场的活动仪轨，也不排除戚继光对原文理解不足的可能。

通过比较可以看出，唐顺之的影响是毋庸置疑的。戚继光通过实践创新，使

---

① 戚继光. 纪效新书 [M]. 北京：中华书局，2001：186.

六合之法完成从概念到操作的跨越，在唐顺之每一合文字之后列出了数十个不等的你扎我拦，以纲目并存的形式维持了旧本原貌。近百个重复动作规定出的六段对练，保证了训练的循序渐进分层展开。总之，是为枯燥晦涩的对扎训练作文学化的比附，如其所云："按一字对戳一枪，每一字经过，万遍不失，字字对得过，乃为成艺。"①

文法论导致的顺序错置同样对戚继光造成了困扰。为了做到回合之间内容的均衡，戚继光重置了六回合的名称顺序。在保证语言主体不变的前提下，具有上场准备意义的"秦王磨旗"被置于第一回合，下场的"拨草寻蛇"被放在第五合，第二、三、四合的名称分别调整为凤点头、白蛇弄风、铁扫帚。从而使一至五合呈现出由高到底的秩序性。另外，"有场"被改成了"游场"。

六合的意趣在戚继光心头久久回荡，就连新研制出的火铳也要用六合命名。其《止止堂集·六合铳铭》曰："新制一铳，六合其讳。但载金箍，随处可备。六道均临，群真聚会。径丈之内，一击可碎。攻坚则制，行险则废。须用口传，难以文会。"②

枪谚部分，也被做了改动和延伸。

《武编》：尔枪动，我抢拿，尔枪不动我枪发。中间一点难招架。指人头，取人面，高低远近都要见。枪势浮腰，索先取手，后取脚，取了手与脚，闭住五路通伤口。

《纪效新书》：中平枪，枪中王，高低远近都不妨；高不拦，低不挐，当中一点难遮架。去如箭，来如线，指人头，扎人面，高低远近都看见。枪是浮腰锁，先扎手和脚，疾上又加疾，扎了还嫌迟。

又：

《武编》：枪有三件大病，那三件大病：一立身不正，二立当不，上不照鼻尖，中不照枪尖，下不照脚尖，三件大病。疾上又加疾，扎了犹嫌迟。

《纪效新书》：枪有三件大病：一、立身法不正，大病；二、当扎

---

① 戚继光. 纪效新书 [M]. 北京：中华书局，2001：13.
② 戚继光. 纪效新书 [M]. 北京：中华书局，2001：186.

不扎,大病;三、三尖不照,大病。上照鼻尖,中照枪尖,下照脚尖。你枪发,我枪拿,你枪不动,我枪扎,来得紧,去得硬,不遮不架是个空。

可以看出戚继光着实是抓住了唐氏枪法的精髓,不但与唐顺之的用枪原则没有丝毫背离,还做了足够深入的补充。继承了以手脚为突破的进攻策略,归纳出立身要正、三尖相照的用枪原则。略有不同的是,唐顺之阐述定步对练,而投入练兵实践的戚继光内容更加全面,唐顺之以中平持枪为默认前提,戚继光则突出强调中平枪的重要性。

缠枪、拦枪、破缠、中平、死复生、一进一推、一上一下、进步虚下拏还枪、扑法、守法、橹法、颠捉、苏法、捉法、看法、即法、身法、坐法、迟法、六封、六闭、白鹞、黑鹞、白蛇弄风、铁扫帚、梨花枪、蜈公钻板、朝天枪、白牛转角、拗、边枪、群拦。

技法名称部分,戚继光也依照原本的逻辑进行罗列。《武编》中此部分篇幅很小,戚继光罗列出了三十余种技法,应该是长枪二十四势成形之前不成熟的单操素材。另外,《纪效新书》枪制部分与《枪》中的差异较大,唐顺之依据宋籍列数各式枪器,戚继光仅以鸳鸯阵中的长枪为论,不多赘述。

三、长枪二十四势的形成

六合对练之后的长枪二十四势,是戚继光延伸出的单人技法,图文并茂,在古代武术典籍中具有首屈一指的地位,不仅是首部成熟枪法经典,也是后世武术器械之理论圭臬,极大地促进了武术的套路化发展进程。长枪二十四势大体可分为静态持枪和具有攻防设定者两类。

《武编》枪法并非为军事所设,没有提出具体持枪势,具有持枪势意义的是"三尖相照"的"中平",指两手持枪两脚前后自然站立。戚继光则规定出七个持枪势,分别是:"南针势""四夷宾服势""十面埋伏势",依次为高、中、低三个不同高度的"中平";此外,"夜叉探海势"单手持枪,"太公钓鱼势"身体后仰枪尖高挑,"推山塞海势"和"太公钓鱼势"高举,区别在于前者两臂向前推枪器离身,后者枪身贴腰。这些姿态各异的持枪姿势反映了兵操特点。

《纪效新书》有攻防设定的共十七势。"边栏势"和"铁翻竿势"分别对应唐顺之所指里把门、外把门。"太山压卵势"竖直下劈，"鹞子扑鹌鹑势"中平劈下，"青龙献爪"孤注戳枪。"闯鸿门势"手持中段长枪短用。"跨剑势""滴水势""白猿拖刀势"是边栏势的延伸，大开门户诱他来，随后滚手拿刹。不同之处在于，跨剑势侧身对敌，滴水势斜指地面，白猿拖刀佯败侧背对敌。"铺地锦势"与"灵猫捉鼠势"用法一致，都建立在扑步基础上。《武编》中的"琵琶势"是与"帖挑势"方向相对的防守技法，戚继光将"琵琶势"作为专门一个定势，前臂曲后臂直，枪尖斜指上方。"骑龙势"右脚拗步进步，进可拨草寻蛇，退可接边栏。"朝天势"指天意在迷惑，根据对方反应可从高、中、低三个方向进攻。"铁牛耕地势""伏虎势""美女认针势"都针对对方下盘。所不同者，铁牛耕地硬上扎腿，伏虎势插步走偏门"斜倒硬上"，美女认针势紧盯对方以逸待劳。

　　长枪二十四势对武术套路化的推动意义不可估量。唐顺之只是围绕一尺枪圈作定步对练阐述，戚继光开启了单练活动模式。一方面，不同身法和步法的融入使枪法内涵得到拓展。青龙献爪上步，铺地锦势蹲身，朝天势朝天下劈，骑龙势拗步进身，白猿拖刀势转身诈败，灵猫捉鼠势进步下劈，苍龙摆尾势双臂大张增加力臂，伏虎势偷步斜上。另一方面，用法既有规定性又有自由性，使相互拼接而成的单操套子呼之欲出。单就枪诀涉及的内容而言，边栏势用法中含有琵琶势，铁翻杆势中含有鹞子扑鹌鹑势，朝天势中含有铁牛耕地势，白猿拖刀势中含有骑龙势，琵琶势中含有青龙献爪势，伏虎势中含有太山压卵势、朝天势、铁牛耕地势，推山塞海势含有铁牛耕地势。另外，中平、磨旗、扫地、地蛇、摇花枪等虽未入选二十四势，作为生动形象的动作指示，都能起到了帮助理解的作用。

　　此外，长枪短用思想为枪棍合流提供了理论依据。二十四势枪诀中用字最多的是"闯鸿门势"："用长贵短，用短贵长，此艺中妙理。短而长用者，谓其可御彼长。长入短不中，则反为长所误，故用长以短。卩卩险嫩，就近身尺余，法更不老。彼见我长，安心欲使我近深无用，我忽卩卩短来，彼乃知屈心违，仓卒使致对我不及。此用长万古之秘也。"[①] 长枪短用固然是强调长枪握法应该灵活，但在《纪效新书》作为武学经典进行社会传播的过程中，民间枪法的"持短入长"必然表现为后手留把持枪中段，枪与棍之间界限不再明显。尽管这并不是戚继光所考虑的，但枪中有棍、舞花穿梭、根尖互用等技术动作，无疑为枪法套路

---

① 戚继光.纪效新书［M］.北京：中华书局，2001：172.

化的深入提供了方便。

《纪效新书》流传很广，先后经历明末、清末、民国三个出版高潮。现存的明刊本和抄本就有二十多种，清代有近四十个刊本，民国也有十六七种，朝鲜和日本也都有传刻。随着《纪效新书》的流布，长枪二十四势不断得到转录和传抄，包括王圻的《三才图绘》、程宗猷的《耕余剩技》、毛元仪的《武备志》、谢三宾的《武备新书》、王鸣鹤《登坛必究》、吴殳的《手臂录》、毛文焕的《万宝全书》，以及朝鲜李德懋的《武艺图谱通志》等。毫不夸张地说，长枪二十四势是中国武术名副其实的"枪经"。

第四节 《拳经捷要篇》对《拳》的借鉴

一、温家拳名及拳家的沿用

《拳经捷要篇》序言写得非常精彩，提要勾玄、众星竞耀，由于出自戚继光手笔，在武术史上具有极其重要的意义，成为后世拳家之经典：

> 拳法似无预于大战之技，然活动手足，惯勤肢体，此为初学入艺之门也。故存于后，以备一家。学拳要身法活便，手法便利，脚法轻固，进退得宜，腿可飞腾。而其妙也，颠番倒插；而其猛也，披劈横拳；而其快也，活捉朝天；而其柔也，知当斜闪。故择其拳之善者三十二势，势势相承。遇敌制胜，变化无穷，微妙莫测，窈焉冥焉，人不得而窥者，谓之神。俗云："拳打不知"，是迅雷不及掩耳，所谓不招不架，只是一下，犯了招架，就有十下。博记广学，多算而胜。古今拳家，宋太祖有三十二势长拳，又有六步拳、猴拳、囮拳，名势各有所称，而实大同小异。至今之温家七十二行拳、三十六合锁、二十四弃探马、八闪番、十二短，此亦善之善者也。吕红八下虽刚，未及绵张短打，山东李半天之腿，鹰爪王之拿，千跌张之跌，张伯敬之打，少林寺之棍与青田棍法相兼，杨氏枪法与巴子拳棍，皆今之有名者。虽各有所长，然传有上而无下，有下而无上，就可取胜于人，此不过偏于一隅。若以各家拳法兼而习之，正如常山蛇阵法，击首则尾应，击尾则首应，击其身而首尾相应，此谓上下周全，无有不胜。大抵拳、棍、刀、枪、钗、钯、

剑、戟、弓矢、钩镰、挨牌之类，莫不先有拳法活动身手。其拳也，为武艺之源。今绘之以势，注之以诀，以启后学。既得艺，必试敌，切不可以胜负为愧为奇，当思何以胜之，何以败之，勉而久试。怯敌还是艺浅，善战必定艺精。古云"艺高人胆大"，信不诬矣。余在舟山公署，得参戎刘草堂打拳，所谓"犯了招架，便是十下"之谓也。此最妙，即棍中之连打、连戳一法。①

《拳》概括温家拳有"温家长打，七十二行着，二十四寻腿，三十六合锁"，戚继光做了细微的改动，为"温家七十二行拳、三十六合锁、二十四弃探马、八闪番、十二短"。"行着"被改成"行拳"，"寻腿"改成了"弃探马"，新增了"八闪番"和"十二短"。联系同书中"弃"的用例，"弃枪三支""弃枪诱之""头沉，不可举动，是弃枪也""一入枪身之内，则枪为弃物"，可知，"弃探马"为舍弃高探马间架之意。前文已述，"高探马"源于竹马戏，是身骑假马的象形，也是温家拳的核心间架，具有格斗势的功能。拳家比试不等于舞弄架势，实战时必须从基本势中发出击打动作，故此更之为"弃探马"。

以"行拳"代替"行着"，与枪法中用"游场"代替"有场"一样，是有意淡化戏剧色彩所做的调整。"八闪番"（应为入闪番②）和"十二短"具体为何已难寻绎，"番"显然是翻滚，"短"指短打。从1541年左右唐顺之辑录温家拳谱，到1560年戚继光撰写《纪效新书》，再到1568年郑若曾编纂《江南经略》，这期间温家拳必然发生了技术特色和是宣传口号的变迁。我们知道，郑若曾笔下的温家拳就成了"温家钩挂拳十二路"③。

通过语言对比可以发现《拳经捷要篇》与《拳》的密切关系。应该来说，戚继光投入的时间和精力比唐顺之更加充分，经其整理后的内容言简意赅，如下表所示。

《拳》与《拳经捷要篇》内容对比

《拳》	《拳经捷要篇》
倒身一蹄倒插幡，左颠右蹄，右颠左蹄	而其妙也，颠番倒插

---

① 戚继光. 纪效新书 [M]. 北京：中华书局，2001：227-230.
② 郑少康博士论文《纪效新书拳经考》提出"八闪番"为"入闪番"之误。结合万历二十七年《新刻天下四民便览三台万用正宗》中的《武备门》可知，确实应为"入闪番"。
③ 郑若曾. 江南经略 [M]. 合肥：黄山书社，2017：558.

续表

《拳》	《拳经捷要篇》
风雷绞炮劈挂手，闪横、拗步、脚上前	而其猛也，披劈横拳
你行当面我行旁，你行旁来找直走	而其柔也，知当斜闪
两精则多者胜，两多则熟者胜，两熟则骏与狼者胜	博记广学，多算而胜

《拳》中出现的拳家都被搬用如下表所示。

《拳》与《拳经捷要篇》之拳家对比

	拳家					
《拳》	温家长打七十二行着	山西刘短打	张短打	吕短打	赵太祖长拳	少林阴手棍
《拳经捷要篇》	温家七十二行拳		吕红八下虽刚，未及绵张短打		宋太祖三十二势长拳	六步拳、猴拳、囮拳、李半天之腿，鹰爪王之拿，千跌张之跌，张伯敬之打，少林寺之棍、青田棍法相兼，杨氏枪法、巴子拳棍

直观地看，《拳经捷要篇》所述的拳家更多，二者的重叠部分，戚继光的阐述也更为具体，似乎有理由相信后者直接取材于民间。对此我们进行两个方面的探讨：一方面，嘉靖时期是武术发生招式化、套路化变革的历史节点，无论是北方而来的对练枪法，还是南方孕育的套子拳法，都在社会上形成了相当广泛的影响。戚继光可取材的"江湖"口传肯定要比唐顺之丰富得多，但这并不意味着戚继光记述的拳家有着类似后来的拳法体系。正如其对各家的点评："虽各有所长，然传有上而无下，有下而无上，就可取胜于人，此不过偏于一隅。"事实上，像李半天、鹰爪王、千张跌之流有上无下、偏于一隅的局限现象一直持续到清末。赵双印在《清代武术史》中提出："清朝各时期均有民间习武的传闻，其事迹大都为一技之长的表现，直到清末，派别才逐渐明朗化了。"[①] 一招吃遍天的武艺跟套子关系不大，也不是成熟的体育形态，社会底层的江湖拳家不大可能为

---

① 赵双印. 清代武术史 [M]. 石家庄：河北教育出版社，2005：15.

戚继光提供有价值的素材。

另一方面，唐顺之的《拳》是戚继光唯一能见到的拳法论著，另一部个体技击论著《剑经》也仅仅是在1557年问世，两个文本不同程度地被戚继光所借鉴。许多学者忽视了这样的文本背景，认为戚继光的《拳经》是对众多拳谱、拳论、拳法的综合采撷，这样的话唯独唐顺之和戚继光的拳法论著留存于世的现象是解释不通的。之前已经有学者注意到两者的密切关系，阚桂香就曾指出"戚继光《拳经》三十二势中多来自温家拳"[①]。后来的发展也证明了这一点，作为十六家中内容最缜密深邃者，温家拳不仅没能因《纪效新书》发扬光大，反而却销声匿迹了。戚继光对温家拳表现出的青睐，也侧面表明了《拳》为《拳经捷要篇》提供的前提作用。

二、《拳经捷要篇》对《拳》动作的全继承

按戚继光的说法，拳法古来有之，于是"以各家拳法兼而习之"，"择其拳之善者三十二势"。这里的"拳之善者"与后面描述的温家拳"此亦善之善者也"不知是不是在有意暗示。实际上就名称而言，戚继光几乎照搬了温家拳所有的招式，三十二势中十三势直接来源于温家拳，四个间接源于温家拳如下表所示。

温家拳与《拳经捷要篇》内容对比

	温家拳	长拳三十二势
直接相关	四平势	19. 中四平势实推固，硬攻进快腿难来。双手逼他单手，短打以熟为乖。
		21. 高四平身法活变，左右短出入如飞。逼敌人手足无措，怎我便脚踢拳捶。
	井阑四平势	15. 井栏四平直进，剪臁踢膝当头。滚穿劈靠抹一钩，铁样将军也走。
	高探马	3. 探马传自太祖，诸势可降可变。进攻退闪弱生强，接短拳之至善。
	指裆势	17. 指当势是个丁法，他难进我好向前。踢膝滚躜上面，急回步颠短红拳。
	一条鞭势	24. 一条鞭横直劈砍，两进腿当面伤人。不怕他力粗胆大，我巧好打通神。
	七星势	5. 七星拳手足相顾，挨步逼上下隄笼。饶君手快脚如风，我自有搅冲劈重。

[①]《中国武术百科全书》编纂委员会. 中国武术百科全书 [M]. 北京：中国大百科全书出版，1998：109.

续表

	温家拳	长拳三十二势
直接相关	骑虎势	28. 跨虎势那移发脚，要腿去不使他知。左右跟扫一连施，失手剪刀分易。
	地龙势	25. 雀地龙下盘腿法，前揭起后进红拳。他退我虽颠补，冲来短当休延。
	一撒步势	1. 懒扎衣出门架子，变下势霎步单鞭。对敌若无胆向先，空自眼明手便。
	拗步势	4. 拗单鞭黄花紧进，披挑腿左右难防。抢步上前连劈揭，沉香势推倒泰山。
	旗鼓拳	32. 旗鼓势左右压进，近他手横劈双行。绞靠跌人人识得，虎抱头要躲无门。
	倒插幡	22. 倒插势不与招架，靠腿快讨他之赢。背弓进步莫迟停，打如谷声相应。
间接相关	风雷绞炮	13. 一霎步随机应变，左右腿冲敌连珠。恁伊势固手风雷，怎当我闪惊巧取。
	劈挂手	11. 抛架子抢步披挂，补上腿那怕他识。右横左采快如飞，架一掌不知天地。
	双打、双砍、双过肘	31. 顺鸾肘靠身搬打，滚快他难遮拦。复外绞刷回拴肚，搭一跌谁敢争前。
		29. 拗鸾肘出步颠剁，搬下掌摘打其心。拿阴捉兔硬开弓，手脚必须相应。

由上表可知，《拳经捷要篇》与《拳》大体相垺，长拳三十二势是在温家拳文字基础上的创制。许多学者认为长拳三十二势就是《拳》论中所述的"宋太祖有三十二势长拳"，事实上戚继光并未明确过两者的相关性。原文说"古今拳家，宋太祖有三十二势长拳，又有六步拳、猴拳、囮拳，名势各有所称"，联系之前的探讨，其中姑且能称得上"古"的只有宋太祖长拳，剩下的都是不言自明的戏台武打。前已论及，宋太祖长拳是北戏武打，即便是形成拳谱样态的文本内容，也并没有在戚继光那里发挥作用，戚继光点评各家不过是为了站在武艺制高点达到劝学的目的。从技术角度来看，戚继光将"高探马"作为拳法动作的核心"探马传自太祖，诸势可降可变"，也是受到了《拳》的影响。此外，温家拳重视腿法的观念也完全得到采纳。三十二势中有二十八势涉及腿法，阐明用来防腿的就有下插势、拈肘势、擒拿势、兽头势、中四平势等。

长拳三十二势的重要意义是开辟出打与演相统一的拳法活动模式。在温家班艺人那里，长拳、行着、短打各有所主，长拳指舒展开合、势势相承的动作舞弄，短打指直接动作、不做变势地挥拳就打，行着泛指演员必备的舞台基本功。三者在温州艺人那里构成稳定的结构。在南北斗戏背景下，南戏艺人将代表南方武艺的短打凌驾于北方长拳之上，南方戏班统统自称短打。温家拳又超出众家，长短兼顾自称"温家长打"。然而舞台本质是演述动作，长拳必不可少，温家拳实际上是以短打之名行长拳之实，其列出的十个势严格来说都是应该被划为长拳的。

戚继光注意到这一问题，于是弱化短打的地位，将三十二势统称为"长拳"。决定胜负、发力制敌的短打被糅合到长拳势子中，冠之以短打、短拳、红拳的称谓（这里推断"红拳"即"吕红八下"，典型的南戏短打），三十二势中有"接短拳之至善""回步颠短红拳""接短披红冲上""短打以熟为乖""前揭起后进红拳"等先后多次出现。在温家拳原本那里，短打之"打"与长拳之"演"平分秋色。经过戚继光的调整之后，拳法重心向长拳一端倾斜，招式重变化成为拳法活动的主流，这与其"活动手足、惯勤肢体"目的是完全吻合的。

第五节　戚继光的假托附会

民国徐哲东诟病国术界假托附会的现象："拳师陋习，往往讬其传于古之闻人，自尊所业，影响附会，以讹传讹，其说固难考也。"[①] 事实上，托英明以示拳贵的行为在戚继光那里就开始了。在古代敬祖先、重道统的宗法制度背景下，新生事物往往需要假托具有相应影响的历史人物才能取得长足发展。

回到当时戚继光的情境，不要说自己仅为而立之年，就连功成名就的唐顺之也不适合被作为武艺鼻祖。因此，他有意通过"宋太祖有三十二势长拳"与第二势中"探马传自太祖，诸势可降可变"建立呼应，给人一种此拳法上迄宋代的诱导。前有述及，"探马"确实与宋代有着一定联系。宋神宗时期官修兵书《武经总要》中关于"探马"布置的阐述，大概以此成为"探马传自（宋）太祖"的依据。当然，真实的情况戚继光是不可能不清楚的。

枪法也被戚继光说成是宋代有之的武艺。其在枪法序言中写道："夫长枪之法，始于杨氏，谓之曰梨花，天下咸尚之。"[②] 杨氏是指南宋时期，山东红袄军

---

① 徐哲东.国技论略［M］.太原：山西科学技术出版社，2003：51.
② 戚继光.纪效新书［M］.北京：中华书局，2001：158.

第四章 《武编》对戚继光枪拳的影响

女首领杨妙真膂力过人，能马上运双刀，其与另一支义军的首领、时号"李铁枪"的李全结为夫妻，二人率领农民军与金军辗转作战二十多年。据《宋史·李全传》记载，后来李全降元被宋廷诛杀，身在淮安的杨妙真见大势已去，谓左右曰："二十年梨花枪，天下无敌手。今事势已去，撑拄不行。汝等未降者，以我在故尔。杀我而降，汝必不忍。若不图我，人谁纳降？今我欲归老涟水，汝等宜告朝廷，本欲图我来降，为我所觉，已驱之过淮矣。以此请降可乎？"① 杨妙真示意属下既然大势已去，不如顺应情势投降宋廷。随后自己北渡淮河回到山东，余生受到蒙古统治者重用，出任"特进行山东淮南尚书省事"长达三十余年②。杨妙真武艺高强、叱咤风云，对齐鲁大地民间文化产生过深远影响。明人有诗叹曰："巨合河边问李全，妙真营寨尚依然。三分轻重归谁是？枪号梨花二十年。"③ 因此，"梨花枪"之名响彻海内，屡屡成为元明戏文、小说中枪法的代称。

郑若曾在《筹海图编》中指出杨妙真的梨花枪是一种喷射火器："梨花枪者，用梨花一筒，系于长枪之首。临敌时用之，一发可远去数丈，人着其药即死。火尽枪仍可以刺贼，乃军前第一火具也。宋李全昔用之，以雄山东，所谓'二十梨花枪，天下无敌手'是也，此法不传久矣。布政司报效吏许国得其法而造之，尝试之沈庄，果得其用。"④ 可知火器梨花枪在明代依旧神秘，但已不能适应新的战争形势，明军只是在嘉靖三十五年（1556）的沈庄之战（今平湖）中使用过。所以，杨妙真不可能是真正的枪法祖师，无论是施与马上的"李铁枪"还是喷射火器"梨花枪"，都是与发轫于明代戏台、由木杆韧性决定的民间枪法有着天壤之别。

把拳法源头指向"山东专习"的宋太祖长拳，枪法源头指向山东女英雄杨妙真，没有理由不认为是登州人戚继光的乡土认同感在发挥作用。然而这样的效果却是十分积极的，对于并无阅历的义乌新兵来说，他山之石，可以攻玉。由于在鸳鸯阵中的价值不同，戚继光对于拳和枪的态度有着区别。拳法本来就是附属内容，用来"活泼心性"而非生死较量，因势利导回归戏台本源并不违背"活动手足、惯勤肢体"的目的。而枪法的要求则非常之高，单练、对练、戳靶必须

---

① 脱脱. 二十五史：第283卷 [M]. 呼和浩特：内蒙古人民出版社，1998：1314.
② 姜锡东. 关于杨妙真的称呼、生卒年和"行省"职务问题 [J]. 东岳论. 2013, 34（8）80-85.
③ 周郢. 杨家将故事与泰山 [J]. 泰山学院学报，2010, 1（32）：39.
④ 郑若曾. 筹海图编 [M]. 北京：解放军出版社，1990：1319.

一丝不苟循序渐进。为了摆脱"戏局套数"对训练的干扰，有必要割裂枪法与戏台的关联。因此"杨家将枪法之说"必须受到驳斥，宋史中言之凿凿的杨妙真"二十年梨花枪，天下无敌手"，拿来奉为长枪鼻祖实至名归。这样一来，妥帖分离了枪法与戏台的关系，也一定程度上缓和了与既有"杨家枪"说的矛盾。当然，"枪法为战阵而设"[①] 发挥积极作用的同时，枪之法的真实出处也自此遭到掩盖。

---

① 吴殳.手臂录[M].北京：中华书局，1985：73.

第五章 唐顺之枪法与俞大猷棍法对比研究

唐顺之和俞大猷（1503—1579）分别以枪、棍法名于时，是嘉靖时期武术实践的典范，两者内容也同时影响了戚继光，成为《纪效新书》武艺创作的主要素材。文与武的不同立场，使《武编》枪法与《剑经》棍法在活动样式、技术思想、价值功能等方面差异巨大。唐顺之与俞大猷二人不仅有交集，而且有书信来往，唐顺之集中有《与俞总兵虚江》两封，俞大猷回信《与唐大荆川史书》。本章从梳理二人的关系出发，对比两者的异同。

第一节 唐顺之与俞大猷的交游

嘉靖二十一年（1542）后，唐顺之去官家居，与外界保持着有限的来往。后来随着倭患愈演愈烈，隐居心境被打破，御倭战事成为其关注的焦点。嘉靖三十二年（1553）闰三月，俞大猷与汤克宽奇袭倭寇的烈岛据点大捷，迫使倭首王直逃至日本平户，唐顺之写下《咏俞虚江参将四首》颂扬功德：

> 将军意气夐无伦，感激宁辞血战频。
> 手抟鬼夷尝百种，身悬鲸海历三春。
> 扫空巢穴多深夜，夺得馀艎祇数人。
> 此日渠魁当授首，策勋早见上麒麟。

> 知君兵计原儒术，儒术深明计转工。
> 洞识天符非候气，妙穷火力不因风。
> 巨鱼射处波神遁，雄剑鸣时水怪空。
> 却笑贼徒能嚄□，几人阛阓劫灰中。

昔破交夷尚少年，秘经曾自白猿传。
一军尽署沧溟里，百战常居士卒先。
龙为求群窥剑匣，蜃因吐气护楼船。
寻常啮齿非无为，不荡三韩誓不旋。

绝岛诸蛮次第芟，中宵蓐食理征衫。
舱通木井三年水，樯转铜乌万里帆。
军斗稀鸣人莫犯，身衣常解士争衔。
功成他日谁能颂，海上磨厓大字嵌。

由于与俞大猷并不相识，四首诗歌"无以奉承"，两人结交主要得益于王慎中的牵线。早在嘉靖二十四年（1545），王慎中读到唐顺之为沈希仪所作传记后大为钦羡，欲作一文胜之，于是写信激励同乡俞大猷道："彼中有总兵沈希仪，诚一时名将，其勇武毅智略有特过人者。仆在仕日，好问广中事，知有此人久矣。近又从友人唐荆川太史先生处，寄至所为《沈公战功传》，益幕其人。唐先生德学重海内，又有古法，不轻为人作，以此知沈公信名将也。既与同事，必易成功，渠老与广中视虚江新涉其地，生熟决不同，凡事可以咨之耳。仆于文不敢让唐先生，待虚江功益多，吾亦当为一文字，可与沈公并行以有明于世也。惟免之！吾已泚笔以俟，临纸及此，令人气壮！"[1] 嘉靖三十五年（1556），唐顺之赴闽请王慎中为父亲撰写行状，得知俞大猷也早有交结意，于是次年放下顾虑主动致信。

《与俞总兵虚江》内容如下：

仆迂愚人也，屏发以来机缘尽息，惟窃寐海内才贤一念犹未尽泯。及东南遭倭变以来，备见生灵涂炭之苦。日夜痛心，奔告无所，欲亟图见敌忾戡乱之人。既乃闻执事忠足以尽瘁，智足以决胜，则其人也，心窃慕之。曾作四诗以寄向往之怀，然嫌于无交而相渎。非山林之士所以自处之义，遂不敢奉呈，而心又不能已也。乃托之孙兵宪先生转达。去年冬，以先人行状之故，会王南江于武夷，备述执事平生忠义机略之详，且知执事素垂意于鄙人。亦不减于鄙人之慕执事也，于是而通一

---

[1] 李德峰. 唐荆川史学研究 [M]. 南京：凤凰出版社，2015：207-208.

书，则不为无交而亵渎矣。梅林公今世豪杰，又得执事勠力其间，不徒以一时战胜为功，而相与图百年善后之策，东南更得安枕，知可望也。仆满先人服后，且复移家武夷作终老之计。彼时或当过宁波图一奉晤，以遂夙心，伏惟亮之。①

信中表达了对俞大猷剿倭功业的高度赞扬，并专门提到自己对胡宗宪的态度："梅林公今世豪杰，又得执事勠力其间，不徒以一时战胜为功，而相与图百年善后之策，东南更得安枕，知可望也。"当时的背景是，东南四省总督浙江巡抚兼提督军务胡宗宪是御倭战局的最高指挥，也是俞大猷的直接上级。但在对敌策略上，胡与俞的矛盾已不是秘密，俞大猷正以"只知战不知合"②而遭胡宗宪反复整治。俞大猷见信倍感欣慰，以弟子姿态回信坦言"归依久矣"：

> 猷自涉世以来，即闻有唐大史荆川先生，倡明理性之学于毗陵之乡，厌薄世俗浑浊，而动辄直追圣贤，遗轨四方，学者宗之。如响自顾无似知，归依久矣。计从事兵戎，奔疲东西，无有宁期，此愿莫随。彼备职浙直倭患肆炽，智短才疏，支持不给，虽欲假须臾去戎服听讲左右，亦竟无由，而先生谬辱过听，以猷为稍可与进附。赐佳咏四章慰勉勤勤，猷盥手捧读，佩诵弗置，深加淬砺，奋策驽骀，恍若明师之日临其上。也复得王龙溪、王遵岩二公屡惠书示猷，谓荆川先生每谈论间多有意于猷之不肖，自愧谫劣，何以克当。久欲敬修一楮奉候门下，以未躬谒未敢径渎。兹者又恐稽迟益甚，故谨专人薄致问安，并披露肝志，就正有道幸垂听焉。
>
> 猷少小时只奉师训，以为人大致要从光明正大路上著脚，不自揣，志向从幼已决，抵今犬马之齿渐高，日在得失成败中，未敢分毫毁裂以从卑污。第资禀膊下，每作用处频失频复，厉其不免，大体皆缘铁门未过耳。玉鑰匙之启，不无仰赖于荆川先生乎。尝试求之，儒者中庸义疏云："中庸者，日用事物常行之理乃天命所当然，精微之极也。"夫从古，中庸莫过孔子而善形容，孔子中庸又莫过《乡党》一篇，自饮食衣服之微，以至事君摈相之大，自乡党家居之近，以至立朝聘邻之远。

---

① 唐荆川研究会. 唐荆川诗文集 [M]. 南京：凤凰出版社，2012：238.
② 何世铭. 俞大猷年谱 [M]. 泉州：泉州历史研究会，2012：233.

平平正正，切切实实，近人情，循天理，盖皆愚夫愚妇之所与，知而实达，诸无声无臭之蕴也。过焉者则荡于矫亢而不近人，不及焉者则局于琐陋而不中理，惟孔子中庸其至矣乎。殆使千世之下有志之士，玩而求之，若想见丰采于千世之上，先儒所谓弟子用心之密，岂信哉？

乃今荆川先生萃造物之秀，负世间之英，得中庸之正传，而直睹堂奥者也。故一拟议一举止皆足以为轨，当世开示来学贤士大夫所仰，以为羽仪赤子苍生所望，以为霖雨者也。比来荐剡交上，公论攸归，帝心简在，东山复起伏惟幡然就道，推孔子孟轲之学，树伊博周召之勋，以开雍熙泰和之治。中庸所谓"成己成物之道"，不于吾身亲见之耶？猷敢不洗心涤虑致叩门墙以赏凤者，昔依归之愿望，且冀效蚊蛇，附鸿翼共翱翔于天地之间，则虽没身碎首无憾也。昔张子厚得受中庸一部于范文正公，方得进于圣贤之学，此生赖以不错。猷今日所厚望于公者，宁后于子厚耶，不知公肯进而教之否。毕吐素怀不觉盈纸，伏惟鉴亮为国家，斯文珍悠不备。①

明代武职与文官地位悬殊，武将须仰仗文臣的垂青庇佑才能在军中立足。俞大猷表示早欲结识却无人引荐，冒昧攀附又恐招致流言。对于为己所作四诗"盥手捧读佩诵弗置，深加淬砺，恍若明师之日临其上"。尔后就自己"频失频复"的处境披露肝胆："猷少小时只奉师训，以为人大致要从光明正大路上著脚，不自揣，志向从幼已决，抵今犬马之齿渐高，日在得失成败中，未敢分毫毁裂以从卑污"。出于对尴尬处境的诠释，以敬祈求教的态度表明自己恪守中庸："平平正正，切切实实，近人情，循天理，盖皆愚夫愚妇之所与……先儒所谓弟子用心之密，岂信哉？"委婉表达在与胡宗宪的矛盾问题上，自己并无过失。

信的后半段先主要表示对唐顺之才学操守的敬仰，"萃造物之秀，负世间之英，得中庸之正传""故一拟议一举止皆足以为轨，当世开示来学贤士大夫所仰"。转而规劝唐顺之出山加入御倭行列，"比来荐剡交上公论攸归，帝心简在，东山复起伏惟幡然就道"。当时唐顺之以"谙练兵事"受多方疏荐呼声日隆，各方举荐的奏疏前后多达五十多份②。俞大猷很快收到了回信：

---

① 俞大猷. 正气堂集·与唐荆川大史书 [M]. 刻本. 清道光孙云鸿昧古书室.
② 唐荆川研究会. 唐荆川诗文集 [M]. 南京：凤凰出版社，2012：630.

第五章　唐顺之枪法与俞大猷棍法对比研究

　　每欲见虚江，寤寐为期。前月已发家人往麾下而又中止，竟为来书所先，真谓先施之未能也。今前书并往，聊见积诚而已。适诵来书，推奖过厚，非所敢当，但声气之同则不敢辞耳。仆虽未获奉教于虚江，自谓颇足以知虚江者。窃窥虚江之立心制行与用兵方略，盖深有得于横渠既见范公以后之中庸，而非所谓横渠未见范公以前之谈兵者，仆向诗中所称"儒术深明计转工"也。数月前浔读续武经总要，知虚江兵家授受本之河洛。夫中庸无声无臭之宗旨，实《图》《书》五居中之遗也，则中庸之旨虚江已深得之而措之用矣，而犹歉然以为未足。盖其笃于求道之心若是。异日相晤当尽鄙儒迂阔之说，求一商确也。仆少不自量，尝妄意于古之所谓不朽者，思欲为国家效毛锥之用，奈何朴樕拘谫之才既不足以济时，褊狭野拙之性又不堪于处俗。况多病蛊衰。今年过五十，短发种种，牙齿半脱，槁木形骸，老丑尽见，武夷结庐，将毕此生。若夫为国家出气力担当大任，有虚江辈在，山人可以安扰矣。适病余草草奉，伏惟亮之。

　　第二封信中唐顺之避免就"频失频复"发表看法，主要谈论自己读俞大猷新刊兵书《续武经总要》的感受。一方面，高度赞扬运化儒术入于兵法的思想，"数月前浔读续武经总要，知虚江兵家授受本之河洛，夫中庸无声无臭之宗旨，实《图》《书》五居中之遗也"。另一方面，表示对部分内容持不同观点，"异日相晤当尽鄙儒迂阔之说，求一商确也"。事实上，俞大猷与赵本学合撰的《续武经总要》以易理为宗，其中许多所谓古遗阵法并非实至名归，夹杂了不少文人论兵的空想成分。因此唐顺之认为"犹歉然以为未足，盖其笃于求道之心若是"。从上述书信内容可以看出，唐、俞二人未曾谋面就建立了良好的关系基础。

　　信中的互酬情谊并没有在真正共事中得到延续。嘉靖三十七年（1558）冬唐顺之奉旨巡视直浙，二人关系发生转变。东南倭乱几经易帅不得清剿，归因于明廷的海禁政策，这是当时洞见时弊者心知肚明的。唐顺之不止一次呼吁倭寇之根源在于贡路不通："贡路若通，国王或有禁戢属夷之理"[①]；后来更是冒着犯上的风险进言世宗："二十年前何以绝无倭患，十年之间何以倭患若此，年年御倭，何时是了？""苟以利国，不必以身家顾虑；苟以便今，不必以成说拘牵。"[②] 但

[①] 唐荆川研究会. 唐荆川诗文集 [M]. 南京：凤凰出版社，2012：240.
[②] 唐荆川研究会. 唐荆川诗文集 [M]. 南京：凤凰出版社，2012：537.

唐顺之和胡宗宪不遗余力推进的剿抚兼施，不断受到来自以主战将领的阻力。明末徐光启《海防迂说》指出当时主战与主抚两派："壬子之后，当事者诸公大略分为二议：张半洲经、阮函峰鄂、俞总兵大猷，终主于战剿者也；胡梅林宗宪、赵涌江文华、唐荆川顺之、卢总兵镗，主于招抚者也。"① 嘉靖三十八年（1559），遭御史弹劾的胡宗宪为自我保全，把"故违节制，不追倭贼，纵之南奔，播害闽广"② 的罪责推给俞大猷。俞大猷被夺荫封逮下诏狱，而唐顺之坚定地站在胡宗宪一方，这进一步加深了二人的隔阂。

押解途经杭州时，俞大猷以拒绝接受为自己饯行的方式表达内心的不满："敢述胡（宗宪）、唐（顺之）、张（景贤）三位爷爷有酒欲祖我于蓬莱邮舍，猷以罪人不可侍尊贵力辞免。"③ 即使唐顺之病逝之后，俞大猷依旧耿耿于怀，致书李遂有云："荆川公平生所学恐都是旁门，不然何以速化？今天下学道之士不无自疑，谓明敏卓异如荆川于是而止于是，吾欲成何事哉？然则沮天下好道士者荆川也，悲夫！"④ 王畿为安抚其偏颇情绪，致信劝慰甚至不惜抬出王阳明："荆川兄忧世一念可贯金石，原无一毫依附之情，但自信太过，运谋出虑若可与先师并驾而驰，欲以转世，不幸反为世转，致增多口，于此兄则何所损也？吾丈素信先师之学，且知荆川深，故述以请证。"⑤

透过历史来看，唐顺之在督战的过程中不免有操之过急、量律过重之弊，也流露出人格中不近人情、矫揉造作的特点。但正是其深入的战略洞察能力以及凭借个人威望斡旋于各方力量，为抗倭的最终胜利奠定了基础。郑若曾说"苏、松、嘉、湖千里宁谧，实荆川之功也"⑥，万士和说"吴越淮阳至今帖然者，实先生之所遗"⑦。应该来讲，当时复杂的政治氛围和战局态势，使统筹全盘的战略布局者与操兵执锐的一线作战者产生矛盾分歧，集中体现在了唐顺之和俞大猷的关系上。

---

① 徐光启. 徐光启全集 [M]. 上海：上海古籍出版社，2011：41-42
② 何世铭. 俞大猷年谱 [M]. 泉州：泉州历史研究会，2012：251.
③ 俞大猷. 正气堂集·与谭二华书 [M]. 刻本. 清道光孙云鸿味古书室.
④ 俞大猷. 正气堂集·与谭二华书 [M]. 刻本. 清道光孙云鸿味古书室.
⑤ 吴震. 王畿集 [M]. 南京：凤凰出版社，2007：302-303.
⑥ 郑若曾. 郑开阳杂著 [M]. 文渊阁四库全书本. 卷二：六十一.
⑦ 万士和. 万文恭公摘集 M]. 台南：庄严文化事业有限公司，1997：12.

第二节　两者的时代共性与差异的基础

《武编》中的枪法是配合对练情景的技术摸索，彰显健身性和竞技性。《剑经》棍法紧扣伤敌制胜，突出实战。作为出现于同一时代的两部武术经典，它们体现出以下三个方面的共性。

其一，付诸文章倡导武术，反映了儒家文化对武术的接纳。宋代文武分途达到历史顶峰，武人地位低下，武术活动被排挤于主流文化之外。尽管社会底层的武术活动广泛热烈，但由于得不到文人儒士的关照，既无法形成体育发展路径上的突破，也没能栖身修身、齐家、治国、平天下的教育内涵。元初文人被划为最低劣等，丧失晋升路径，或投身梨园，或终老俗嚣。延祐二年（1315）恢复科举，但规模有限，登第者被蒙古勋贵猜忌提防，不可能立于儒士立场发挥文墨对武术的推动作用。明代中期阳明心学高举"知行合一"思想大旗，消除了宋儒以来天理对人性的桎梏，主张"日用为间，体究践履，实地用功"，文人儒士不再虚耗案头，开始从社会实际处落实学问。北虏南倭的危局也让钻营武事不再被视为旁门左道有辱斯文。唐顺之和俞大猷同时选择用文章阐发技击，是精英阶层以文经武的杰出代表。

其二，体现体育化趋势。俞大猷是武官身份，《剑经》棍法是刀枪叉钯诸艺的精炼，但与唐枪一样，均为一对一、同器械、无甲胄护具模式的阐发。在一对一同器械平等原则下，自由与限制的矛盾得到集中，技术的深入获得了条件。但军事阵战与体育化的个体技击存在鸿沟，无刃的木棍无论如何也不符合战场情境，虽被施与兵操教练士卒，其内容本身已经和集体阵战、讲求装备、依赖后勤的军事分道扬镳了。唐顺之的武艺实践被时人视为"兵家小技"[1]，俞大猷也表示"（棍法）亦小道第，若能尽其要，亦足为用人选士之资"[2]。就所论武艺与军事发生分离的现象，二人分别进行了看似合理的逻辑铺垫，唐顺之通过在拳法篇中推出"拳势"概念，利用"势"在阵势和拳架之间建立纽带，实现了个体技击与军事的交织；俞大猷则将"百万人之法"与"一人之法"对接，将钩、刀、枪、钯诸技类比《四书》，指出"若能棍则各利器之法从此得矣"[3]。

---

[1] 唐荆川研究会.唐荆川诗文集［M］.南京：凤凰出版社，2012：607.
[2] 俞大猷.正气堂集·送童教师序［M］.刻本.清道光孙云鸿味古书室.
[3] 赵本学，俞大猷.泉州文库续武经总要［M］.北京：商务印书馆，2017：214.

其三，二人均拥有丰富的武术阅历，代表了当时的最高水平。唐顺之中年学枪"工夫十年"①，涵盖了杨松、老樊、孔凤、济宁史等人的枪法特点；俞大猷自言"愚尝用数十年心力，求得其法，著为《剑经》"②，萃聚了李良钦、童琰父、刘邦协、林琰、乔教师等人的精华。正是由于丰富的江湖阅历和首度付文的先机，双方同时折射出强烈的话语权态度，这与后来郑若曾、戚继光、何良臣等"古始以来，各有专门秘法"③ 的空疏立场形成了鲜明的对比。此外，他们对穿、揭、滚手、伏虎、四平、子午等表述是相同的，对阴阳、动静、顺逆、虚实义理运用是一致的，极大程度上反映了当时的武术面貌。

明中期的武术活动呈现体育化初期的泛化态势，单舞对练、枪棍杂器、打法破法、军旅民间等不一而足。值得注意的是，已经开始广泛关注"阴阳"手法。《江南经略》中出现了"勾刀阴手阳手""双头阴手棍""双头棍""阴手棍""阴手夜叉""滚手条子"；俞大猷称棍法为"阴阳变化之法"，嘉靖四十一年（1561）寻访少林并携僧人宗擎、普照入营三载，"时授以阴阳变化之诀，复教以智慧觉照之戒"④；唐顺之也提到"（少林）阴手棍阴手盖阳手挈"⑤、"狼筅右脚右手在前，阴阳手使，攩（镋）扒（耙）亦多如此"⑥。我们知道，阴阳与武术的结合出现很早，《庄子·人间世》就提出"以巧斗力者，始乎阳，而卒乎阴"，越女论剑亦云"道有门户，亦有阴阳"，然而阴阳义理开始指导具体动作乃始于明代。上述阴阳之法的集中出现，表明明代中期开启了以聚焦手法为肇始的武术理论和技术汇集过程。

需要指出的是，艺不同器，器不同用⑦，九尺唐枪与六七尺俞棍的长度差别，决定了两者阴阳手法的不同。枪长，可以通过前后手有节奏差、角速度差的拧转激发长杆韧性，如唐所述"亦不全滚，（后手）手略滚一半（前手）便转"；棍短，激发不出弹性，取胜在于手动足进不断以"折脚"变换体势入身打杀。如俞所言："棍提起手阳，杀去及打去具手阴""阳手扇下，阴手请起"。简言之，唐枪呈现前后手有节奏差的、成喇叭状的枪机轨迹，而俞大猷多为两手同上同

---

① 戚继光. 纪效新书 [M]. 北京：中华书局，2001：166.
② 蔡金星. 俞大猷与南北少林 [C]. 周焜民. 五祖门研究. 北京：紫禁城出版社，1997：18.
③ 郑若曾. 江南经略 [M]. 合肥：黄山书社，2017：557.
④ 俞大猷. 正气堂集·诗送少林寺僧宗擎. [M]. 刻本. 清道光孙云鸿味古书室.
⑤ 唐顺之. 武编 [M]. 刻本. 徐象橒曼山馆·卷五：三十九.
⑥ 唐顺之. 武编 [M]. 刻本. 徐象橒曼山馆·卷五：四十三.
⑦ 马力. 中国古典武学秘籍录（下）[M]. 北京：人民体育出版社，2006：155.

下、无节奏差的翻转。器制差异导致了手法的不同，也决定了两者循着完全相异的路径展开。

第三节 俞棍是技击经验的系统总结

《枪》和《剑经》的差异首先体现于语言。唐顺之发挥以古文见长特点，用"开阖首尾经纬错综"笔法将拧枪手法与对练场面两线并叙，封闭、缠拦、穿指、穿袖等一气穿贯，工整对仗劲峭古朴。之后的操作说明止于探讨如何摆脱，给人以去技击化印象，除了"先取手和脚"以外，并未涉及有关杀伤的方式、方法。俞大猷采用格言式语言逐条阐述，语焉质朴内容细腻："步步前进，天下无敌""寻枪就死求赢""进步对他胸喉直杀去""急抽过大门剪杀"[1]，骁悍刚毅，杀气冲天。有学者将《剑经》精髓总结为36个字：拦拿滚刺剪揭当，劈戳擂捧穿吊磕，挑倒牵挂敲伏采，托洗革带弹抹顿押[2]。可见后者蕴含的技击精神更为积极高亢。

基本间架上，唐持枪姿势是左手左脚在前，俞棍正好相反，右手右脚在前。此作为枪与南棍的主要区别延续至今，与枪、棍的技法差别有关：枪的攻击点在枪头一点，核心技法是左右拧转，为最大程度调动木杆韧性，驱动手是后手，持握末端，因此益采取左势，左手在前右手持握末端；而棍两头敲击，攻击点多在两梢，破门进身要求前手具备更大的力量，因此俞取右势，持棍中段。唐顺之提到的"老樊以为滚手迟一着，只两手心俱向下，拿定竿子"，手法与俞大猷如出一辙。从俞大猷所述刘邦协"只撒手杀""无困死人棍""大小门亦然"等特征来看，刘邦协的棍法更接近北方枪法模式。

持械身法也有差异。唐枪采用"四平"，身体重心平均分布于两脚之间，俞棍"前脚要曲，后脚要直"采用拗步，这同样归因于器械的不同。一方面，拧转既重且长的大枪，十分依赖躯干力量尤其是腰力的参与，两脚平行自然站立最为合适。另一方面，扎枪需要扬程，除了后手前送以外，转身顶胯产生的合力也是扎的重要组成，重心放于两腿中间利于增加扎的力量和扬程。而对于棍来说，无论是上下方向的劈、撩，还是左右方向的剪、剗，都与重心的前后位移关系

---

[1] 赵本学，俞大猷. 泉州文库续武经总要[M]. 北京：商务印书馆，2017：214-216.
[2] 段克发. 《剑经》棍法四绝[J]. 通化师范学院学报，2001，22（2）：85.

不大。

就技击空间的建构而言，唐顺之围绕"我"而建立"里把门"和"外把门"，前者指我枪在两枪触点左侧，后者指我枪在触点右侧；以枪身为参照，我身体的一侧为"圈外"，相对的一侧为"圈里"。俞大猷则完全从敌身着眼，将对方上身称为"大门"，下身称为"小门"。纵深视角上，唐顺之提出的两处尺度，"双手持枪，离彼前手前三尺即放下前手""手持中平，枪头交三尺滚"均是为保障安全的距离参照；而《剑经》二棍相交五寸、临身二三寸，侵他一尺、二尺、三尺、三四尺、四五尺等距离的把握精当入微。这一点，俞大猷对付杨家枪的办法最能说明问题："连脚赶上，且勿杀他，只管定他枪，则无敌于天下矣。"

战术策略上，尽管表达不同，两者拥有完全相同的主张。唐以攻行守固："攻而不行，方激而后行，以守，激不行，而再激，行得以前。"[①] 主张初次进攻不易得手，稍作试探马上收回固防，利用反应差组织二次进攻。这也是俞大猷反复叮嘱的："一发未深入""凡起手打杀，具要在他门内一尺之间，未可将手势发尽，待他赶来伤我，他手势已尽……无不胜也。法曰：'后人发，先人致'。知此，绝不可一发便要伤人"，"都是前一下哄我去，然后转第二下来接我，故救得速，故能胜也"。

面对对方主动进攻时，唐枪着眼于圈里、圈外的两种化解方法："穿指枪从圈外穿过扎圈里，我用仙人抱琵琶势将前后手一缩向上托开。穿袖枪从圈里穿过札圈外，我用帖挑势从下向上托开向左。"俞大猷则提供了更为具体和多样的应对："凡将棍直指，待他侵入。欲打我，我就杀他"；"何尝叫人勿打？要哄他棍就我打，若打他棍着，响一声，便要进杀"；"他大枝过小，直符指去一步，他小枝过大，我亦直符指去一步"；"离他手前一尺之间，他急过大门，我或揭进打亦可"。相比之下，唐枪显然不够深入。

以上对比反映了唐枪内涵的相对薄弱，可归咎于双方功能和价值着眼点的差异，而《剑经》提出的"取直"的理念更是超出一筹。唐顺之的主导思想是化解，无论是"死中返活"还是"无中生有"，都是以闪赚缠绕反败为胜。俞大猷强调"取直"，蕴含两种取向：一者，恪守中线，从而兼握进攻和防守的空间优势；二者，在身法移动基础上直来直回见力破力。"直"对应"斜"，"斜"在

[①] 唐顺之. 武编 [M]. 刻本. 徐象枟曼山馆·卷五：四十三.

《剑经》中随处可见，丁字回头、走马回头、偏身中拦、闪腰剪、将脚折过分分、三角峙打、偷后脚进等都是"斜"的内容。而唐枪定步对练，双方本就围绕中线抢占，不存在"斜"之说，也就不存在所谓的"直"。可以说，唐枪的制胜技术聚焦于手法，而俞棍则体现为力量、身法、步法的全方位把握。但不可否认，"取直"思想折射出更高的理论价值，戚继光在第六合枪中以"直"取代"彻"，显然就是出于对"取直"理念的深入认同。此外，《剑经》在哄骗、发声催力等方面均提出要求，这些都是《枪》所不曾涉及的。总之从武艺的角度来说，无论是理论还是经验的阐发，《剑经》都比《枪》更系统全面。

第四节 唐枪凸显游戏属性和体育价值

体育哲学认为，游戏是人们在劳动之外，通过一定的规则、技术和情节过程，创造地展示出自由理想愿望的实践活动[①]。游戏具有平等性、理想性、规定性等特点，体育从某种意义上是游戏类属，是围绕肢体运动的游戏。唐枪立足于枪身弹性的驾驭展开定步对练，具备更为充分的游戏属性，体现在以下三个方面。

第一，唐枪成功地淡化了力量素质对武术活动的限制，使只要拿得动九尺长杆的人都能下场与人一决高下。两手拧转激发出长杆的韧性，略重的金属枪头又使弹性形变放大，与对方接触时，长杆较强的弹性势能转化为动能，因而枪法与力量的关系不大，诀窍在于两手拧转，从而达成"弱胜强""技术胜蛮力"的交流。而棍短激发不出弹性，除了依赖"手动足进"创造空间差时间差，还严格依赖自身的绝对力量。于是《剑经》十分强调力："后手需有功，遍身具有力""凡棍起时，须要把得极坚固，方有力""久则具有力""腰力为上，后手力次之，前手力又次之"。俞大猷编练谭家军选材首要即是膂力："少壮力能举二百斤者千余，教以荆楚剑法"[②]。力量因素的淡化，是唐枪在游戏平等性维度超出俞棍的重要体现。

第二，唐枪具备完善的活动仪轨。"上有场秦王磨旗"，比试前竖直持枪进场，两枪相接手前三尺两枪相搭；"下有场拨草寻蛇"指对练结束时，各自把枪

[①] 于涛. 体育哲学研究［M］. 北京：北京体育大学出版社，2009：69.
[②] 欧阳祖经. 谭襄敏公年谱［M］. 北京：商务印书馆，1937：27.

垂下，原地转身的同时枪尖贴地画圆，完成双方的分离。而俞大猷遵循长期训练次第，过程漫长枯燥："生疏莫临敌""凡日间，将棍一打一揭，俱要有声，久则自有力""学到上下、高低、硬软、直破打、上下接俱是一手法，方是有得""我胣他傍，前手直当。后直加拨，有神在中。学到此，贯乎万矣"。生活中，人们常常选择最有效、最直接的方式达到目标，而在游戏中，最简单、最直接的方式经常被规则限制，取而代之的是困难而间接的方式，从而构成游戏中取得目标过程的障碍。显然，唐氏枪法所构建的是游戏情境，而俞大猷着眼于杀伤对方，如下表所示。

唐顺之枪法与俞大猷棍法对比

内容\类型	唐顺之枪法	俞大猷棍法
情景	两两对战	两两对战
	器械对等	器械对等
	无甲胄护具	无甲胄护具
规则	前手前三尺放枪	无
	定步	无
技法	手法	手、步、身、声等
秩序	圈枪、撤枪	无

第三，唐枪具备安全的竞技媒介，平衡了战与练的矛盾关系。"三尺"条件，加上定步规定，构成了安全、集中、循序渐进的枪法学练途径。而棍看似没有金属成分，但由于严格依赖步法身法、两头变换忽长忽短，真正操作起来动辄伤人。若依照《剑经》棍法组织对练，习者难以在身法、步法、手法间找到入艺抓手，又会由于缺乏安全保障而难以开展。因此《剑经》的价值局限于"消灭对方"目的军事领域。如果回到劳动生产和游戏发生分离的逻辑起点，不难发现，俞棍已经具备了相当程度的体育化形态，却竭力地挣脱游戏属性的束缚，将价值指向军事实战，处于军事需要与理想游戏的中间形态。当然，这是俞大猷的武将身份以及历史使命所决定的。

唐枪、俞棍在戚继光《纪效新书》中得到继承，鉴于两者思想和内容的巨大差异，戚继光采取了截然不同的态度。《剑经》棍法犀利、语言平实，已见刻于《续武经总要》，戚继光增加了十四幅示图，除序言外其他内容不差一字地转录。《武编》枪法教育功能突出、可行性强，但格调高雅、密不可窥的同时，操作阐述不够具体，加上原稿属于唐氏私人编选，戚继光进行了深入加工改造。经戚继光之手后，《枪》之内容一分为二：基本保持原貌的六合对练，单人套子的长枪二十四势。作为单操套子，后者以更充分的体育化形式脱颖而出，引领了中国武术招式化、套路化的发展方向。

相反，服膺《剑经》的东南地区的习武者至今保持着不尚虚套、创新但不丢传统的武术思想，以至于历经数百年后的今天，当形色各异、绵绵不绝的套路遍行天下之时，东南地区武术依然不重套路而表现出鲜明的技击性，从而在武术比赛时因避免时间不够而不得不重复演练短小精悍的套路①。以上说明由于游戏属性欠缺，俞公棍法虽处于古代技击的高峰地位，却没能主导后世武术的发展。可以说，《剑经》奠定了中国武术"形而上"的技击思想，唐顺之、戚继光一脉的枪法，奠定了中国武术"形而下"的活动内容、活动形式以及语言特点。

第五节 《剑经》对《武编》的影响

唐顺之信中自云"数月前得读《续武经总要》"。作为晚岁出山前的准备，《续武经总要》刚问世，唐顺之就如获至宝深入研机。《续武经总要》共八卷，分为内篇、外篇、续篇，续篇主要内容为《剑经》；内篇阵法凡二十三，重在"记"，记述《武经总要》《握奇经》《虎钤经》《太白阴经》《李卫公问对》等古遗阵法；外篇重在"辩"，批驳历代谈兵者假托英名、巧付义理，视军事如"儿童之戏，巫觋之妖"②。唐顺之《武编》前集卷四收录了《总要》外篇二十个阵法中的十九个，而作为续编最后部分的《剑经》，则对唐顺之产生了深刻的启示，表现为以下四个方面。

第一，开个体技击现于兵书之先例。集体行动与单打独斗异质，此前的历代军事著作都不涉及个体技击，《剑经》首现兵书，营造了军旅武艺与个体技击互通的氛围，成为文人身份的唐顺之将武术经验汇入《武编》的前提。

第二，规避《剑经》唐顺之不述棍法。《武编》前集卷五详述了拳、枪、

---

① 张银行.《剑经》研究[J]. 体育科学，2014，34（12）：24.
② 赵本学，俞大猷. 泉州文库续武经总要[M]. 北京：商务印书馆，2017：102.

剑、刀、筒、锤、扒、攩等八门武艺，唯缺棍术。资料显示唐顺之擅棍，"至于击剑骑射之法无不各精其妙""刺枪拳棍，莫不精心叩击，究极原委"①。阐述诸艺时他也常常提到棍，如《拳》："棍用根，根梢互用步步进前，如阴手棍阴手盖阳手挈此是少林士真妙诀"；《枪》："习棍法两敲，卓离一尺，高一尺"。《武编》不立棍法，显然是鉴于《剑经》棍法之精湛，不可与之一较高下。

第三，《剑经》棍法宏之为兵约之为技，是不可超越的技理圭臬。尤其刚柔、动静、虚实、拍位、以响为度、一打一揭等主张，具体翔实，高屋建瓴。相比之下，《枪》之内容单薄局限不足为武。唐顺之自然意识到，若想做到与《剑经》并相传世，必须要有独到之处。既然在技击方面甘拜下风，不如从学理入手树立理论高度。因而出现了尾声部分正斜、五行、变化、虚实、空无，以及问答、动静、心、神等道学气息浓厚的演绎推阐。客观地看，这些论述标新立异刻板晦涩，并未起到积极作用。

第四，《武编》中提出的"拳势"概念，很有可能是受到了《剑经》的启发。温家拳是唐顺之三十五岁前后得到的南戏舞台动作集合，深入文本可知，开篇的"拳势"概念与其后所述动作并不贴合。《武编》阐述的其他武艺以及唐顺之中年创作的《枪歌》《拳歌》《刀哥》《剑井行》等都没有出现势的概念倾向。也就是说，温家拳的动作原本并不叫"势"，附着在四平势、井阑四平势、高探马、指裆势、一条鞭势后的"势"字，是晚年汇集《武编》时所加入的。而俞大猷戎马一生，其思想中行伍之"势"与技击之"势"本然贯通。如其《舟诗》云："倚剑东溟势独雄，扶桑今在指挥中"②，《剑经》中"势"的内涵十分丰富。

那么，唐顺之"拳势"概念的提出与《续武经总要》有无有直接关系呢？《剑经》序③中俞大猷本着易学"取之于身，证之于物"立场，以"万物之情"立论，通过归纳动物的习性指出"无不有势存焉"：

  猷学荆楚长剑，颇得其要法。吾师虚舟赵先生见而笑曰："若知敌一人之法矣，讵知敌百万人之法本于是乎？"猷退而思，思而学，学而又思，思而又学，乃知天下之理原于约者未尝不散于繁，散于繁者未尝不原于约。复以质之，先师曰："得之矣。"

---

① 唐荆川研究会. 唐荆川诗文集 [M]. 南京：凤凰出版社，2012：620.
② 俞大猷. 正气堂集 [M]. 刻本. 清道光孙云鸿味古书室.
③ 赵本学，俞大猷. 泉州文库续武经总要 [M]. 北京：商务印书馆，2017：213-214.

> 夫首之大，嘴牙之小，不相称焉，两不相为用也。手足之大，指爪之小，不相称焉，两不相为用也。兔以掌大而不能栖，鹫以嘴大而不能啄，鸢以翼大而不能击，狼以尾大而不能掉，鹿以角大而困，豕以肉多而喘。驽以鬣浓而钝，虎以项短而力，兔以前短而狡，鸡以爪细肩广而善斗，犬以毛浅尾锐而善猎。疾病之人手足輓掌者懒，脐腹彭亨者倦，头项瘿瘤者偏，腰脊薄弱者痿，前急后曳者踬，无不有势存焉。

俞大猷指出"势"是动物有别于类的特点，是"万物之情"的体现。接着，就"行阵之法"与"万物之情"的同一性展开论述，主张从万物特点中归纳用兵之法。

> 圣人制兵师之阵，必有奇有正，必有从有伏，必有扬有备，必有前后，有中央有左右，必有握奇，必有游阙。其阵不一，各有轻重、饶减、盈缩、远近、疏数之权。度大以称小，小以称大；人以称地，地以称人，无不胜也。然则舍万物之情以求行阵之法者远矣。

本着"察之于数，验之于易"思路，"一人之斗有五体焉，一身居中，二手二足为之前后左右"就与五人为伍的"行阵之法"发生对应。"一身四肢屈伸变化有无穷尽之形"的动作实践，就成了军队胜利的决定因素。

> 一人之斗有五体焉，一身居中，二手二足为之前后左右，有防有击，有立有踢，一体偏废不能为也。唯伍法具于一人，故起伍之数必五人，两之数必五伍，队之数必五十，卒之数必四两一车，车之数必五乘，偏之数必五队，军之数必五偏，阵之数必五军，自一人以至百千万人同一法也。一人之斗，身体手足皆有屈伸之节，屈于后者伸之于前；屈于右者伸之于左，使皆屈而无伸与皆伸而无屈，僵人而已耳，虽具五体不能为也。故伍必以三人为正二为奇，什必七人为正三为奇，八阵必四隅为正四方为奇，五军必三军为正游阙为奇，自一人以至百千万人同一法也。人之善斗者，一身四肢屈伸变化有无穷尽之形，故前正而后奇，忽焉正后而奇前；正聚而奇散，忽焉正散而奇聚；车正而骑奇，忽焉骑正而车奇，自一人以至百千万人同一法也。万人之变化犹一人之伸缩，万人之从令犹五体之从心，无不胜也，然则舍一人之身以求行阵之

法者远矣。

上古圣人观之于天，察之于数，验之于易，推之于度，取之于身，证之于物，曲尽其理而立为伍法以教人，可谓明且尽矣。忠臣义士，志可以矢效公忠而学，必求乎实用；气可以运量宇宙而谋，又贵于有成。彼览影偶质，岂能咬独指迹慕远，何救于迟也耶！猷谨将所得要法，著为《剑经》以告后人，世有真丈夫当亮予志。

通过层层推进，俞大猷完成了"一人之斗"与"行阵之法"的价值关联。过程中军事范畴的"势"已经鲜明地呈现为个人"四肢屈伸变化"。需要指出的是，俞棍唯技击"无虚花法""单人打不得"[1]，其内涵中不存在先验的、封闭的、固定的单练动作，因而《剑经》所推出的"势"是一个"有无穷尽之形"的模糊概念。包含动作（手势、自势、横势），力量（打来势重、用身势慢慢侵入），动作趋向（顺势、回原势、起势），优势（棍头初交则下者有势），分寸（则有有余之势），词根（铁门势）等众多内涵。而唐顺之通过提出"拳有势者，所以为变化也"，将《剑经》的蕴意一语道破：

> 拳有势者，所以为变化也。横邪侧面，起立走伏，皆有墙户。可以守，可以攻，故谓之势。拳有定势，而用时则无定势，然当其用也。变无定势，而实不失势，故谓之把势。作势之时，有虚有实，所谓惊法者虚，所谓取法者实也。似惊而实取，似取而实惊，虚实之用，妙存乎人。故拳家不可执泥里外圈、长短打之说，要须完备透晓乃为作手。

定势、无定势、把势均围绕"四肢屈伸变化"而言，所不同者，"定势"为静止的、表演的，只有这样，温家拳的戏台动作才能栖身武的范畴。定势的出现使"四肢屈伸变化"成了固定的、有条件的先验动作，而技击搏斗是开放的、无条件、瞬息万变的，因此必须对无条件的变化加以补充："横邪侧面，起立走伏，皆有墙户，可以守，可以攻""而用时则无定势""变无定势，而实不失势"。唐顺之不愧鸿儒硕学，寥寥几笔就推陈出新。"拳势"不仅承接俞大猷肯定了个体技击的最高社会价值，同时也涵盖和接纳了敷衍套子的江湖花法，从此，中国武术诞生了一个勾连兵戎行阵、舞台表演、体育健身的语言内涵。青出于蓝、画

---

[1] 戚继光. 纪效新书 [M]. 北京：中华书局，2001：13.

龙点睛正是唐顺之的治学特点，李开先评唐顺之曰："既得其说，辄以全力以赴之，所得卒超出说之上"[1]；万士和评价："先生之一咦一唾，莫非宝藏之所存，而人之得其一枝一叶者，犹足以垂命而耀世。"[2]

需要补充的是，入清后有资料指出唐顺之曾传授俞大猷枪法。此说源于陆世仪《思辨录辑要》："昔唐荆川于谯楼自持枪教俞大猷，一时以为韵事，其言谓一枪圈功夫至于十年"[3]。陆说应为讹误，唐顺之指导戚继光枪法众所周知，嘉靖三十八年（1559）九月的杭州西兴江楼之上，唐展示枪法令戚叹服，"工夫十年矣"遂成佳话。因此，"谯楼"应为"江楼"，"俞大猷"应为"戚继光"。唐顺之自幼多病，中年以后健康状况愈加恶化，其武艺水平与古稀之年仍可一人独当三十好汉[4]的俞大猷是不可量齐的。

---

[1] 唐荆川研究会. 唐荆川诗文集 [M]. 凤凰出版社, 2012：625-626.
[2] 万士和. 万文恭公摘集·卷十二 [M]. 台南：庄严文化事业有限公司, 1997：9.
[3] 陆世仪. 陆桴亭思辨录辑要·卷十七 [M]. 北京：中华书局, 1985：9.
[4] 俞大猷晚年为继续任事致信谭纶，在《禀谭大司马》讲道："禀恩台，以猷为老乎？猷儿咨荣之母今又得孕两月。猷去冬在广西，因家眷已尽回家，乃买得湖广一女，得孕，此八月是产期。又房中尚有一二可望者。算命先生谓猷运今方亨通，故其气尚强健如此。恩台如不信，待猷至台下，试选三十好汉，各提枪棍，以猷一人独当。不令其披靡辟易，请就斧钺。猷日暮道穷，势诚急也。平房壮志，报国雄心，竟不一试，恨遗千古，当有怜之者。愿恩台之图之也。"

第六章
唐顺之武术思想特征及影响

唐顺之是反映表明代学术转变的重要人物，李德峰在《唐荆川史学研究》一书中指出："唐荆川史学的研究推动了我们对明三股史学思潮于整个明中后期发展态势的深入认识。"[1] 对武术价值和功能的把握是唐顺之学术思想的重要组成，蕴含着武术从"广义"走向"狭义"的价值取向。

第一节 唐顺之武术思想的渊源

一、阳明战功的激励

心学思想集大成者王守仁（1472—1529）号阳明，明代著名思想家、哲学家、教育家、文学家、军事家。明王士祯赞曰："王文成公为明第一流人物，立德、立功、立言，皆居绝顶。"[2] 近代梁启超赞曰："姚江学派，披靡天下，一代气节，蔚为史光，理想缤纷，度越前古。"[3] 土阳明的良知之学"门徒遍天下，流传数百年"[4]，不仅在于心即理的主张适应了时代思潮，也相当程度上得益于其在军事领域"文武互用之极""千世之一人""大儒能用兵"所产生的道德感召。

王阳明在儿时就对军事游戏抱有非同一般的兴趣，常常与小伙伴玩耍模拟兵阵。十五岁那年，北方俺答凭借军力威胁明朝边境，他出游居庸关"寻诸夷种落，悉闻备御策，逐胡儿骑射，胡人不敢犯经月始返回"[5]。入仕前二十六七岁

---

[1] 李德峰. 唐荆川史学研究 [M]. 南京: 凤凰出版社, 2015: 98.
[2] 俞樟华. 王学编年 [M]. 长春: 吉林大学出版社, 2010: 188.
[3] 梁启超. 饮冰室合集 [M]. 北京: 中华书局, 1989: 77.
[4] 顾炎武. 日知录集释 [M]. 上海: 上海古籍出版社, 1985: 1421.
[5] 王守仁. 王阳明全集 [M]. 上海: 上海古籍出版社, 1992: 1222.

第六章 唐顺之武术思想特征及影响

时，边关告急举朝无措，朝廷迫切需要将才，王阳明叹曰："武举之设，仅得骑射击刺之士，而不可以收韬略统驭之才。平时不讲将略，欲备仓卒之用，难矣。"① 于是兴趣又一度转向兵家关注军事理论，"留情武事，凡兵家秘书，莫不精纠"②。

弘治十二年（1499）王阳明考中进士任职工部。在受命督造威宁伯王越墓期间，他收集王越历次战役中的布阵资料加以揣摩，将工匠以伍法编排，一有时间就指挥众人演练八阵图。当时俺答不断侵扰，明朝令其出使关外视察边戍军屯。他回京后呈上《陈言西北边务疏》，提出蓄才以备用、舍短以省费、捐小以全大等策略，世人赞不绝口。王阳明的军事功业始于巡抚南赣漳汀。当时南赣地区盗贼蜂起遍地称王，前任巡抚无计可施托病而去。王阳明将攻心放在第一位，把正面战和心理战结合运用得出神入化，仅用一年多时间就将匪患彻底铲平。《明史》评曰："平数十年巨寇，远近惊为神。"③

正德十四年（1519），朱元璋五世孙朱宸濠于南昌起兵叛乱，拥兵六万对外号称十万，连克南康、九江，兵锋直指南京。时任赣南巡抚的王阳明克服种种不利因素，以一己之身招募义军慨然赴敌。他独当一面力挽狂澜，恰到好处地节制己方军队，虚张声势释放虚假情报，扰乱视线导致对方昏招频出。结果筹备十年之久的宁王叛乱军队，仅仅经历三十五天就土崩瓦解。庐山《王守仁记功碑》镌刻平叛历程曰："正德，己卯六月乙亥，宸濠以南昌叛，称兵向阙。破南康、九江，攻安庆，远近震动。七月辛亥，臣守仁以列郡之兵复南昌，宸濠擒，余党悉定。"④

嘉靖七年（1528），五十七岁的王阳明在江西逝世，次年唐顺之高中会元。二人虽无交集，从唐顺之积极投身王学讲会，与罗洪先、王畿先后定交来看，唐顺之对这位可堪圣贤的人物是极为仰慕和充满兴趣的。从那以后，唐顺之的人生志趣和行为特点出现了许多与王阳明的相似之处——狷介疏狂，不附权贵，学无归宿，杂糅多家，四海宗依，学者仰之，文武兼资，建立功业。尽管唐顺之对王门诸派见解都采取保留态度，但与当时的大多数士人一样，阳明的辉煌成就深深影响着他的人生志向。由于两人特点和影响的相似，后之学者们常常将之相提并

---

① 冯梦龙. 王阳明出身靖乱录［M］. 杭州：浙江古籍出版社，2015：13-14.
② 王守仁. 王阳明全集［M］. 上海：上海古籍出版社，1992：1224.
③ 张廷玉. 二十六史：明史卷［M］. 长春：吉林人民出版社，1995：3456.
④ 温凡. 赣地精彩出阳明［N］. 江西日报，2015-10-16.

论。唐顺之逝后，阳明弟子王畿就曾这样评价道："荆川兄忧世一念，可贯金石，原无一毫依附之情。但自信太过，运谋出虑若可与先师（阳明）并驾而驰。"①

王畿之言在当时具有一定代表性。唐顺之逝于南安舟中，临终遗言曰："此心光明，亦复何言。"唐顺之死后，洪朝选、李开先、赵时春等人为之撰写的行状、墓志铭等材料虽各有侧重，但都有意用病逝舟中与临终遗言来暗示两人的共性。唐顺之遗言各方记载比较一致，大体意思是领兵之际全躯死于途中此生无憾，唯学问未成而心有不甘："今所恨为人与学问俱未成章，只此一念耳，欲就山中了十年功夫，只此一念未遂耳。"②"为人与学问"指道德境界，唐顺之遗憾地表示自己终一生努力，却不能像王阳明那样知行合一无坚不摧。这种遗憾，与其御倭期间许多时候所表现出的力不从心有着直接的关系。

前任凤阳巡抚郑晓同情唐顺之境遇，致信聂豹有云："尊翰欲问荆川隆中之术，某窃念孔明《出师表》中，亦云此皆数十年内纠合四方之精锐，则今乌合之众不练之兵，恐孔明临之，亦未得如意。"③ 联系唐顺之自言的种种困厄："驱未尝一日拊循之兵，率主客十余营素不同心之将，以攻据巢死斗之贼"④；"贼不难打，苦无钱用"⑤；"只望京师拨与粮米，打头一奏，至今更无消息"⑥；"与熊兵备在海洋，内地无人料理兵食，苏松府县有司素蛮皮，一时提掇他不动"⑦；"各总兵官以怯贼为故态，以纵贼为常套"⑧；"军中作用，哭而笑，笑而哭，喜而努，努而喜，顷刻几番傀儡；其处顽将骄兵也，一赤子一龙蛇，顷刻几番变态"⑨；"自杭赴扬，忽然吐血，素无此疾，颇觉惊讶，调理一月，勉强赴官，亦止得 半人气也"⑩。

可以想见，当时的情势恐怕要比阳明当年艰难数倍。正如左东岭先生所论："我以为唐顺之的人生失败主要不在于其致良知境界的不到家，而是现实的环境已不允许其取得成功。王阳明的世功在明代士人中的确是相当显赫的，但他面对

---

① 吴震. 王畿集 [M]. 南京：凤凰出版社，2007：302-303.
② 唐荆川研究会. 唐荆川诗文集 [M]. 南京：凤凰出版社，2012：611.
③ 赵园. 关于唐顺之晚岁之出 [J]. 南通大学学报（社会科学版），2005（3）：93.
④ 唐荆川研究会. 唐荆川诗文集 [M]. 南京：凤凰出版社，2012：546-547.
⑤ 唐荆川研究会. 唐荆川诗文集 [M]. 南京：凤凰出版社，2012：595.
⑥ 唐荆川研究会. 唐荆川诗文集 [M]. 南京：凤凰出版社，2012：229.
⑦ 唐荆川研究会. 唐荆川诗文集 [M]. 南京：凤凰出版社，2012：226-227.
⑧ 唐荆川研究会. 唐荆川诗文集 [M]. 南京：凤凰出版社，2012：525.
⑨ 唐荆川研究会. 唐荆川诗文集 [M]. 南京：凤凰出版社，2012：597.
⑩ 唐荆川研究会. 唐荆川诗文集 [M]. 南京：凤凰出版社，2012：582.

的毕竟是农民暴动、苗夷割据与亲王叛乱之类的内乱，对此欲取得成功虽亦颇有难度，却并非没有可能。可唐顺之面对的却是凶悍异常、流动性强的倭寇，又有东南强人为内应，其难度较阳明时无异更大。"①

阳明后学诸贤中，学问和成就最接近王阳明的就是唐顺之。王升撰《祭文》将二人并恃："五百年来，讵无豪杰，或迷本源，误寻枝叶。独有阳明，克照前烈，窒窦刬蹊，诞开圣阙。先生睿资，神契妙合，不识一面，直趋阃闼。"② 万历首辅王锡爵作《唐荆川先生草堂记》曰："大抵先生之聪明胆勇强力忍诟类王文成。文成秉义士之锐，平乌合定未之贼于呼吸反掌之间，故似难而易；先生易屠将弱卒，破人自为战之贼，故似易而难。"③ 郭一鹗为《武编》作序写道："荆川先生熟而化此，以南剿倭、北创虏，十用其七八，设不遘忌先生者，先生又继王文成伟绩矣。" 民国时期柳诒徵有云："明儒文武兼资者，阳明荆川为称首"④；唐文治也表达同样观点："先生战功文章大致与阳明同，而其文武兼资更无稍或异。"⑤ 人们以荆川最类阳明来表达对唐顺之成就的肯定，是公允合理的。

二、羸弱的身体状况

唐顺之以御倭战功入列《明史》，传授射法于沈炼、胡直、万士和等，授枪法于戚继光，这使人们理所应当地将之视为武功盖世、拳劲力坚的人物。然而真实的唐顺之却是羸弱多病的。从青年汲汲举业到晚年病逝，与病体的抗斗几乎从未中断过，可言名状之病就有瘘病、痰眩、囊痈、疟疾、手足疮、血疾、脾胀等。家居时期长年习武以至开创五百年来的武术先河，与渴望用武术操练改善体质是分不开的。

由于少年时期读书过度用功，便埋下了多疾的隐患。李贽撰《荆川唐公传》有曰："以幼时尝竭精神于举业，几成瘵疾（疫病，多指痨病）。"⑥ 因此登第后不满两年就称病告归。三年后，又于翰林院编修任上上疏请辞："精摇则气损，乃至客邪干隙而入之，百病作矣。"⑦ 正值年富力强的人生阶段，诗文中却充斥

---

① 左东岭．王学与中晚明士人心态［M］．北京：商务印书馆，2014：368
② 北京图书馆．唐荆川先生年谱［M］．北京：北京图书馆出版社，2010：248.
③ 北京图书馆．唐荆川先生年谱［M］．北京：北京图书馆出版社，2010：194.
④ 北京图书馆．唐荆川先生年谱［M］．北京：北京图书馆出版社，2010：357.
⑤ 北京图书馆．唐荆川先生年谱［M］．北京：北京图书馆出版社，2010：351.
⑥ 邵建伟．别论唐荆川命运中的悲剧情结［J］．常州大学学报（社会科学版），2013，14（1）：65.
⑦ 唐荆川研究会．唐荆川诗文集［M］．南京：凤凰出版社，2012：508.

着"牵于多病"的无奈，在其所作《谢病赠别高参政子业》《罢病归访王山人含真》《病中试新茶》《周莲渠以诗问病次韵》《知命说》等中可见一斑。由于常年因病奔走，也结交了大量医士，酬和医者的诗歌有《送王良医往岷府》《送宜兴张医二首》《送樊医归南昌》等。

四十岁左右是唐顺之人生成熟、转变、升华的节点。这固然离不开心学的浸润，但与健康状的恶化也密不可分。此间所作诗歌呈现出骤然衰颓气象，病苦成为突出主题。《病中秋日作四首》中"一身之外不知谋，若道谋身病未瘳"；《有相士谓余四十六岁且死者以诗自笑》中"本是癯然山泽士，衰年况自不胜衣"，"色常带黑缘辞肉，形或如灰似杜机"；《囊痈卧病作三首》："总缘病里悲歌意，不为离乡也越吟"，"正愁未了形骸外，生老病苦只此身"；《疟病作》："炎凉反复须臾事，一疾番令惊世缘"；《赠庵中老僧》注云："嘉靖丁未春，余以病客荆溪"；《养病道院忽张君见访不值奉寄》："生涯岁岁药囊间，已息交游亦未闲。土木形骸真觉槁，蓬蒿庭院只常关"；《病中食江鱼作》中"常令番味食指动，病身味觉水鲜甘"。

此间与朋友的信中，唐顺之也时常抒发不久于世的悲凉：

年近四十，疾疚忧患之余，乃使稍见古人学问宗旨。（《寄刘南坦》）

如仆从者，年迫四十，齿发渐衰，自念此身未有安顿处，正坐其出入头，元不是真根子。（《答冯午山提学》）

仆多病之躯，年入四十，已更衰落，不觉尘心灰尽，枯坐素食，兀然一老瞿昙矣。（《与与槐谢翰林》）

年及四十，尪羸卧床，已成废人，此皆诸公所亲见所公垂悯者。（《与李中溪知府》）

晚年不顾物议出山用事，并非健康有所好转。他三十七年以兵部职方员外郎起复，一到京师就重病不起两月之久，"吐泻交作，遂发脾疾，脐突腹肿，恶症尽见"①，自作诗曰："孤踪原自与时屯，两月郎官半闭门。"（《卧病作二首》）由于过于珍惜重新出仕的机会，稍见好转就领命北上查勘蓟镇兵额。日夜兼程，在四十多天里，走遍了蓟镇东西连绵两千多里十个大区的所有卫所："两月间登

---

① 唐荆川研究会. 唐荆川诗文集［M］. 南京：凤凰出版社，2012：234.

驰绝徼峭壁三数千里之途，阅过铁靴铜面之辈十余万人，一一欲辨其强弱。"[1]此间所作三十余首诗歌再现初唐气象，生动刻画了边塞的黄沙落日鼓角幡声。貌似身体状况已不在话下，实际情况却是"与疾就途，黾勉凤夜，僅能毕事，前疾转增，腹胀露筋，脐吐半寸，两足尽肿，面骨削铁"[2]。

南下御倭的一年多时光里，几乎每天都是凭借精神意志勉强支撑。反映这一阶段病情的诗作有《三沙归来抱病束坐梅林都府》《海上归来病手足疮兼血疾伏枕》《三沙病后起夜觇月书怀》等。致书杨豫孙说："暑月盐潮蒸热，积劳久之，吐血几至损生"（《与杨朋石祠祭》）。他经常自我安慰以求振奋："则仆欲程间稍养病躯，记留杭州一二日，发奏后且当返棹。"（《与胡梅林都府二》）"仆别公时已有约言，若非呕血重病则岁底了此积年陈债矣。"（《与胡梅林都府十六》）受病体拖累也常常无奈自嘲："脾胀之病非旬日可积，亦非旬日可遣，淹淹牵牵，半死不活人也，春训逼矣，何以堪之？生平每欲督血战，今遭厄如此，雄心徒在猛气尽消，真可自笑也。"（《与胡梅林总督十二》）

天不假年他早有预感，身死社稷是其理想归宿。最后一封写给胡宗宪的公移中说："仆近得心腹之疾，坚硬如石，寝食俱废，势甚狼狈，似恐非好消息，盖自积久劳伤所致。若再十日半月不灭，必不能料理人间事矣。"（《与胡梅林都府十七》）。嘉靖三十九年（1560）春，唐顺之力登焦山（今镇江），俯视大江发出凄厉哀叹："吾第一良将，使吾病不克展其能，奈何？"[3] 由于他不惜己身勤力过度，本就岌岌可危的病体一再恶化，终于在巡察途中病逝。

三、实学思潮的影响

一部中国思想史的进程，大体可以表述为先秦子学、两汉经学、魏晋玄学、隋唐佛学、宋明理学。宋明理学之后，当是明清实学、近代西学[4]。明代统治者提倡理学的根本着眼点是为了维护统治的长治久安，学术的健康发展则受到严重摧残。理学越发空洞萎靡脱离现实，成为一种迂腐僵化的无用之学。

正德、嘉靖时期，明王朝由盛转衰，整个统治体制的运作举步维艰。上到皇帝放荡堕落，下至民风败坏，各种社会问题层出不穷，统治阶级内部官员结党营

---

[1] 唐荆川研究会. 唐荆川诗文集 [M]. 南京：凤凰出版社，2012：221.
[2] 唐荆川研究会. 唐荆川诗文集 [M]. 南京：凤凰出版社，2012：586.
[3] 北京图书馆. 明唐荆川先生年谱 [M]. 北京：北京图书馆出版社，2010：115.
[4] 葛荣晋. 明清实学简论 [J]. 社会科学战线，1989（1）：67.

私,相互倾轧,人民起义频频爆发,北虏南倭情势严峻。多方面显现出来的内忧外患冲击了当时的有识之士,他们立足于社会实际需要,将儒家道德哲学与经世意识相结合,倡导能够解决社会问题"经世致用"的学问。这股反省批判的学风与东南地区新兴资本主义的自由意识形成合流,汇聚成为一股具有批判意识、经世思想、科学精神、启蒙意识等具有进步意义的时代思潮——实学。

实学思潮把人们的注意力重新转移到现实的问题上,涵盖思想、史学、文学、科学、军事、考据、艺术等众多领域。先后涌现出罗钦顺、王廷相、杨慎、吴廷翰等代表的唯物论学派,高拱、张居正等代表的社会改革家。古典科技也进入到总结阶段,涌现出一大批科学巨著,如何瑭的《阴阳律吕》、李时珍的《本草纲目》、朱载堉的《乐律全书》、徐弘祖的《徐霞客游记》、宋应星的《天工开物》、王锡阐的《晓庵新法》、方以智的《物理小识》等。实学思潮在明末清初前后步入顶峰,并延续至近代,鸦片战争以后被西方科学所取代。

唐顺之是较早投身实学探索并产生重要影响的学者之一。《明史》评曰:"顺之于学无所不窥。自天文、乐律、地理、兵法、弧矢、壬奇、禽乙,莫不究其原委。尽取古今载籍,剖裂补缀,区分部居,为《左》《右》《文》《武》《儒》《稗》,六编传于世,学者不能测其奥也。"①唐鹤征《谦庵墓志铭》云:"荆川府君,素抱忧世之志,自钱谷虚实,山川险隘,兵甲骁钝,人才真伪,以致弓矢戈戟,阴阳星历,韬钤禽遁诸业。"②近人柳诒徵也赋予极高评价:"然余以谓明代常州之人文,殆尤跨越清世,跳余姚而开东林,轩天震地,为国脉人纪道统之枢纽者,毗陵也。方山、荆川并峙嘉隆中,荆川之学尤博,事功尤伟。当时儒者莫之并,亦越数百年,伟人长德世固不乏,语其轨辙与荆川俪敌者,犹难其选。呜呼盛矣。"③

就其最为人知的"六编"而言,内容涉及历史、政治、军事、天文、地理、文学等各个方面。《左编》《右编》汇辑前代史料及历代名臣议政之文以资今人治政借鉴。《武编》作为一部大型军事类书,汇辑了历代兵书以及其他典籍中相关军事理论资料。晚年出山北上查勘兵务以及南下剿倭过程中,各种军事理论和用兵实践均发挥了重要作用。《稗编》"诸子百家之异说,农圃、工贾、医卜、

---

① 张廷玉. 明史 [M]. 北京:中华书局,1974:5424.
② 北京图书馆. 明唐荆川先生年谱 [M]. 北京:北京图书馆出版社,2010:355.
③ 北京图书馆. 明唐荆川先生年谱 [M]. 北京:北京图书馆出版社,2010:115.

堪舆、占气、星历、方技之小道，与夫六艺之节脉碎细"① 无所不录。《文编》虽为文学而作，从选文来看，包括策、论、疏、表、奏、状、札子、封事等多种实用文体，内容涉及历史、政治、经济、军事等各个方面，不少篇章都是凝聚了前贤治国安邦的心血之作。

"黜虚征实"也是唐顺之周遭友人的鲜明特征。嘉靖八才子"通经史、谙实务，往往为通儒魁士，以实学有闻"②。罗洪先"甘淡泊，练寒暑，跃马挽强，考图观史，自天文、地志、礼乐、典章、河渠、边塞、战阵、攻守，下逮阴阳、算数、靡不精纠"③。罗洪先绘制的《广舆图》采用"计里划方"之法，是中国最早的分省地图，通行二百四十多年。郑若曾凡天文地理、山经海籍无不周览，尤其详于海运及海道的考察经营，先后编纂《日本图纂》《万里海防图论》《筹海图编》《江南经略》等的海防巨著。李开先以及尊唐顺之为师的徐渭，在戏曲、音律、书画等领域都有着举世瞩目的成就。

数学领域的探索是唐顺之实学建树的一大特色。他与擅长数学的顾应详、赵贞吉等反复切磋研讨，成功破解早已失传的郭守敬弧矢割圆术："合唐一行、郭守敬之说而参之西域，亦自谓唐郭后一人而已。"④ 唐顺之曾与泸州同知任上的蔡克廉相约同游，对方累于钱粮计算无暇抽身，唐顺之亲自上阵。结果数十人费一月之功尚不能完成的复杂演算，被他用巧妙的方法顷刻间一一给出答案："老书算咸惊叹天下未有若是其神速也，往费一月之力，工时纸笔催辨骚扰，临时犹不得真数矣。"⑤ 唐顺之的数学类著述有《勾股六论》《历代书稿》《奇门六壬翻擎》《太乙诸书》《历代神机勾股算法》《回回历批本》《四元宝鉴》《奇门六壬》《翻擎太乙》等。

在数学探索中养成的重视抽象思维、把握和追求绝对真理意识，也导致了唐顺之不近人情的行事风格："每事惟论是非不计利害"⑥ "每事皆求定见，其见一定，信之坚而持之甚故"⑦。这种性格特点应该来说，也是其武术实践能够不断向体育靠拢的重要原因——真理的绝对性、理想性迁移至武术的活动形式，表现

---

① 唐荆川研究会. 唐荆川诗文集 [M]. 南京：凤凰出版社，2012：284.
② 钱谦益. 列朝诗集小传 [M]. 上海：上海古籍出版社，2008：379.
③ 张廷玉. 明史 [M]. 北京：中华书局，1974：7279.
④ 唐荆川研究会. 唐荆川诗文集 [M]. 南京：凤凰出版社，2012：626.
⑤ 唐荆川研究会. 唐荆川诗文集 [M]. 南京：凤凰出版社，2012：620.
⑥ 北京图书馆. 唐荆川先生年谱 [M]. 北京：北京图书馆出版社，2010：523.
⑦ 万士和. 万文恭公摘集·卷七 [M]. 台南：庄严文化事业有限公司，1997：1.

为比试双方以外在条件的绝对平等为前提，经验技术的探讨也以平等为基础。以此视角来看，《年谱》所云"而公当日所自喜者则为射法、枪法、兵法，不在文章"①，实则间接表明唐顺之最擅长的是军事理论和体育活动。学界探讨明清实学时往往忽略体育的角度。武术的体育化是实学思潮的有机组成部分，也是为数不多的经历西学冲击之后仍具强大生命力的明清实学成果。

第二节 以文经武，武以文彰

早在青年时期，唐顺之有感于国家军事实力的积贫积弱，对军事时务格外关注。去官家居以后北虏南倭兵连祸结的局势，也使他不可能处于闲散疏淡、乐山乐水的生活状态。于是作为文人楷模、古文大家，关于军事题材的文学创作极为宏富。有对军事制度的意见，有对将士功勋的歌颂，有对军事技艺的阐发，其中器制、技艺相关诗歌对武术文化的发展产生了深远的影响。

《荆川集》中创作最早的文学作品是二十三岁参加廷试时所作《策》论，并得到世宗皇帝御批"条论精详殆尽"②，也因此被授予兵部武选司主事一职。晚年以兵部职方郎中重新启用，可见统治者对其军事才能的认可。当年所作《策》论提出的培养良将主张，是唐顺之始终奉行的军事思想：

> 臣则谓所患者不在夷狄，而在我中国之无将耳。盖今之所谓将者，取诸世胄，取诸武举，非不可得人也，唯纨绮之习或未熟于经略，弓马记诵或未足奇正之变也。臣请陛下行苏洵之说，令大臣各举所知勇而有谋、可以出入险阻者，然后尝之以治兵，寄之以边障，养其望，专其任，而良将可得矣。将良，则士练而边备饬矣。至于财充而食足，此亦百官有司之事耳。③

针对将领的选拔制度，唐顺之认为武将的产生不必尽于世胄、武举中选取，那样出身的将领难免有纨绮习气，虽然有"弓马记诵之材"，但临阵上场未必娴熟，对战场上风云变幻的局势，恐怕不能沉着应对。所以将领的选拔和培育应该

---

① 北京图书馆. 唐荆川先生年谱 [M]. 北京：北京图书馆出版社，2010：579.
② 唐荆川研究会. 唐荆川诗文集 [M]. 南京：凤凰出版社，2012：498.
③ 唐荆川研究会. 唐荆川诗文集 [M]. 南京：凤凰出版社，2012：619.

第六章 唐顺之武术思想特征及影响

是由大臣举荐"勇而有谋，可以出入险阻"之人，然后"尝以治兵，寄之以边障，养其望，专其任"，给予实际的权利，培养他的声望，专一其职责，这样培养出来的将领必定无疑是良将。"将良而士练"，在良将的带头作用下，边患问题也就迎刃而解了。

《叙广右战功》（以下简称《战功》）就是唐顺之激励良将创作的一篇人物传记，全文八千多字，是《荆川集》中最长的文章。文章以名将沈希仪平定和治理广西少数民族过程为线索，文笔流畅，叙事洗练，讲述沈征调永安、讨义宁、平荔浦贼、讨田州岑猛、治柳州、讨扶谏、讨思恩浛金等事迹。开篇仅用寥寥数语交代主人公身世，而后话锋一转，映入眼帘的是主人公马陷泥潭，腾足登岸，捩颈过镖，挑足让刀，连毙三贼的惊险画面：

> 紫江沈公自袭指挥使时未弱冠，已能驰马手搏贼，贼惮之。未几，调征永安。尝以数百人捣陈村寨，贼墙立山上，公一人拍马而登，贼却，下山诱公入淖中。马陷，以吻拄淖中，而腾其足及于陆。三酋前趋淖劫公，一酋镖而左，一酋刀而右，夹马一酋彀弩十步外。公捩颈以过镖，而挑右足以让刀，镖离颈寸而过，刃着于镫，鞳然断铁。公射镖者中缺项，殪。左挂弓而右掣刀，斫刀酋于镫间，断其颊车折齿殪。弩者惘失弩，偻而手行上山，公又射之中膂。既连毙三酋，后骑至，找其首。公以二酋让后骑，而囊断颊者自为功余。贼麇而入箐，追兵战于箐中，斩首若干级。毒弩中公髀，整军而还。[1]

除了胆识武艺，《战功》末尾就沈希仪的道德修养进行了集中赞颂，充分体现了以文学手段激励军事人才的用意。"公胆用机警，善抚士，其私财与所得俸禄，赏赐半以给诸人为耳目者。其出兵，多赍私财以行，有先登与斩首者，就陈给赏，不失顷刻，故人争尽死力。公尝笑曰：'人以赀财积贿赂而博官，吾以赀财积首级而博官，岂为非计哉。'其征陈村时，染危疾，所部皆自戕于神前以祷公，刀穿手，矛割股，钩刺脊，系铁锁拽之痛毒，诸体皆遍，最后至者一人，无所施，乃箭贯喉为祷，其得士心如此。"[2]

《战功》的创作获得了轰动效应。执笔者是天下推崇的文坛巨擘，刻画对象

---

[1] 唐荆川研究会. 唐荆川诗文集 [M]. 南京：凤凰出版社，2012：355.
[2] 唐荆川研究会. 唐荆川诗文集 [M]. 南京：凤凰出版社，2012：368.

是一时无并、士卒爱戴的传奇名将，两者的结合顿时迸发出震铄古今的艺术张力。王慎中读罢《战功》后钦羡不已，竟萌生自作一文与之相比的念头。就唐顺之将文章武功合而并之的独到眼光，袁褧评价道："余读《荆川集》，而伟紫江之将兵，喜荆川之叙述，乃知二公，皆所谓绝伦者也。"李祖陶评价道："此文洋洒近万言，实不可增减一字。此种手笔，千古以来未见有两……百世而下，恍如目睹其事而亲其役者，然可谓奇矣。"日本村濑海辅补刻《叙广右战功》云："余选文例就诸家选本而取舍焉，未入选者，不敢臆取。尝读荆川《叙广右战功》，载右江都同知沈希仪讨平广西诸蛮事，铺叙明畅，使人如亲立战场观其周旋，可谓杰作矣。"唐鼎元评《战功》云："盖自来文人不解武，武人不能文。公两擅之，宜其叙战斗之事及运奇设谋之处独有千古矣。"①

据唐鼎元考证，《战功》的撰写时间是在嘉靖二十二、二十三年（1543—1544）间，"公春坊罢归，希仪总兵江淮。非公过江则希仪访公山中晤谈而为之作叙"②。这个时间他正是三十六七岁大概为时一年左右向杨松学枪的时段。此时刚刚遭黜开始二次家居时光，习练技艺以备时用是这一时期的主要生活。结识沈希仪、创作《战功》与问枪杨松发生在同一时段的线索，为进一步揭示唐顺之推崇个体技击倾向的形成提供了视角。

围绕个体技击的拳械技艺被洪朝选称作"兵家小技"，反映了人们普遍视个体活动有别于军事作战的清醒认识。抛开意志、装备、训练、战术、补给等因素而论的两两相较，已偏离了真实的战斗。倘若说习射是为了掌握必备的军事技能，那展开拳、枪、刀、棍等个体技艺探索则是全然与军事需要南辕北辙的。然而，沈希仪在马陷泥潭的不利情势下所展现出的强悍素质，给转述者唐顺之带来了巨大的启示——个体素质完全能够作用于军事行动的结果。应该来讲，《战功》的创作过程，赋予了唐顺之从事体育探索的强大动力，诱使其投入到从自身条件和需要出发贯通江湖技艺与军事武艺的行为。十余年后他回忆起当年的学枪经历时，依然流露建功立业的豪壮情怀："余三十六七岁时曾问枪法于河南人杨松，是时殊有跃马据鞍之气。"③深入的武术实践使其身俱万夫不当之勇，"亲到

---

① 李德峰. 唐荆川史学研究［M］. 南京：凤凰出版社，2015：206-207.
② 李德峰. 唐荆川史学研究［M］. 南京：凤凰出版社，2015：205.
③ 唐荆川研究会. 唐荆川诗文集［M］. 南京：凤凰出版社，2012：579.

贼老巢边，满墙倭子只隔一箭地"①，过诱兵而前，下马拔刀步行自往死斗②。

《战功》创作的成功使唐顺之更加重视运用文学手段歌颂武术活动。《武编》前集卷五中《拳》《枪》《剑》《刀》《简》《锤》《扒》《攩》等个体技击经验的阐发，以及《荆川集》中《杨教师枪歌》《峨眉道人拳歌》《日本刀歌》《剑井行时有白气属天》等诗作，向人们昭示着文武合璧、武以文显的思想用意。

《剑井行时有白气属天》记述了四十岁前后的一次练剑：

> 仙人掷剑不记年，至今光怪犹未歇。
> 薄蚀日月腾金晶，青天倒挂双白蜺。
> 曾斩妖蛟带腥气，寒泉满甃谁敢汲。
> 只恐仙人求故物，但看水底飞霹雳。

《日本刀歌》借物言志，赞颂日本刀的精良：

> 有客赠我日本刀，鱼须作靶青丝绠。
> 重重碧海浮渡来，身上龙文杂藻荇。
> 怅然提刀起四顾，白日高高天囧囧。
> 毛发凛冽生鸡皮，坐失炎蒸日方永。
> 闻道倭夷初铸成，几岁埋藏掷深井。
> 日淘月炼火气尽，一片凝冰斗清冷。
> 持此月中斫桂树，顾兔应知避光景。
> 倭夷涂刀用人血，至今斑点谁能整。
> 精灵长与刀相随，清宵恍见夷鬼影。
> 迩来鞑靼颇骄黠，昨夜三关又闻警。
> 谁能将此向龙沙，奔腾一斩单于颈。
> 古来神物用有时，且向囊中试韬颖。

需要指出的是，《刀歌》中"有客"是指罗洪先，此把东夷舶来的倭刀，本是状元罗洪先受赠于福州傅汝舟之物。嘉靖二十五年春（1546）罗洪先造访唐顺

---

① 唐荆川研究会. 唐荆川诗文集 [M]. 南京：凤凰出版社，2012：235.
② 唐荆川研究会. 唐荆川诗文集 [M]. 南京：凤凰出版社，2012：549.

之，这是二人自嘉靖十九年（1540）一同遭黜后的首次团聚，罗将日本刀相赠。"昨夜三关又闻警"，当年四月，五月，六月，七月，十月，鞑靼俺答部多次侵入宣府、延安等地。罗洪先《傅山人倭剑歌》讲述了该刀的来历："倭奴器物巧绝剑最奇，大都千年铁精始为之。沈埋阴井忘岁月，选练吉日分雄雌。人血为涂见者悸，禁以神咒传相秘。腥气非关龙甲文，光怪自逐夷形异。不独国中争价高，往往犯险来夸示。飞渡鲸波几万重，包裹鲛皮一尺二。金环纽束成宛转，青组交织横襻系。画屏文箧贡尚方，此物自诡从藏置。丁戊山人独见知，货之不惜倾囊赀。当年携持游武夷，山鬼莫敢窥茅茨。谓我骨相非凡姿，什袭缄封为赠遗。开匣拂拭惊陆离，左挥右霍寒风悲。即令朔方上谷多鼙鼓，尔独奚为与我随。噫吁嚱！少年意气不在兹，会须自断贪嗔痴。"①

罗洪先比唐顺之年长三岁，嘉靖八年（1529）两人分别夺得状元、会元。之后往来论学几十年，相互砥砺激赏备至，莫逆友谊维系了一生。两人拥有如出一辙的人生境遇，同样素行超卓多才多艺，同科登第名扬海内，一同被选为太子幕僚，以清介傲骨与赵时春并时称"翰林三直"，又一起犯颜直谏英年致仕。不同之处在于，唐顺之始终怀有扶大厦于将倾的用世志向，"奔腾一斩单于颈"；罗洪先持"归寂"思想，主张从静修中兀兀穷年、收摄保聚，"会须自断贪嗔痴"。两首"刀歌"所传达的不同蕴意，预示了二人后来同在内阁举荐下一进一退的不同选择。唐顺之复出后的第二年，罗洪先再次静坐石莲洞，半年后闻唐顺之死讯噩耗，哭始下榻。在此顺便指出，同样苦身多病、久疾不愈的罗洪先，对武术的把握也与唐顺之有着完全相对的认识。罗洪先对古代导引术进行了系统整理，其《卫生真诀》中的"仙传四十九方"，以及《万育仙书》中的"华佗五禽戏"承前启后，代表了当时导引术的最高水平。

中年以后唐顺之没有机会参与国事，却始终不遗余力地发挥着积极的影响。嘉靖二十四年（1545），听说三边总督翁万达有意出击蒙古，他心生顾虑，主动索要三关地图协助谋划："宣、大与三关地图，敢求见寄为惠"；得之对方有周密计划后大为宽慰，鼓励早日践行："读来教并所寄边图，忽如置身于塞垣鼓擎之间，而听鸣剑抵掌之雄谈"②。嘉靖二十五（1546）年，曾铣厉兵秣马上疏请战收复河套，唐顺之挂碍，修书多封密切关注："近见邸报，得吾丈条陈边事一

---

① 徐儒宗. 罗洪先集下［M］. 南京：凤凰出版社，2007：1081.
② 唐荆川研究会. 唐荆川诗文集［M］. 南京：凤凰出版社，2012：201-202.

疏。窃以万全之算多具此中。而邸报只载条纲，愿得全疏一观之。并三镇巡抚所议与河套详细地图，俱望一见示。"① 他四十六岁时倭寇肆炽，与万表、徐学诗、谢瑜等亲赴宁波勘察夷情②。他四十九岁时倡议在常州孟河修筑孟渎堡。孟渎堡周围五百八十丈，高二丈厚三丈，乃苏松诸郡咽喉，大寇若犯江南此为最要③。

此间，唐顺之一如既往地用自己擅长的文学手段激励着国之良将。嘉靖三十二年（1553）闰三月，俞大猷与汤克宽奇袭烈岛倭寇大捷。唐顺之作《咏俞虚江参将四首》（略）、《海上凯歌九首赠汤将军》：

汤侯猿臂猛虎须，少小曾窥玄女符。明主亲颁手中剑，直交跨海斩天吴。

纷纷盗窃尔何知，岸上斫人水上嬉。自咤一身都是胆，欲将巨海作潢池。

偃旗休角寂无猜，百丈楼船泊不开。夜半贼营流矢满，纔惊汉将是飞来。

水军队队黄头郎，迎潮直上凌扶桑。已知海若先清道，万里沧波定不扬。

海上秋高朝气清，营中贾勇竞先鸣。叠屿乱翻旌帜影，惊涛尽作鼓鼙声。

沉船斩馘海为羶，潭底潜蛟喷血涎。髑髅带箭逐波去，可道孙恩是水仙。

锦纨爱子亦从军，长鬣苍头总策勋。谁夺强王万金首，帐前齐说小郎君。

五千长戟下淮邳，自是沙洲命尽时。将军欲置平戎鼓，须借鲸鲵腹下皮。

捷上彤庭宠数优，诏分玉带与名裘。麾下偏裨尽稽首，貂蝉笑看出兜牟。④

嘉靖三十三年（1554）四月，万表（1498—1556）散尽家财，召集家人及

---

① 唐荆川研究会. 唐荆川诗文集 [M]. 南京：凤凰出版社，2012：206.
② 徐渭. 徐渭集 [M]. 北京：中华书局，1983：66.
③ 北京图书馆. 明唐荆川先生年谱 [M]. 北京：北京图书馆出版社，2010：689.
④ 唐荆川研究会. 唐荆川诗文集 [M]. 南京：凤凰出版社，2012：90.

两百少林僧迎击倭寇,歼敌于海盐、太仓、嘉兴等地。唐顺之叹曰"忠诚如君,贯乎日月,世所难也"①,作《赠都督万鹿园四首次士和韵》:

几年枯寂学全真,一握兵机运鬼神。骄养义儿皆判死,灰心禅客亦投身。

独承利镞生如剩,偏散黄金家益贫。直欲填桥跨沧海,先声万里走波臣。

暂脱荷衣事鼓鼙,从军亦复有新诗。犯难甘为智士笑,还山肯顾道人期。

申胥自信知天定,李广何心计数奇。尊俎运筹今已就,潢池跳跃欲奚为。

许国谁能似尔真,每忧时变几伤神。试看养乱偷生将,共是腰金拖玉身。

杼轴千家愁命尽,转输万里叹师贫。饥馑干戈今并急,谟谋全仰二三臣。

宵宵清啸杂征鼙,抚剑刘琨本善诗。开幕待降收死力,隔江遣谍刻还期。

功须因败番成巧,筹恰当机不见奇。长子帅师今在尔,道傍筑室莫轻为。②

嘉靖三十三年五月,张经受命总督抗倭兵务,唐顺之作《赠督府张半洲兼柬周中丞石崖四首》:

威名昔日动南荒,斧钺重分定海疆。八镇大臣承节制,六千君子备戎行。

若营内险无如海,但练沙兵略用狼。师老寇深为日久,伫看石画一更张。

壮猷元老旧文儒,羽戚雍容礼乐余。吴起援枹休进剑,韦卿对垒只肩舆。

---

① 北京图书馆. 唐荆川先生年谱 [M]. 北京:北京图书馆出版社,2010:682.
② 唐荆川研究会. 唐荆川诗文集 [M]. 南京:凤凰出版社,2012:75-76.

第六章 唐顺之武术思想特征及影响

抚士严冬挟重纩，屏人半夜草阴符。复道降人为我用，三吴深雪正擒俘。

无知丑虏恣包虓，谁识元戎庙略饶。七策谋臣陪后乘，三镖蛮骑护前茅。

计藏处女深坚壁，势激惊雷迅捣巢。民夷连结祸未已，上计由来是伐交。

插羽飞书入建章，帝亲推毂任才良。东南大略输公壃，尊俎奇谋仗子房。

人家半是焚烧后，禾黍又成荆棘场。为将先须固根本，诸公深计在民疮。①

嘉靖三十四年（1555）前后，苏州同知任环在宝山、崇明等地屡挫倭寇，"裹创搏战气盖三军"②。唐顺之与归有光、文征明、顾梦圭等人联手作《任公平倭诗》：

龟兹本小丑，突然障东沙。江左久承平，风烟颇堪嗟。
一发竟连年，长驱若无遮。戎吏多旁观，泄泄岁月赊。
惟我复庵公，挺然不顾家。屡立矢石前，扬鞭策渥洼。
所向皆成功，克敌无坚瑕。贼畏如范韩，海外称任爷。
出师尝露宿，月夜闻羌笳。嘉绩在朝宁，玺书赐安车。
试看大捷音，彤庭颁白麻。持节过毗陵，共尝阳羡茶。③

另外，还作诗赠翁万达《塞下曲赠翁东崖侍郎总制十八首》（略），歌颂其在总督任上多次取得对蒙古俺答汗部的胜利，翁万达回书云"诵之铿然当一字一拜也"④。嘉靖三十七年（1558），北上勘察兵籍结识名将马芳，作《副总兵马芳陷虏中十二年而归在虏中亦称骁将》：

穹庐元以射雕称，一骑常先万马腾。

---

① 唐荆川研究会. 唐荆川诗文集 [M]. 南京：凤凰出版社，2012：74.
② 北京图书馆. 唐荆川先生年谱 [M]. 北京：北京图书馆出版社，2010：691.
③ 黄毅. 唐顺之与明代抗倭斗争 [J]. 深圳大学学报（人文社会科学版），2009，26（06）：99.
④ 北京图书馆. 明唐荆川先生年谱 [M]. 北京：北京图书馆出版社，2010：593.

>　　意气肯甘胡地老，勋名终属汉坛登。
>　　斫残右臂方挥刃，殪尽追锋未释冰。
>　　归自房中还破房，古来名将亦谁曾。①

唐顺之还成功劝导郑若曾投身海防著作的编撰工作。郑若曾（1503—1570），字伯鲁，昆山人，与唐顺之有同窗之谊。后科举不第加入胡宗宪幕府，以军事著作名垂于世，著有《日本图纂》《朝鲜图说》《万里海防图论》《江南经略》《筹海图编》等海防著作。根据《筹海图编》序言交代，其从事海防资料的汇集是受到了唐顺之的劝导："当变之始作也，涖事者欲按往迹，便地利，侦鲵技，以图万全之功。而纪载茂如，仅有日本考略，而挂织漏钜，无关成败，咸以为恨。荆川唐公谓予宜有所述，毋复另后人恨今也。稿未半，荆川不逮。"② 怀着无尽的缅怀之情，在唐顺之身后的一片攻讦声中，郑若曾竭力为之挽回声誉："嘉、湖千里宁谧，实荆川之功也"③"向来浙直阴受唐公之赐而不知"④。郑若曾同样十分褒扬武术活动，其在《江南经略》中不吝笔墨载入枪法十七家、刀法十五家、剑法六家、弓弩法十四家、棍法三十一家、杂器械十家、拳法十家，为后人留下了无比珍贵的明代武术资料。这无疑是对唐顺之以文经武、武以文彰思想的积极响应。

第三节　学识并进，道艺无二

唐顺之最早从事的武术实践是射箭。《年谱》云："公之学射为最早，在戊戌年（嘉靖十七年）以前，年未三十也，射师何人不可知矣。"⑤ 作为一位致力于科举并取得成功的士人，尽管与心学人士来往密切，根深蒂固的朱学正统不可能轻易被颠覆。因此唐顺之三十岁前后包括前家居时期（29—33岁）"诗古文辞，甲兵、钱谷、象纬、历算、击剑、挽强，无不习之"⑥所从事的武术活动，

---

① 唐荆川研究会．唐荆川诗文集[M]．南京：凤凰出版社，2012：107.
② 郑若曾．筹海图编[M]．北京：中华书局，2007：9.
③ 北京图书馆．明唐荆川先生年谱[M]．北京：北京图书馆出版社，2010：6.
④ 北京图书馆．明唐荆川先生年谱[M]．北京：北京图书馆出版社，2010：755.
⑤ 北京图书馆．明唐荆川先生年谱[M]．北京：北京图书馆出版社，2010：576.
⑥ 北京图书馆．明唐荆川先生年谱[M]．北京：北京图书馆出版社，2010：126.

第六章 唐顺之武术思想特征及影响

无论是出于对王阳明功业的向往，还是"嘉靖八才子""谙实务""以实学有闻"[1] 的群体意识，或是履职兵部主事的行为表率，都是对朱子格物穷理外向工夫的一种表达，与早年时期不自觉地希望成为一名优秀士人的追求是相一致的。

他三十五岁致仕重返林壑，究心百家众艺的同时，唐顺之开始重视性理之学。是年《答周约庵中承》说："自屏居以来，澄虑默观亦久之，乃稍窥见古之儒者所以为学之大端。窃以其实乃在于身心性事之际，而不以事功技术揭耳目为也。"[2] 王学对朱学的否定越来越受到士人的推崇，对以"文章行益闻天下"[3] 的唐顺之来说，在程朱理学与阳明心学之间有必要做出选择。是年王艮弟子林春病逝，他撰《吏部郎中林东城墓志铭》有云："（林春）因此始闻良知之说，则心喜之，至夜中睡醒无人处，辄啧啧自喜不休。遂欲以躬践之，则日以朱墨笔点记其意向臧否醇杂，以自考镜。"[4] 对逝者始闻良知之说"自喜不休""欲以躬践之"如此肯定，反映了王学也正在给唐顺之带来创造性的改变。

然而唐顺之才大名高亦为名所累，王学严重分化各有所主的局面使其不可能从善如流人云亦云。应该注意到，终其一生文字，几乎从未涉及王阳明，这足以表明其对良知之说及王学诸派的保留态度。因此当"功名缰锁已获斩断"[5] 真正开始面对性理议题时，他是从"不靠傍以随人""玄然一身经历"[6] 的立场出发的，这决定了其入道过程的自主性和独立性。宋儒普遍重视静坐工夫，王阳明更是把静坐视为终极突破的一种决定性手段。当代学者陈立胜将宋明理学家的静坐分为：默认仁体、观未发之气象之静坐，收敛身心之静坐，观天地生物气象之静坐，省过仪式之静坐等各有侧重亦有交织的四种类别[7]。静坐不仅在儒家修学中占有重要地位，作为净化身心、提升境界的手段，佛教道教也都奉若瑰宝。于是唐顺之决定从静坐入手，要把发生在圣贤身上的"格物致知""龙场悟道"亲尝自试从头来过。

于是痛割俗情勤苦异常，"居常闭户，五六日默然绝无一语，经月不设户褥，

---

[1] 钱谦益.列朝诗集小传：上卷 [M].上海：上海古籍出版社，2008：379.
[2] 唐荆川研究会.唐荆川诗文集 [M].南京：凤凰出版社，2012：137.
[3] 北京图书馆.明唐荆川先生年谱 [M].北京：北京图书馆出版社，2010：458.
[4] 唐荆川研究会.唐荆川诗文集 [M].南京：凤凰出版社，2012：394.
[5] 唐荆川研究会.唐荆川诗文集 [M].南京：凤凰出版社，2012：132.
[6] 万士和.祭荆川唐先生文·卷十 [M].台南：庄严文化事业有限公司，1997：10.
[7] 陈立胜.静坐在儒家修身学中的意义 [J].中国儒学，2015（00）：1-25.

兀兀静坐，不卧不寝"①。经过一年左右的废寝忘食，提出了对静坐的看法："乃知濂洛主静与教人静坐之说亦在后人善学，不然，尽能误人，非特攘闹汩没中能误人也。禅家之绝去尘缘，一蒲团了却此生，此所谓果哉，未之难矣。"②"闲静中转见种种欲根起灭不断，虽暂随契机歇息，终非拔本塞源工夫，亦觉实病之难除，实工之难进也。"③需要指出的是，这并不意味着对静坐本身的否定，之后也未曾放弃静坐工夫，而是通过亲身实证否定"归寂派"的独执虚寂。在他看来，静坐大可作为修行的必要手段，但绝不能置于核心位置。王慎中评价唐顺之静坐："荆川随处费尽精神，可谓泼撒，然自跳上蒲团，便如木偶相似，收摄保聚，可无渗漏，予则不能及。"④嘉靖二十五年（1546）罗洪先造访"所至聚观，望之若仙"⑤。王畿也说"荆川自谓得天眼决，能练虚空，亦曾死心入定"⑥。深入的静坐体验给唐顺之带来了本体认知的升华，他在给王慎中的信中写道：

> 近年来痛苦心切，死中求活，将四十年前伎俩头头放舍，四十年前意见种种抹杀，于清明中稍见得些影子，原是彻天彻地灵明混成的东西，生时一物带不来，此物却原自带来，死时一物带不去，此物却要完全还他去。然以为有物，则何睹何闻？以为无物，则参前倚衡，瞻前忽后。非胸中不卦世间一物，则不能见得此物，非心心念念昼夜不舍，如养珠抱卵，下数十年无渗漏的工夫，则不能收摄此物，完养此物……终日如愚，终日忘食，此真工夫也。无以尚之，则有一物可尚，便不是此物矣。忘食则于闲事有不暇者矣，如愚则于才技有不使者矣。孔、颜一生工夫，所以完养收摄此宝藏也。仆近稍悟得此意，而深恨年已过时，虽知其无成，然本是自家宝藏，不得不有冀于万一也。（《答王遵岩》）⑦

反复提到的"此物""此宝藏"即是对本体的描述。"彻天彻地灵明混成"，本体超言绝相不可违逆，所以"无以尚之""则有一物可尚，便不是此物"。需要

---

① 唐荆川研究会. 唐荆川诗文集 [M]. 南京：凤凰出版社，2012：414-415.
② 唐荆川研究会. 唐荆川诗文集 [M]. 南京：凤凰出版社，2012：138.
③ 唐荆川研究会. 唐荆川诗文集 [M]. 南京：凤凰出版社，2012：114.
④ 吴震. 王畿集 [M]. 南京：凤凰出版社，2007：12.
⑤ 徐儒宗. 罗洪先集 [M]. 南京：凤凰出版社，2007：1380.
⑥ 同④.
⑦ 唐荆川研究会. 唐荆川诗文集 [M]. 南京：凤凰出版社，2012：171.

第六章 唐顺之武术思想特征及影响

指出的是，以上抽象的形而上思维结果正是道学家们苦苦追求的对象，朱熹称之为"道""理""太极"，王阳明称之为"良知"，陈献章称之为"本来"，唐顺之则称之为"天机"。之后他对天机见解多有阐发，书于晚年的《与聂双江司马》论述最为具体，由于对方聂豹是归寂主张的代表人物，于是也颇有论道的蕴意：

> 盖尝验得此心天机活物，其寂与感，自寂自感，不容人力；吾与之寂与之感，只自顺此天机而已，不障此天机而已。障天机者莫如欲，若使欲根洗尽，则机不握而自运，所以为感也，所以为寂也。天机即天命也，天命者，天之所使也。故曰天命之谓性。立命在人，人只是立此天之所命者而已。白沙先生"色色信他本来一语"最是形容天机好处，若欲求寂，便不寂矣，若有意于感，非真感矣。圣人固以寂、感对言，亦有以寂、感分言者矣。①

通过上述可以发现天机主张的特殊之处。《说文解字》云："凡主发者谓之机"，唐顺之借"天机"一词代指有创发功能的本体②。"此心天机活物""不容人力""只自顺此天机而已"，人心是上天赋予的灵动之物，天之使命需要通过人心这一中间环节才能表达，因而本心的取向就是上天的创发。这无疑是站在了心学的行列。"障天机者莫如欲"，欲望是阻隔人心与天机的障碍，也可以理解为，上天同时赋予人心两个对立的单元，天机也裹挟着人欲，因此要下工夫祛除欲障。可以看出，唐顺之十分肯定朱学"去人欲"所发挥的积极作用。黄宗羲概括唐顺之学术思想"以天机为宗，以无欲为工夫"③，前者是本体论，后者是工夫论，联系两者可知天机思想的核心即人必须在格除私欲的前提下顺从时代使命。天机思想使唐顺之栖身明代思想家行列，清初黄宗羲以"发先儒之所未发"的标准编纂《明儒学案》，将之列入"南中王门"，周汝登所编《王学宗旨》，以《祭荆川先生文》为终篇。

天机思想的创建意义是把儒家的道德追求与现实致用相结合，道器不二、德艺无二。在理学家们看来，证悟道德本心才是至高无上的追求，不依外境，心性

---

① 唐荆川研究会. 唐荆川诗文集 [M]. 南京：凤凰出版社，2012：173.
② 武道房. "天机说"与唐顺之诗学思想的演进 [J]. 文学遗产，2020（1）：889.
③ 黄宗羲. 明儒学案 [M]. 北京：中华书局，1985：599.

提升为本，文辞技艺为末。唐顺之心怀经世挂碍，即使在"一念不起"①"无以尚之"的寂灭思绪中也不能割舍用世之念。尽管对外常常一副道学家口吻："至于象纬地形种种诸家之学，往时亦颇尝注心焉。今尽以懒病废。窃以为绝利于百途，固将藉此余闲，聚精蓄力，洞极本心，洗濯愆过，以冀收功于一原。"②"文词技能，种种与心为斗，亦从生徒交游之例尽谢遣之，尽息绝之。"③ 而事实上，"天文地理经书子史医药算数之说靡不贯串"④，经、史、诗、文、算、历、兵等经世学问从未从他生活中断裂过。天机思想所服务的，是主流学养之外的知识和技能，那同样是天命所使。

天机思想的形成过程与武术实践的深入相伴而行。天机思想成熟于唐顺之三十八岁，是年万士和致信曰："先生生身所担当，直欲为宇宙间创开一路绩来，从来相传法眼心源，以锻炼而通天机，以无欲而昭著。岂某之所可窥，某之可语言者。"⑤ 万士和密切关注师父的学术动向，"以锻炼而通天机，以无欲而昭著"是对唐顺之学术思想的最早概括。而就在此前一年，唐顺之向河南人杨松学习枪法，从其回忆"余三十六七岁间问枪于河南人杨松"⑥ 来看，学枪过程应该持续了将近一年之久。晚年对戚继光说"工夫十年"，说明枪法操练贯穿了思想转变的整个过程。三十五岁时就从南戏艺人那里接触到温家拳，之后创作《拳歌》也表明拳法同样经历了长期的习练。此外，载于《武编》的诸门武艺也离不开中年时段长时间的实践基础。

万士和所言"岂某之所可窥，某之可语言者"，表明唐顺之道艺无二的主张或者说驳杂学路引起了外界的质疑。从天机思想的特殊性来看，他四十岁在武进时召集的"旬日之聚"蕴含着印证切磋的意图。罗洪先、王畿、戚贤、万表、陈九川、吕光洵、周子恭等都是当时活跃的王学门人。其他人是何态度现已无从知晓，与罗洪先"夜语契心，相对跃曰：'庶几千载一遇乎！'遂达旦不寐"⑦，说明至少在罗洪先看来，唐顺之的另辟蹊径是没有问题的。唐顺之得到认同信心益坚，是年秋天《峨眉道人拳歌》因兴而发。"兴阑顾影却自惜，肯使天机俱泄

---

① 唐荆川研究会. 唐荆川诗文集［M］. 南京：凤凰出版社，2012：153.
② 唐顺之. 唐顺之集［M］. 杭州：浙江古籍出版社，2014：228.
③ 唐荆川研究会. 唐荆川诗文集［M］. 南京：凤凰出版社，2012：132.
④ 万士和. 祭荆川唐先生文［M］. 台南：庄严文化事业有限公司，1997：10.
⑤ 万士和. 万文恭公摘集·卷二［M］. 台南：庄严文化事业有限公司，1997：2.
⑥ 唐荆川研究会. 唐荆川诗文集［M］. 南京：凤凰出版社，2012：579.
⑦ 徐儒宗. 罗洪先集：下［M］. 南京：凤凰出版社，2007：1380.

漏"一句反映了武术活动在当时的社会地位,也折射了天机思想的外部环境。其《书河图洛书》一文中同样用到了"天机泄露":"卦未画,书契未作,而造物者已出此二图示人,盖天机之始泄,而数之所由肇也。"① 造物主创发万物由阴阳二象而起,是为"天机之始泄",这般从无到有的创发作用与《拳歌》拉开拳文化序幕的意义是完全一致的。《拳歌》刻画的恐怕是连"兵家小技"算不上的拳法,内容还大量运用了寻橦、斗兽、幻术、车戏等汉百戏元素,这在当时无论如何都将受到读书人的强烈抵触。正是由于自证了"天机流行""性地洒落"的本体之妙,他终于在主流学养与离经叛道之间不再纠结。

天机思想从萌发至成熟经历了一个积累充实的过程,枪法起到了重要的互参作用。他最早提出"天机圆活"是在三十六岁:"天机尽是圆活,性地尽是洒落,顾人情乐率易而苦拘束。"② 此时离构建出系统完善的学术见解尚有一定距离,但联系此年正在向杨松学枪可知,唐顺之将师傅手中"圆活"的枪圈作为理法心得运用于心灵本体的揭示和功夫主张的构建。学枪为天机思想的圆融起到了重要的学理支撑。其《明道语略序》曰:"盖其酝酿流行,无断无续,乃吾心天机自然之妙,而非人力之可为,其所谓默识而存之者,则亦顺其天机自然之妙,而不容纤毫人力参乎其间也。"③ 枪法关键在于手法技巧而非人之蛮力,双手拧转细微体察,不可呆板滞息,要感受和驾驭长枪本身具有的韧性。《与聂双江司马》:"障天机者莫如欲,若使欲根洗尽,则机不握而自运。"功夫纯熟之后便得心应手,随心所欲拧转枪圈,圆灵活泼神明自运。再如其《中庸辑略序》:"儒者于喜怒哀乐之发,未尝不欲其顺而达之……佛者于喜怒哀乐之发,未尝不欲其逆而销之……其机常主于逆,故其所谓旋闻反见,与其不住声色香触,乃在于闻见声色香触之外。其机常主于顺,故其所谓不睹不闻,与其无声无臭者,乃即在于睹闻声臭之中。"④ 取胜之要在于借人之势,不可与对方比较力量,顺力而为、顺而达之,采用活法,施展无中生有、死中返活。

枪法启发下的"圆机"同时也作用于唐顺之的诗歌理论。万士和回忆唐顺之论诗:"(唐顺之)'曰诗文俱有丹头。'又曰:'作诗文者,要得圆机。'又曰:'学者须先辨雅俗,一入俗语,最不可转。但得丹头圆机在手,则不患其不雅。

---

① 唐荆川研究会. 唐荆川诗文集 [M]. 南京:凤凰出版社,2012:474.
② 唐荆川研究会. 唐荆川诗文集 [M]. 南京:凤凰出版社,2012:139.
③ 唐荆川研究会. 唐荆川诗文集 [M]. 南京:凤凰出版社,2012:274.
④ 唐荆川研究会. 唐荆川诗文集 [M]. 南京:凤凰出版社,2012:273.

不然虽极力依仿，愈近愈差，终不免委靡而俗。不雅。不然虽极力依仿，愈近愈差，终不免委靡而俗。'……余时进曰：'所谓丹头者，精神也；圆机者，精神之用也；一脉相传者，传其精神骨髓也。'先生首肯之。"①"丹头"指道家炼丹的引子，"丹头圆机""精神"都指心之本体。上文大意为：如若作得好诗文，绝不能一味效法，要从自我见解出发，无论俗雅，像活脱圆转的枪圈一样抒发创作者的精神力量。

相较于武术视角对唐顺之人物考察的匮乏，文学界关于其文学思想的研究硕果累累，以下就武术思想与文学思想的关系略作讨论。唐顺之三十以前并未入道，文学思想处于趋拟"前七子"复古主张的阶段；三十岁左右受王慎中影响，开始重视研究唐宋古文；随着天机思想的成熟，四十二岁②提出不拘于文体和章法、抒发自我见解的"本色"主张。以上是为唐顺之文学思想发展的三个阶段。晚年随着"本色论"在文坛的传播以及越来越大的影响，唐顺之渐渐意识到，如果片面地忽略创作技巧和法度，文章的审美性将会受到限制。于是倾注大量精力汇集《文编》，推出"开阖首尾经纬错综"的古文章法，以"文必有法"宣告创作技巧和直抒胸臆之间的依托关系。上述文学行为节点与枪法操习成谱的过程是相辅相成的。经过五六年的习练，到了四十多岁时，他的枪法水平已经完成了"一尺枪圈"对"基本手法"的超越，手法的重要性被化境水平所取代。后来他在整理推出古文章法的过程中，开始反思"法"对学习过程的重要作用，于是回过头来把从古文中提炼出的章法写成"六合枪法"，创发了最早的枪谱。因此"文法论"是模仿古文的学习过程，"本色论"是超越过程的目标境界；"缠、拦、封、闭、穿指、穿袖"是枪法入手之技，"一尺枪圈"是最终目标。

天机思想使"技艺"与"道德"相容不悖。唐顺之明确指出百家众艺莫不通于古圣之道："古圣贤教人，虽一曲艺未尝不与心相通，人能得此常理，设此为医，则必能究性命之源，为巫，则必能极鬼神之情状。一彻万融，所谓因源而得委也。"当朋友质疑他误入歧途时，他回应"艺之精处即是心精"，指出只要不被欲望蒙蔽溺于玩物，技艺同样是提高道德的途径：

> 至于道德性命技艺之辨，古人虽以六德、六艺分言。然德非虚器，其切实应用处即谓之器；艺非粗迹，其精义致用处即谓之德。故古人终

---

① 万士和. 二妙集续[M]. 台南：庄严文化事业有限公司，1997：页二.
② 孙彦. 唐顺之文学思想研究[D]. 南京：南京大学，2015：17.

日从事于六艺之间，非特以实用之不可缺而姑从事云耳。盖即此而鼓舞凝聚其精神，坚忍操练其筋骨，沉潜缜密其心思，以类万物而通神明。故曰扫洒应对，精义入神，只是一理，艺之精处，即是心精；艺之粗处即是心粗，非二致也。但古人于艺，以为聚精会神、极深研几之实；而今人于艺，则以为溺心玩物、争能好胜之具，此则古与今之不同。而非所以为艺与德之辨也。执事所举尧、舜，夫尧、舜之所未闻与若周闻云云者，此道也。羲和之历，象夷夔之礼乐，皋之刑名，至于垂工和矢、伯益鸟兽，孰非道哉？①

需要指出的是，以上文字是唐顺之三十岁左右时的书信，此时"道艺无二"的提出远早于天机思想的成熟。由此可知，唐顺之接受心学的过程其实是论证和落实道德哲学"行于事"的过程。在心学道路上的不断进展，非但没有扰乱其思想发展的理路，反而充当了开辟自适学途的理论依据。像当时大多数王阳明的追随者一样，"致良知"蕴含的根本价值，是对陈旧思想枷锁的否定。正如左东岭先生所指出："唐顺之既不是王阳明及门弟子，也不是其再传弟子，他可以说是一位真正从自我的人生需要出发而接受王学的士人。"②

第四节　操练精神，德荫教化

《论语》第一句话便是"学而时习之，不亦说乎！"孔子还说："温故而知新，可以为师矣。"朱熹在《四书集注》中解释道："故者，旧所闻；新者，今所得。言之能时习旧闻，而每有所得。"《朱子全书》进一步阐释："学而不习，则虽知其理，能其事，而亦生涩危殆，而不能以自安。习而不得，虽曰习之而其功夫间断，一曝十寒，终不足以成其习之功。"③ 作为最了解唐顺之的人，万士和不止一次提到师父注重操练的特点，"学以操练为主"④ "以锻炼而通天机"⑤。对传统学养的认同和坚持，决定了唐顺之重视将所学知识技能进行操练的特点。

把功夫放在平时研习备用是唐顺之的一贯作风。嘉靖三十六年（1557）二月

---

① 唐荆川研究会. 唐荆川诗文集 [M]. 南京：凤凰出版社，2012：123.
② 左东岭. 王学与中晚明士人心态 [M]. 北京：商务印书馆，2014：332.
③ 张岱年，方克立. 中国文化概论 [M]. 修订版. 北京：北京师范大学出版社，2004：152.
④ 万士和. 万文恭公摘集·卷十 [M]. 台南：庄严文化事业有限公司，1997：10.
⑤ 万士和. 万文恭公摘集·卷七 [M]. 台南：庄严文化事业有限公司，1997：2.

赵文华举荐时他选择"坚卧不出"①，这固然有父丧未满、介怀赵文华与严嵩恶名等方面的因素，后来的选择证明当时是有意拖延。既然深思熟虑早有用世意，情势诚然也是不得不出，再联系期间"得读《续武经总要》"，频繁主动与前方接洽的举动来看，拖延的原因恐怕是尚未完成理想中的知识储备。嘉靖三十二年（1553），暗武事、善骑射的赵时春与俺答"一战而败"，这对喜谈兵事的士大夫是一个巨大警示。于是谢绝赵文华的主要理由是不能胜任，这未必不是真实想法："就使重新休休然，夜则读《阴符》《韬》《钤》家书，又孳孳习操弧击剑挺矛，日则于介胄士相驰逐，如此搏弄三两年，终是军旅未学，其亦难以信乎公之言矣。"② 面对弟子曹三旸的催促时，便只可借父丧未满来争取时间："金革无避之说盖指当时如鲁伯禽有社稷重寄者言之，此只可在大臣任兵事者之例，非可为小臣无关轻重者例也……臣子之义自不当辞，但在丧中则不必不可也，必不能也。"③ 给胡宗宪的理由是健康状况："武夷卜居已有次第，俟毕丧后便当携孥长往矣。今且就广德、荆溪之间僻坞深山中小试静坐百日，少苏积年枯槁之身，过此以后当无图一面会也。"④ 此种心迹对罗洪先袒露无余："当路必欲以兵事相处，使人不顾所不能，仆亦不得已而效支离疏之攘臂，不暇自顾其所不能而强承之。"⑤ 直到各方面准备使他获得了足够的自信，嘉靖三十七年（1558）十月奉诏时胸有成竹地表示："一月不平贼拿将官，三月不平贼请拿郎中。"⑥ 唐顺之以学致用的特点，赵时春撰写《墓志铭》总结道："杜门绝游宴，博极典策百家众技，册芟撮要，研精竭神。又有十五年，及涣然自信曰：吾学足以用矣。"⑦

学以操练为主突出体现于唐顺之的精神修炼。伴随着漫长而不得不振作、孤寂而不得不精进的家居岁月，精神操练充满着百死千难的悲壮色彩。学而至道乃学者先务，于是苦心静坐"居常闭户，五六日默然绝无一语，经月不设户褥，兀兀静坐，不卧不寝"⑧；人心与道心两隔是由于欲望的存在，于是忍节嗜欲"冬

---

① 北京图书馆. 明唐荆川先生年谱 [M]. 北京：北京图书馆出版社，2010：714.
② 唐荆川研究会. 唐荆川诗文集 [M]. 南京：凤凰出版社，2012：114.
③ 唐荆川研究会. 唐荆川诗文集 [M]. 南京：凤凰出版社，2012：214.
④ 唐荆川研究会. 唐荆川诗文集 [M]. 南京：凤凰出版社，2012：593-594.
⑤ 唐荆川研究会. 唐荆川诗文集 [M]. 南京：凤凰出版社，2012：221.
⑥ 同①.
⑦ 同②.
⑧ 唐荆川研究会. 唐荆川诗文集 [M]. 南京：凤凰出版社，2012：614-615.

夏惟著一青衣直裰，巾履十余年不更，初或以年不沐，其后至有廿年不沐者"①。用他自己的话说："所以苦身自约如此者，认为既不能改于其故陋以循时好，则贫贱自是此生常事。谚曰：畏水者不承桥，恐其动心也。"精神的修炼使他感到充实受用，"一番败露一番锻炼，从此工夫颇为近实。"然而这种杂学行为受到了外界的诟病，连极力维护其形象的洪朝选都说他"下至兵家小技——学习"②。万士和最理解师父苦心："先生生身所担当，直欲为宇宙间创开一路绩来，从来相传法眼心源，以锻炼而通天机，以无欲而昭著，岂某之所可窥，某之可语言者。"③

然而思想深处的担当意识不容许他把求道之心与经世致用割裂开来，这决定了精神操练不能止步于个体的受用，于是唐顺之在武的实践中自觉体察和关联精神的鼓荡之处。既然心体的权威得到树立，操练的行为便只向本心负责，旧有的、保守的、外在的形式便不再受青睐，如此的结果，就是把体育活动作为必要的修行手段。理想与现实之间获有了新内容的生发空间，为了服务精神操练，拳枪刀剑等以技搏力的个体武艺偏离和超越本应具有的军事价值。一方面，承认精神境界的提升固然该以对治本心为旨："若就从观书学技将此心苦心练一番，使观书而燥火不生，学技而妄念不起，此亦对病下针之法。"④ 但唐顺之更主张筋骨和心智同等重要、体育实践不可或缺："盖即此而鼓舞凝聚其精神，坚忍操练其筋骨，沉潜缜密其心思，以类万物而通神明。"⑤

射箭是唐顺之开始最早并伴随一生的操练科目，精湛的射艺尤其是巧妙的教学方法使他名噪一时。嘉靖十七年（1538）沈炼任溧阳县令期间向唐顺之学习射法，沈后来致书有云："意畴昔辱于阳羡之墅，省记微旨教以挽弓，当其时不识也。"⑥ 嘉靖二十二年（1543）徐阶过武进访唐顺之，与众人一同习射，"荆川特破格杀炊黍留予辈饭，李（慎菴）亦解射，偕荆川发数十矢值暮乃罢"⑦。王畿祭文回忆："或时控弦，射拟角艺，或时隐几，坐而谈玄。"⑧ 南下督兵时唐顺之

---

① 唐荆川研究会. 唐荆川诗文集 [M]. 南京：凤凰出版社，2012：618.
② 唐荆川研究会. 唐荆川诗文集 [M]. 南京：凤凰出版社，2012：607.
③ 万士和. 万文恭公摘集·卷七 [M]. 台南：庄严文化事业有限公司，1997：2.
④ 唐荆川研究会. 唐荆川诗文集 [M]. 南京：凤凰出版社，2012：163.
⑤ 唐荆川研究会. 唐荆川诗文集 [M]. 南京：凤凰出版社，2012：123.
⑥ 北京图书馆. 唐荆川先生年谱 [M]. 北京：北京图书馆出版社，2010：573.
⑦ 北京图书馆. 唐荆川先生年谱 [M]. 北京：北京图书馆出版社，2010：555.
⑧ 吴震. 王畿集 [M]. 南京：凤凰出版社，2007：555.

作有《祭弓文》："审机括于心契，获纵送于口传。既耽玩而忘倦，遂拈弄以经年。赖明灵以默赞，似有庸乎余衷。时弦鹄之应声，若迅呼于顺风。兹岁终而告成，向明灵以徼福。双有适于力巧，一无误于手目。"① 从《武编》前集卷五所载"射""弓"来看，其射法的内容主要出自南宋《事林广记》和唐代王琚的《教射经》。

嘉靖二十二年（1543），刘绘致书称赞其射艺："止知居宜兴山中，枕幽寂僻，人事庶得，澄养神骏也。闲居山中雅好弓矢，尽悟开辟之巧，挽强达疏，乍闻不信，后言者交至。知道兄聪灵静蓄，有术力倍加于昔鄙意不觉欢踊矣。"② 赵贞吉致书胡直分享向唐顺之学射感受："闻公昔学射于唐荆川矣，然今观之，巧其可学乎，然荆川之讲射法，皆巧也。当其初，巧不在我，而在荆川之语，故曰不可学。至其久而力充矣，力充则巧至矣，然后荆川之巧始在我，虽谓荆川教我巧，亦可矣。"③ 从时人的诗赞来看，"左肘能教置杯水，右手引弓轻发矢"④ "覆肘岂令杯水动，攀弦却怕术猿惊"⑤，唐顺之射法精妙是借鉴了王琚"右膊肘平准，令其肘右手可措杯水"的辅助训练，并推至左臂以提高稳定性。

操练是日复一日接近目标的过程，离不开内容和形式的保证。新旧思想激烈交锋的时代背景决定了唐顺之在兼综既有内容基础上自为创新的一面。表现在思想领域是融汇朱陆自出天机主张"以主静为基本，以锻炼为工夫"⑥；表现在诗歌领域是将北宋的"邵雍体"树立为经典范本"三代以下之诗，未有如康节者"，"康节以锻炼如平淡，亦可谓语不惊人死不休者矣"⑦；表现为作文方法，是确立取法唐宋上窥秦汉的学文路径，从历代古文中梳理出"开阖首尾经纬错综之法"；表现于治史方面："取历代诸史纂其有关于治者，分为若干类，间次错陈，披抹点窜，比事以联，务从简约"⑧；表现在经学领域："游心六籍，究圣贤之述作，鉴古今之沿革，以进其识而淑其身"⑨。

如果习射"居无事可以观德，有事战则充守"兼具军事价值，那么唐顺之

---

① 唐荆川研究会. 唐荆川诗文集 [M]. 南京：凤凰出版社，2012：385.
② 北京图书馆. 唐荆川先生年谱 [M]. 北京：北京图书馆出版社，2010：573.
③ 北京图书馆. 唐荆川先生年谱 [M]. 北京：北京图书馆出版社，2010：574.
④ 北京图书馆. 唐荆川先生年谱 [M]. 北京：北京图书馆出版社，2010：575.
⑤ 万士和. 万文恭公摘集·卷二 [M]. 台南：庄严文化事业有限公司，1997：20.
⑥ 唐顺之. 唐顺之集下 [M]. 杭州：浙江古籍出版社，2014：1077.
⑦ 唐荆川研究会. 唐荆川诗文集 [M]. 南京：凤凰出版社，2012：186.
⑧ 吴震. 王畿集 [M]. 南京：凤凰出版社，2007：245.
⑨ 唐荆川研究会. 唐荆川诗文集 [M]. 南京：凤凰出版社，2012：113.

第六章 唐顺之武术思想特征及影响

从三十六七岁开始的江湖枪法操练则是纯粹的体育活动了。结合他表示平生最爱射法和枪法来看，两者共同的特点，是在对力量的要求上都做出了对技术的让步。射箭是通过弓器建立人与矢之间的联系，枪法是通过手建立人与长杆之间的联系。对比之下，枪法经济便捷，健身的功效也更加全面。晚年持枪教化戚继光说"十年工夫矣"，足见其中年时期的不辍。

值得注意的是，"十年工夫"一语也曾出现在其生命的最后时刻。洪朝选《行状》记载唐顺之遗言曰："吾生平尝念死者有三：或死于阵上，或死于忠义，或死于海中，不意能全躯以死于此。今所恨但为人与学问俱未成章，欲就山中了十年工夫，只此一念耳。"[①] 大概是前后十年的枪法习练使之达到了自喜的程度，于是表现出对花十年时间来成就一门学问的肯定。这里不得不提的是，关于枪法的一句"工夫十年"，经过《纪效新书》的影响，使工夫最终成为武术的代称。"工夫"一词可追溯至东晋葛洪《抱朴子·遐览》："艺文不贵，徒消工夫"，指做事情所花费的精力和时间。后来被宋明理学家们用来特指通往圣贤境界的修养方法，有时也写作"功夫"。周敦颐主静、二程主敬、朱熹格物致知都被称为工夫。王阳明天泉证道阐发四句宗旨，"本体"与"工夫"成为相对的概念——本体指道德的基础，工夫则指恢复心之本体的具体实践过程。经过唐顺之的开拓，工夫开始突破儒学范畴获有武术的内涵。"工夫"特指武术在吴殳《手臂录》中得到延续，对吴殳而言练枪就是练工夫："是以练枪者，唯下久苦之工夫于一圈，熟而更熟，精而更精，其于分行之法，一览而全备矣"[②]；"戳革是正，行着是变，功夫缺一不可"[③]；石敬岩"功力最深，手臂最熟"[④]。王余佑论刀也说："工夫不间云才熟，熟自巧生名自香。"[⑤] 20世纪前后，下南洋赴西洋的华人以"练功夫"传播武术，功夫成为享誉世界的中国名片。

一尺枪圈与天机思想关联，对枪法的嗜爱使唐顺之不满足于用唐宋派的古文笔法润饰枪法，进而尝试用动静、斜正、五行、激答以及气、心、神等进一步提升枪法的格调。直到数百年后的清末，武术又一次成为国人振奋精神的良剂，传统文化中的太极、五行、八卦等内容真正走进武术体系。但与太极、五行、八卦

---

① 唐荆川研究会. 唐荆川诗文集 [M]. 南京：凤凰出版社，2012：611.
② 吴殳. 手臂录 [M]. 北京：中华书局，1985：4.
③ 吴殳. 手臂录 [M]. 北京：中华书局，1985：79.
④ 吴殳. 手臂录 [M]. 北京：中华书局，1985：167.
⑤ 唐豪. 王宗岳太极拳经·王宗岳阴符枪谱·戚继光拳经 [M]. 太原：山西科学技术出版社，2008：17.

唐顺之武术研究

等概念截然不同的是，由唐顺之所发端的"六合"乃是武术文化所独有之概念。"六合"原指上下和四方，泛指天下。《庄子·齐物论》曰："六合之外，圣人存而不论；六合之内，圣人论而不议；春秋经世先王之志，圣人议而不辩。"贾谊《过秦论》评秦始皇："履至尊而制六合，执敲扑而鞭笞天下。"《淮南子·原道训》云："舒之幎于六合，卷之不盈于一握。"唐顺之石破天惊谱制的六合对练，经过戚继光吸收借鉴，落实成为对练和单练两部内容。由于单操套子的活动形式更适应武术体育化的发展方向，对之后的武术起到了决定性的影响。在这个过程中，"六合"开始了从活动形式到复杂概念的嬗变历程。以下是不同武术典籍及拳派理论中的"六合"：

> 能杀人于二十步之外者，六合枪法也。① （何良臣）
> 一截、二进、三拦、四缠、五拿、六直。共加六路花枪。② （程宗猷）
> 枪法六秒，一截，二进，三乱，四定，五斜，六直。③ （洪转）
> 枪有六品，一曰神化，二曰通微，三曰精熟，四曰守法，五曰偏长，六曰力斗。④ （吴殳）
> 学拳脚与手合，手与眼合，眼与心合，心与神合，神与气合，气与身合，再无不捷妙灵之处。⑤ （苌乃周）
> 合为六合，面与胸合，耳与肩合，眼与指合，肘与膝合，手与足合，太阳与骸下合，此谓之六合也。⑥ （范清元）
> 六合者，即精合其神，神合其气，气合其精，是内三合也；肩与胯合，肘与膝和，手与足合，是外三合也。四外合一，即成为六合。⑦ （孙禄堂）
> 身成六式，鸡腿龙身、雄膀鹰、虎豹雷声；内三合，心与意合，意与气合，气与力合；外三合，手与足合，肘与膝合，肩与胯合，公为六合。⑧ （姜容樵）

---

① 何良臣.阵纪注释［M］.北京：军事科学出版社，1984：109.
② 马力.中国古典武学秘籍录 上［M］.北京：人民体育出版社，2006：121.
③ 吴殳.手臂录［M］.北京：中华书局.1985：190-192.
④ 吴殳.手臂录［M］.北京：中华书局.1985：73.
⑤ 徐震.苌氏武技书［M］.太原：山西科学技术出版社，2006：66.
⑥ 吉灿忠.河南省武术拳械录［M］.北京：人民体育出版社，2019：840.
⑦ 孙禄堂.孙禄堂武学录［M］.北京：人民体育出版社，2001：178.
⑧ 姜容樵.形意母拳［M］.太原：山西科学技术出版社，2003：8.

第六章 唐顺之武术思想特征及影响

所谓六合者，内有三合，外有三合，精气神为内三合，手眼身为外三合，内外相合，则可以练拳制敌也。①（万籁声）

心与意合，意与气合，气与力合，拳与腿合，身与步合，松与紧合。②（巫家拳）

拳有五合，无论南北派、阴阳劲、内外家，胥不出此范围。五合是由心与眼合，眼与手合，肩与腰合，肘与膝合，手与足合。③（向恺然）

总之，神合、劲合、光线合，全身之法相合。非形式相对谓之合。甚矣哉，六合之误人也，学者慎之慎之。④（王芗斋）

明代武术呈现江湖色彩和市井气，清代武术富有神秘性和封闭性。六合在明代尚未溢出其本来意旨，清代便开始与身体部位、道学理气、动物模仿等交织变得复杂起来。清代后期武术隆兴，民间拳家从戚继光枪、拳章节中，提炼各自的招式、法名甚至源流出处。由于武者们大多处于社会底层，缺乏基本的文字能力，他们对出现在《长兵短用说篇》前半部分晦涩枯燥的对练内容采取回避态度，对图文并茂言简意赅的二十四势全力以赴，揣摩玩味其中的套路内涵。"六合"在二十四势图谱中出现了两处：其一，四夷宾服势，"为六合枪之主，作二十四势之元，妙变无穷"；其二，指南针势，"其类用近乎中平，而着数不离六合之变"。由于六合对练与套子单练关系的割裂，惯于单练套路的人们无从知晓"六合枪"的真正蕴意，只好从"着数不离六合之变"片面出发，创造性地解读六合的蕴意。因而出现了后来多如牛毛的以"六合"为名的拳家、拳理、套路。从唐顺之以文彰武，戚继光因势利导，到王芗斋揭示"六合之误人""学者慎之"。武术完成了富有中国文化特色的体育化过程，形成了风格各异的派系文化。

正如清末梁启超所呼吁："体魄者，与精神有切密之关系者也。有健康强固之体魄，然后有坚忍不屈之精神。"⑤ 任何心理问题本质上都是生理问题，武术活动是强健体魄振奋精神的不二手段，道德境界的提升与知识技艺的追求并不矛盾，静养修炼与武术习练并不矛盾。作为促进武术体育化转变的关键人物，唐顺之在探索践行的道路上，可以说是完养精神、泽被后世的。

---

① 万籁声. 武术汇宗 [M]. 北京：中国书店，1984：18.
② 陈钟华，戴建国. 巫家拳 [M]. 长沙：湖南科学技术出版社，2012：16.
③ 周柳燕. 向恺然辑 [M]. 北京：民主与建设出版社，2017：453.
④ 王芗斋. 意无止境 [M]. 海口：海南出版社，2014：12.
⑤ 梁启超. 少年中国说 [M]. 北京：中国言实出版社，2017：183.

第七章
拳法、枪法及枪拳关系的明清流变

唐顺之身后，枪法、拳法形成了各自独立的发展轨迹。枪法沿着长枪二十四势提供的套路化方向不断演进，拳法则既有显于经典的《拳经》脉络，又有流于民间的南戏原生脉络。本章第一节探讨在《拳经》影响之外，南戏拳文化在东南地区的发展。第二节梳理枪法经程宗猷、吴殳的理论化历程。第三节就清末化枪为拳的现象展开论述。

第一节　明后期拳法演进的两个脉络

一、从《武备门》看南戏脉络与拳经脉络的交合

南戏舞台催生出的温家拳，经过戚继光军事化的创新，凭借军事权威的地位得到《武备志》《武备要略》《三才图会》等著述的转录，成为主导拳法发展的经典。而在戚继光《拳经》影响之外，南戏所孕育出的套子武艺也并未走向没落，而是随着南戏的流布在广袤的民间形成规模，与《拳经》一道构成了明后期拳文化发展的两个脉络。

明代后期长达半个多世纪的隆庆、万历时期，程朱理学与陆王心学之争旷日持久，后者对朱学倡导的封建纲常形成强有力的颠覆。长江中下游及东南地区商品贸易经济高度发达，手工业已经从自然分工中游离出来，大批农民离开土地流入城市。工商业阶层追求自得自适、个性自由的意识在文化领域掀起宏伟波澜。体育活动得以摆脱长久以来的思想束缚，得到广泛的社会参与。套子武艺以新颖的活动形式与契合时代的价值内涵，满足了人们对体育活动的需求，得到了空前的社会发展。

明代后期日用类书中的"武备门"为这一期武术发展的考察提供了珍贵资料。万历时期开始，民间书坊刊刻了大批具有百科全书性质的"日用类书"。内

第七章 拳法、枪法及枪拳关系的明清流变

容包罗万象，涵盖天文、历法、人纪、官职、相术、算卜、养生、医药、农桑、武术等贴近生活日用的知识门类。崇祯时期始称"搜奇全书""万宝全书"。国内外现存有明代上至万历元年（1573）下至崇祯十四年（1641）的十多个版本。清代以后日用类书出版停滞，乾隆以后才开始再度出现。现存有上至乾隆四年（1739）下至光绪三十二年（1906）等十五种刊本[①]。武术内容是这类日用类书的重要组成部分。由于私人书坊的营利目的，日用类书紧扣社会需要不断翻刻，其中的武术内容也持续更迭演进。据现有资料可知，余氏双峰堂刊本的"武备门"内容最为丰厚，是古代武术图谱的一座高峰，也是后来日用类书武术内容的取材对象。

根据刘毅先生《万历年间日用类书中的武术文献》一文的观点，最早含有"武备门"的日用类书，是万历元年（1573）年福建南平"余氏双峰堂"刊行的《新刻四民便览万书萃锦》。其第三十三卷"武备门"："每页上下两层版式……一级总目势'武备门'；二级子目2条，包含'射艺正鹄''拳势济变'，居余版式上层。三级子目7条，'耍家临危解法''扑势歌''居于版式下层；'邵陵拳势歌''邵陵棍法''枪法下四势歌''扒法四平势歌''耍家心传秘诀'等五条，居于版式下层。四级子目共计28条，其中'上揪胸下揪腰势''懒折衣势''倒上桥势''三人拿住解势''泰山压顶势''金鸡跌势'等6个条目，以图例的形式居于版式上层，余者全部居于版式下层。"[②]

万历二十七年（1599），余氏双峰堂在原有基础上翻刻成新版类书《新刻天下四民便览三台万用正宗》。对比同一书坊前后两版的"武备门"可知，新版已经从与"兵法""射法"杂混中独立出来，并且增加了"演武捷要序""拳经要诀""三十二势长拳势歌""棍法""棒家针法""枪法""秘传解法"等众多条目和内容。形式也是上下两栏版式，上栏为图谱，下栏为文

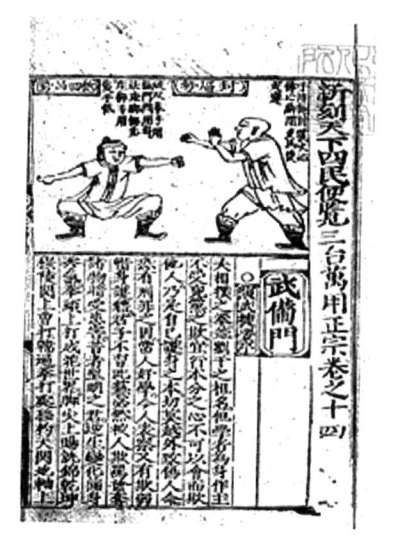

余氏双峰堂《新刻四民便览三台万用正宗》卷十四《武备门》

[①] 刘毅，周伟良. 清代日用类书中的武术文献［J］. 中华武术，2021（2）：41-43.
[②] 刘毅，周伟良. 明代崇祯年间日用类书中的武术文献［J］. 中华武术，2020（11）：44-45.

字。上栏图谱内容与下栏文字内容并不对应，是相对独立的关系。通过对《武编》"拳"、《纪效新书》"拳经"、《萃锦》"武备门"、《正宗》"武备门"四者对比可以发现，南戏孕育出的拳文化经历半个多世纪的社会发展之后，与戚继光《拳经》发生了交合。

《新刻天下四民便览三台万用正宗》卷十四"武备门"拳法内容节选如下。

演武捷要序

夫相扑之拳，盖刘千之祖名。但学者为身作主，不受凶党之欺，宜行本分之心，不可以会而欺他人。乃是自己护身之本，切莫越外致伤人命，恐有刑罪之。因常人好学，今人表察，又有欺弱惜身护体。君子不习此艺，必然被人欺骂抢夺诸物暗受患害。昔者圣明之君，逆生变化满身秀气。拳头上打成花世界，脚尖上踢就锦乾坤。秣陵关上曾打韩通，拳打处移勺天关，地轴上有门关凌逼推托。上三位，中三位，下二位，尽都是一般拳法。砍、斩、拦、截、锁、刺、顶、还，上来者上还，中来者中还，下来者下衮，皆归于披挂提法。为人艺要精通，眼要见机便，立时发付。万事熟记无依祖传，分用术不尽用也。君子宜惜之，常为爱护防身之法。惜年刘千世界齐天大圣耍二三郎，正见现世。他因偷吃仙桃玉帝责罚下凡，分付在饶阳县屯聚军民刘太公家托生为子，姓刘小名和尚。天生三位，上三位，中三位，下三位。乾拳打五路，坎脚踢八班，艮头装四季，震虎口截，巽番身必打，离手打拳不露，兑臁两削。你有千般之计，我有离身之法。手要分左右，便踢论曰，远近隔遮拦。

通过上述内容可以发现，以相扑擂台为背景的元代杂剧《刘千病打独角牛》在明代发生了流变。此时刘千被奉为武学之祖，"河北饶阳"籍贯虽未改变，但已不再是擂台英雄，而是"偷吃仙桃玉帝责罚下凡"的"姓刘小名和尚"。很显然，刘千形象已经与闽地信仰的"齐天大圣"融为一体。结合双峰堂为建阳（福建南平）书坊，方言作用将"少林"读作"邵陵"，"离手""黐手"与福建南拳联系紧密来看，"武备门"反映的是16世纪末期福建地区的拳法活动。与南戏向北经金华、杭州、宁波传播催生出"绵张短打"相一致的是，南戏由温州向南,则传到了福建的泉州、漳州、莆田及广州的潮州等地①,戏台武打在八闽大地也催生出蔚为大观的武术活动。另外,序中提到的"乾拳""坎脚""艮头""震虎口""巽番身""离手""兑臁"等以八卦卦象对应身体部位或动作,是八卦与武术的最早结合。

拳经要诀

夫学拳者身法要活便,手法要轻固,或进或退,要得其宜,使腿要在飞腾。而其妙也,颠番倒插;欲其猛也,披劈横拳;欲其快也,活捉朝天;欲其柔也,知当斜闪。故择其势之妙者三十二势,为后学之样子。交代遇敌取胜其中变化无穷,微妙莫测窈窈冥冥,人不得而窥见之者,此谓之入神。俗云:"拳打不知。"正犹迅速也,雷不及掩耳。所谓"不招不加只是一下,犯了招架就十下"(此最妙即连打连戳之法)。传记广学多算而胜,古今拳家宋太祖有三十二势长拳,又有六步拳、假拳、囤拳、名拳,势各有后所称,而实大同小异。至今温家有七十二行拳三十六合锁、二十四气探马、入闪番、十二短,此亦妙中之妙也。昔吕洪有八下势虽刚强,又不如绵张短打,山东李半天之腿,鹰爪王拿,千跌张之跌,张伯敬,少林寺之棍更高也。又青田棍法与杨氏枪法与巴子拳棍皆今之有名者。虽各有所长,各传有上无下,有下而无上,就可取胜于人,然不过偏于一隅之习。若以各家拳法兼而习之,正如常山蛇阵法,击首则尾应,击尾则首应,击其身则首尾相应,此谓上下周全,无有不胜者矣。

与《演武捷要序》折射戏台渊源不同,上述内容是对戚继光《拳经捷要序》的转录。《纪效新书》问世以后,"长拳三十二势"以权威套子的地位流入社会,成为民间武术活动争相借鉴的素材。但《纪效新书》具体何时开始成为武术矩矱发挥社会影响,是一个值得探讨的问题。《萃锦》国内不见存本,不能直接判断是否受到了《拳经》的影响。但根据刘毅先生介绍的条目可以得出一个结论,万历十六年(1588)赵光裕编纂的《新镌刻武经标题正义》转录了《萃锦》"棍法""棍法总歌诀""邵陵棍法说""邵陵拳势歌""枪法下四势歌""扒法四平势歌"等内容。从《新镌刻武经标题正义》间接判断可知,《萃锦》"武备门"

---

① 俞为民,刘水云.宋元南戏史[M].南京:凤凰出版社,2009:152.

并未受到《纪效新书》的影响。也就是说,《纪效新书》开始成为社会武术活动主导的时间,大约始于 16 世纪 90 年代。

拳势歌

家有黄金积玉楼,不如学艺在心头。将钱做本游天下,赤手空拳战九州。怀中常有千金鼎,袖中常有两具牛。日间不怕人来借,夜间不怕贼来偷。有人上场来打话,相伴于我看春秋。

此部分起到劝学目的,"将钱作本游天下""夜间不怕贼来偷"等反映武术拥有帮助工商阶层捍卫财产安全的价值,也侧面说明当时的武术已获得了较为稳定的社会地位。

宋太祖三十二势长拳势歌

懒扎之势手撩衣(出门用架子势子);金鸡独立脚并齐(庄腿横拳直进);探马传来拳势硬(接短拳最妙);拗单鞭出步迟迟(拳连劈进);七星拳法人难进(要手相顾);到骑龙舞势称奇(伴走诱人来进);悬脚腾空连一踢(妙在眼上一掌);立刘势子把人欺(妙在脚前应);下插势能擒猛虎(要用钓鑽臂法);埋伏势可捉金鸡(妙在连发几腿);抛架势来横一掌(妙在架一掌);枯肘势法认高低(要使用推压势);一霎步飞随应变(妙在进左右腿);擒拿势脚快如飞(即用四平直势);中四平交拳手活(要双手逼单手);高四平拳身转接(要左右手齐应);倒插势传世上稀(要背弓进步);井栏演就四平直(用脚当头滚进);鬼蹴脚起敌披靡(要用穿心肘);指裆势如丁字样(要用踢膝滚);兽头势出见高低(手脚要如滚腿);更有神拳当面插(手法进要急);一条鞭打鬼神啼(要用两腿并进);雀地龙如下盘腿(左脚直出再复);朝阳手出脚并齐(要防飞踢);鹰翅侧身挨进步(妙在穿庄一腿);骑龙势来敌怎持(飞脚直进);拗鸾肘出当先掌(要手脚相应);当头炮响彼焉知(妙在直窜两拳);顺鸾肘为靠身法(手脚靠身进);此是拳家真妙诀,有人学得是男儿。

上述长拳势歌是在戚继光《拳经》基础上的发展,三十二势严格对应戚继光"长拳三十二势"。不同之处有两点:其一,依据从起势到收势的套路过程重置了三十二势的顺序。其二，以注解的形式在每个招式后给出细节和策略。这样一来，与戚继光的长短句相比，每一势的独立性得到淡化，"势"为固定动作的意图得到强化。从"懒扎衣"到"顺鸾肘"彻底成为一个从头到尾由三十二个动作组成的拳法套路。前已论及，当年戚继光创制《拳经》目的在于激发士兵的练武热情，三十二势并非严格意义上的套路，也并未被作为操练科目。

邵陵拳势歌

黑虎金捶按下方，斜形拗步鬼神忙；插地龙安身侧打，探马势左右搊裆；拦路虎当前丢下，伏虎势紧要提防；左番身乌龙插地，右番身劈破撩裆；前拳滚手不须忙，中心肘上下遮拦；有人上场来答话，闹处争强要一场。

二十四势按中央，按下神拳鬼也忙；左边使下南山势，右边使下步群难；前看势蛟龙戏水，后头边猛虎搜山；斜行见日乾坤手，护心拳盖世无双；老祖授下金驹势，卧虎龙江上斩龙；背走关西赵太祖，十八川关背手闲；虎头山前灭佛教，七星拳进步难当；埋伏势他能使下，下着势看着不忙；跨虎横拳便打，大开门攻进何妨；当头炮连忙放下，求凭拳走尽江湖；朝阳势金鸡独立，有神拳惯使南方；从今野马三跳涧，十华山步下小神拳。

以上两段歌诀最早出现是在《萃锦》"武备门"中，以"邵陵拳势歌"为题。《新镌刻武经标题正义》以"少林拳势歌"原文转录。也就是说，上述内容乃是孕育自民间、早于"拳经要诀"之前。从文字来看，尽是戏文典故的罗列，韵律和气象也都不能跟"拳经要诀"相提并论。需要指出的是，由于少林僧兵在倭战当中的贡献和牺牲，少林寺开始被称为"武中道场""天下莫不让少林"，可直到后来程宗猷的《少林棍法阐宗》（1614）问世，少林武术才算摆脱有名无实的境地。明末毛元仪有云："棍宗于少林，而少林之说，莫详于近世新都程宗猷之阐宗。"[1] 少林寺真正拥有独立的武学体系并向外传播，则是很久以后的事情。有学者就指出："就目前发现的文献而言，约在清代咸丰同治时期的抄本《少林寺拳经》中，'拳经三十二势'被分解为大、小红拳、天罡拳等不同套

---

[1] 茅元仪.武备志：第85卷[M].北京：解放军出版社，1989：3317..

路。"① 所以"拳势歌"是福建人民歌颂附会少林僧人抗倭事迹的文化现象，不能看作少林武术的早期传播。这一点，"虎头山前灭佛教"以及后文棍法歌中"有人不认风魔辊，请去山东看邵陵"一句也可佐证。

  "出马势"：双脚并立，出手开脚。左手在前半脐，右手在后平胸，脚如丁字。复身过来还放丁字。收右脚剁右拳，回进右步，又打左拳，剁回折回。

之后是共计七个散手套路的详细练法及用法。"出马势"与今日搏击普遍采用的间架完全一致。双脚并立，出手开脚左手、左脚在前，左拳在肚脐高度，右拳在胸部高度。左右势随时切换，如右势切换左势时，收右脚、剁右拳（注：文中的"剁"有两层含义，侧踹腿以及向前下方的劈拳都叫"剁"；"丁字步"指两脚前后开立）。需要注意的是，文中的动作交代有不少省略和跳跃之处，除了古人语言简约、刻书方有意隐晦的因素外，也与一直以来缺乏成熟的动作叙事有关。

  "猛虎跳崖"：双脚并立，剁一下，右脚就开步，左拳捺在右膝上，右拳在耳门。剔其右拳进步一如虎口。又剔起右拳转身回进，拳如前势个架势。若左拳剔，只打小肚；若左拳打，右拳只打眉心；若右拳剔起，左拳亦打小肚；右拳剁，左拳只打眉心。

双脚并立，踢右脚，顺势开步成左后右前半蹲姿势，左手放于右膝上方，右手放于右耳侧。右拳先向下再与左拳一起向上掀挑，然后先迈左步、再上右步同时双拳向前顶出成"虎口"（注：此虎口非指人手之虎口，而是指两臂抱圆两拳心相对，分别组成虎口的上下颚）。之后转身，两拳以组成的"虎口"同时向上掀挑后再向前顶出。后半段是虎口用法的交代。"剔"为从下向上掀挑，"剁""打"与之相对，指从上向下劈砸。虎口的用法如下：若左拳上挑得手进身，左右拳两腕相对同时击打对方腹部（成横向"虎口"）；当左拳下劈进身时，左右拳两腕相对同时出击，右上左下，右拳以对方眉心为击打目标（成纵向"虎口"）；若右拳上挑进身，两拳成横向虎口同时击打小肚；右拳下劈进身，右拳

---

① 杨强，田文林. 明清少林武术文献演化考——以文献图像学为路径 [J]. 武术研究，2019，4（11）：5.

击打腹部，左拳击打眉心。

"斗口"：起手进右步，左拳亦打四角，复一下右拳又剁，回右拳。转身进左步，左拳打四角，复右拳又剁，右拳四角打一般。

从"出马势"右势起势，进右步打右拳，再收回右拳同时打左拳四角（注："四角"在此是指以四楞、四角组成的拳面，"打四角"即打直拳）。接着右拳下劈，收回。转身左势与右势同。所谓"斗口"意为基础阶段，给出了上步刺拳、再刺拳、下劈拳三个连续动作。

"斗底"：起左脚踢他右腿上臁，转身撒前向南面，朝西倒立，左拳平耳右拳平腰。踢右脚就开步，就剁右拳，进右步打左拳；再复一下右拳，就剁一下右拳。转回身复住十字步，打左拳，复一下右拳，又剁一下右拳；把身转过向南，进左步打左拳，复一下右拳，就剁一下右拳；转身望北进左步打左拳，复一下右拳，又剁一下右拳。打回转过来向北，面向西，左拳任耳右拳在腰。

面向东以"出马势"起势，左脚以对方大腿为目标侧踹，顺势落步。此时面向南面，行进方向朝东，所谓"朝西倒立"，左拳于左耳侧，右拳于腰右侧。踢右脚顺势落步，下劈右拳，右步上一小步，收右拳出左拳，接着再出右拳，收右拳劈右拳。十字步转身向西，成右势"出马势"。"十字步"即前后开立步法，与"丁字步"同。转身过程中，右脚向正后方一横，左脚向正右方一横完成转身，如书写十字故名。打左拳，打右拳，劈右拳。向左转身面向南，进左步打左拳，打右拳，劈右拳。转身面向北，进左步打左拳，打右拳，劈右拳，成侧身面向西，行进方向向北，左拳于左耳侧，右拳于腰右侧。"斗底"系左拳、右拳、右劈拳三连动于四个方向的演法，相对于"斗口"，属于高级阶段。

"斜步"：之字样走，每一折两步。如右手架在前，则行过右边，左手架在前则行过左边。先出金井栏然后开手衮衮，乃是看他打来拳是如何。如他出左手我则缠左架，如出右手则缠右架之，只看他如何来。若隔远，则之字样赶进前，隔近，则看他起手便起架，凡远近要阔狭取。

"斜步"为交战过程中的游走步法，避实就虚，为后来众多流派"之字步法"滥觞。每走两步一折（斜向转身）变换方向，向右前方行走时右手护于身前，向左前方行走时左手护于身前。如向左则左手在前"开手衮衮"，向左前方迈右步，再迈左步，落步时转身向右变右手在前，迈左步再迈右步。离对方远时用此步法，贴近时如果对方左手架在前，我则用左手架开，右手架在前，我则用右手架开。

"抽身叠折"：左拳在后平胸肩，右拳在前放低，侧立。剁右脚在左肋下，进右步用右拳背打小肚，就踢起打他下胲，又进右步打一拳。

右势"出马势"侧立，左拳在后平胸高度，右拳在前放于腰侧。右脚侧踹对方左肋，落右步、进右步，拳面朝下用右拳背击打对方腹部。接着起右脚弹踢下颚，顺势落步右脚再上一步、打左拳。

"白鼋现背"：起手先望东行二三步，进左步打左拳脚立不动。右拳望上画过，后来身转向西。左手在前指西，脚进左步打左拳。右手又望上画过来，左手在前指东转身，又用左脚望南进步打左拳。折身回向北，进左步打左拳，如水平，手拽拳而上。

"出马势"向东前进两三步（注：无论是两步还是三步，以保证下一势进左步、出左拳为准，即落步时成右脚右手在前）。右脚不动进左步打左拳，收左拳同时右拳经过正上方向正后方画圆、十字步向后转身。此时面朝西右脚右手在前，左手变掌经右手臂外侧向前伸出、右手同时收回。然后右手拳经左手臂内侧向前击打、同时左手收回，再上左步收右拳打左拳。之后是转身向东、向南的重复。需要注意的是，文中并未就两手交替对拉的细节作交代，仅用一句"如水平，手拽拳而上"集中概括。

综上可知，万历时期福建地区的拳文化，已经在温家拳的基础上，取得了技术深入化、内容类型化发展，衍生出了比较丰富的套路活动、功能各异的招式动作，以及较为系统的拿法、摔法等众多内容。南戏土壤破土而出的套子拳法，与东南地区城市文化的发展齐头并进，至 16 世纪 90 年代，南戏文化与日益受到推崇的戚继光《拳经》形成合流，成为武术演进的又一座里程碑。明代日用类书中的武术文献一直缺乏应有的关注，其中"斜行""盘肘""离手""之字样走"

等动作及表述，以及佛、道、儒三家杂糅的立场，为后来拳派的成熟提供了一定的养分。《武备门》是《纪效新书》之后，具有承前启后作用的一部武术经典。

二、南戏脉络在浙东的发展及影响

(一) 大儒文章对浙东拳文化的推动

武术史上的浙东内家拳（以下简称"内家拳"）光耀夺目，在派系文化尚未形成时，就提出了溯及宋代张三峰的传承脉络，其"犯者立仆、以静制动"理念更是独树一帜，为拳文化后来的发展提供了思想来源。然而，有关内家拳的源流问题以及击人以穴的神秘技法，存在着许多矛盾与不合理之处。早在民国时期，一些学者就对其源流问题提出质疑。徐哲东根据黄宗羲述张三峰为宋人之误，提出黄宗羲所言不可信："黄氏所言，乃世俗之伪传，不足徵信。"[1] 唐豪先生对内家拳源流实施了全面考据，注意到黄宗羲的反清立场："盖梨州抱之亡国隐恨，未忘前朝，故其为文，时有流露……若欲据为史实，以三丰为内家之祖，窃未以为可"[2]，认为称张三丰为祖师是黄宗羲父子别有用心，"梨州《王征南墓志铭》，百家《内家拳》皆属别有寄托，其文中可得见者"[3]。

事实上，内家拳是武以文显的典型案例。沈一贯的《搏者张松溪传》，黄宗羲的《王征南墓志铭》，黄百家的《王征南先生传》可谓"内家拳三部曲"，三部曲成合力之势让内家拳声名显赫。其中，沈一贯立下了浙东武人武艺高强又谦恭主静"恂恂如儒者"的基调。黄宗羲树立浙东拳法"内"的旗帜，并推出内家拳的传承谱系。黄宗羲之子黄百家后来撰写《王征南先生传》，回忆年少时跟随王征南习武的经历及习练内容。古人委婉，文章往往承载个人思想和政治抱负，如今考察内家拳时理解这一点尤为重要。沈一贯与黄氏父子都是宁波人，虽然身处不同时代，但他们借歌颂浙东武人抒发政治立场的目的是完全一致的，这是揭示内家拳真实面貌的一把钥匙。

沈一贯（1531—1615），字肩吾，宁波鄞县人。万历首辅大臣，主政期间好同恶异、打击异己，引领浙党成为明末最早形成的朋党势力，"使得朝廷中只有

---

[1] 徐哲东. 国技论略 [M]. 太原：山西科学技术出版社，2003：19.
[2] 唐豪. 少林武当考·太极拳与内家拳·内家拳 [M]. 太原：山西科学技术出版社，2008：99.
[3] 唐豪. 少林武当考·太极拳与内家拳·内家拳 [M]. 太原：山西科学技术出版社，2008：35.

浙党之是非而无公理之是非,只有浙党中人而难有异己之人"①。1595年沈一贯遭弹劾告病归乡,很快东山再起,同年又遭弹劾,被迫下野。愤懑、负气,通过崇高浙派势力反驳舆论,是他《搏者张松溪传》一文的包藏蕴意。因此,沈一贯在歌颂嘉靖拳师张松溪时极力庇护浙东武人,张松溪不仅避免了与边诚的直接较量,鼎鼎大名的少林僧人也都成了二人的手下败将。尽管边诚矫捷亦不失有谋,但"恂恂如儒者""摄衣冠不露肘"的张松溪更投合沈一贯志趣。身怀绝技不露声色,终身不娶孝敬母亲,老死牖下不奉监司,沈一贯映射自身处境,标榜自身品格,微言大义,跃然纸上。需要指出的是,比《搏者张松溪传》略早的16世纪70年代,另一位宁波人何良臣在《阵纪》中东拼西凑列数名家也只提到了边城(诚),"唯东海边城与闽中俞大猷之棍相为表里"②。所以,也很难说张松溪就是有据可考的武术家。

  黄宗羲(1610—1695),字太冲,号南雷,又号梨洲,浙江余姚人。其父黄尊素为天启朝监察御史,著名的东林七君子之一。1645年清兵攻陷南京,黄宗羲组织"世忠营",在浙东一代开展了长达八年的抗清斗争,失败后致力于著述讲学。黄宗羲有着无比强烈的反清立场,他的学术思想中潜含着对清朝统治的极端藐视。《王征南墓志铭》中,黄宗羲炮制"张三峰"为内家拳师祖是睿智且成功的。首先,承接沈一贯抨击少林,不仅是对清皇室族崇信佛教的嘲弄,也肯定了浙东武术的源远流长。其次,儒、道、佛三家中,儒家道统固若金汤,文武异途,不容僭越,能站在少林对立面的,只有同被视为"异端"的道教。同时,明后期以来阳明心学的弊端已经开始暴露,被许多学者抨击"以禅之实而托于儒",入清以后,更有不少朱学捍卫者将明亡的责任归罪于王学。作为王学思想的坚定守卫者,黄宗羲高举"张三峰"大旗,巧妙地划清了王学与佛教的疆界。

  黄宗羲撰墓志铭目的是为抗清志士树碑立传。《王征南墓志铭》说:"钱忠介公建钺以中军统营事,(王征南)屡立战功,授都督佥事、副总兵官。"③钱肃乐(1606—1648)鄞县人,清兵入浙后率众抵抗,转战浙、闽,兵败病逝,鲁王谥"忠介"。王征南是钱肃乐麾下将领,文中描述王征南"夜出侦事"一夜三战,没有阐明的是,"守军""守望者""营兵"都是指清军。至于为何又杜撰"陕西人王宗",结合黄宗羲将明代张三丰写成宋代人、"丰"字写作"峰",凭

---

① 孙立辉. 沈一贯与浙党研究 [D]. 长春:吉林大学,2005:38.
② 何良臣. 阵纪 [M]. 北京:中华书局,1985:108.
③ 黄宗羲. 黄宗羲全集:第20册 [M]. 杭州:浙江古籍出版社,2012:354.

借黄宗羲的学问造诣，绝对不至于误写，这里是他有意把明初张三丰和宋初陈抟撮为一人。张三丰行迹飘忽，直接将其确认为成内家拳始祖不够妥帖，而陈抟却是一位名副其实的道教祖师，其思想对道教和北宋诸儒都产生过深刻影响。二人的民间形象又颇为相似，用春秋笔法搭建起二人的模糊关系，意在借助陈抟的影响表达内家拳根正苗红、源远流长。陈抟高卧华山尽人皆知，那么"陕西"就理应是内家拳传播的第一站。在这里，黄宗羲明显也是在指向一个历史记忆，撰文之时，长期作为抗清重要力量的"夔东十三家"刚刚偃旗息鼓，其活动地域正是三陕地区。内家拳扎根四名更是黄宗羲虚张声势。四明是黄宗羲抗清大本营，1645 年黄奉母迁徙到四明山中，与弟宗炎、宗会纠合黄竹浦子弟百人组建"世忠营"，最终宣告失败也是在四明。把四明内家拳传承描述得枝繁叶茂，是间接向清廷发出震慑——反清班底实力尚存、浙东地区暗流涌动。

黄氏父子的文章合力是内家拳成就之关键，他们赋予浙东拳法一套睥睨天下的武学道统。儒家文化拥有一套成熟稳固的"道统"体系，分为两个方面[①]：一是人物谱系，按不太严密的历史顺序排列的一组被奉为"文化精英"的精英知识分子；二是经典谱系，是蕴含了儒家思想精髓的一系列书籍。"道统"的功能是论证某学派及学术的合理性。黄宗羲《王征南墓志铭》勾勒了内家拳的人物谱系，黄百家《王征南先生传》阐发了技法内容即操习经典。从此内家拳获得牢不可撼的武学地位，垂命耀世。

（二）从戏剧套数到拳之法的三个阶段

明正德至嘉靖中期即 16 世纪上半叶，是内家拳形成的第一阶段，套子拳法脱离戏台表演成为独立的武术活动。《搏者张松溪传》对应了套路化初期围绕"胜与败""力与巧"的特征。"边师之弄技，进退开阖，有绪如织"表明边诚会打套子，但其矫捷身手很难完全与当时的套子活动画上等号。边斗败少林僧是"相击于暗中乘趁其毙"，张斗败少林僧是端坐中侧身"以手送之""举足者最下，易与也"，均未呈现出"拳之法"的应有内容。我们知道，侠客仗义不等于武术活动，武术活动也不等于神妙拳法。推出内家拳具体练法的是黄百家《王征南先生传》，两文时隔八十余年。在拳术尚未形成系统练法时，边、张以拳显扬，所凭借的无非是异于常人的先天素质，这与古代技击长期击受力量主导的情况是

[①] 潘志锋. 清初道统观研究［M］. 北京：社会科学文献出版社，2016：147.

一致的。这一点，《宁波府志》对边澄（诚）出处的交代可以佐证："十五时，闻王荆公祠祈梦有验，诣祠祷曰愿学一艺立名，梦鬼卒手教之搏，自是有绝力。"

南戏在温州形成后便向外传播，向北经金华传播至杭州，经杭州传至浙东。南戏流布使"温家长打七十二行着"妇孺皆知，套子武艺发端自"温家班"不容置疑。因而即使是黄宗羲凭空杜撰出的内家拳源流，也不得不考虑温州元素。这就解释了内家拳为何没有从陕西直接落户浙东，而是南辕北辙经由温州绕了一大圈。黄百家随王征南习拳与温家拳的形成年代相隔百年，对比《温家拳》与《王征南先生传》依旧可以发现两者一脉相承的共性。

鉴于戚继光《拳经》也是温家拳谱基础上的创制，为更好地说明问题，这里就三者作比较：(1) 器械缺失。在拳法远没有完善训练体系的情况下，通过器械保障武的技击功能是武术活动必然的选择。《拳经》内容之前有枪、牌、狼筅、棍、射等章节，拳法无预大战，被置于诸篇之末。而内家拳不练器械，坚持着温家拳唯拳是武的路线。(2)"短打"与"长拳"关系失衡。温家班迎合南方观众"南胜于北"观念，推出一套小胜大、短胜长话语，将北剧武打认定为"长拳"，南方"短打"胜长拳。《拳经》中两者的关系已经全然平衡，在此基础上何良臣才说"长拳兼短打，如锦上添花"[①]。内家拳则延续短打至上理念，只把手臂伸直的动作称作"长拳"，不提短打，言外之意其余动作均属短打。(3)"马"的道具内涵。温家拳的"马"源于竹马戏，是骑马身段的模拟象形，"四平"是一整套武打动作的高度参照。"马"与"四平"范畴不同，但也呈现一定的关联，如在"倒马烨四平"时二者就是重叠的。《拳经》意在练兵有去表演倾向，"马"完全失去了道具内涵，"高探马"是独立动作，"四平"是高度指示。而内家拳中"坐马""坐马步""坐马四平"都是指马步，"马"与"四平"已合二为一，提膝被称为"钓马"。显然，内家拳的"马"是道具之马的延续。

嘉靖大倭乱至万历中期即16世纪下半叶，是内家拳演进的第二个阶段，不堪其用的戏局套子开始了技击功能的探索。嘉靖后期，倭乱大规模爆发。"东南倭患一岁一来，如燕鸿之不失其信"[②]，保卫家园、杀贼救命，浙地人民对拳法套子发出强烈的技击功能诉求。对于没有军事经验的民间武者来说，以手寓刀是最为现实的技术迁移。近身肉搏刀最得利，"倭性好杀，无一家一人不蓄刀者，

[①] 何良臣. 阵纪 [M]. 北京：中华书局，1985：81.
[②] 唐荆川研究会编. 唐荆川诗文集 [M]. 南京：凤凰出版社，2012：239.

童而可之，壮而精之"①；倭刀令明军苦不堪言，"倭寇挥刀若神，人望之辄惧而走"②；瓦氏夫人、耿橘、石敬岩、刘云峰、项元池都擅刀法。

刀与其他兵器不同，弓弩、火器是依靠强大机械势能，与人肢体活动无关；盾牌、狼筅以静制动充当藩篱，无法引申出丰富动作；长枪过长需短兵拱卫，也不适合近战；刀的威力源于锋利的刀刃，手臂的挥舞劈砍动作可以直接套搬入拳法。因此，拳的技击探索最先始于刀法，这一点，在当时的不少资料中都有体现。《江南经略》中提到"温家钩挂拳十二路""孙家劈挂拳四路"，钩、挂、劈都是刀的思路；《武备门》"演武捷要序"讲道"砍、斩、拦、截、锁、刺、顶、还，中来者中还，中来者中还，下来者衮。皆归于披挂提法"③，也尽是刀的模拟；化刀为拳体现在《王征南先生传》中是"斫"："拳家唯斫最重，斫有四种：滚斫、柳叶斫、十字斫、雷公斫。而先生另有盘斫，则能以斫破斫。"

隆庆至万历中期，改革成功经济振兴，整个社会对新生事物持以包容甚至是纵容的态度，套子武艺获得了相当理想的外部环境。然而，从套子活动中萃取拳法劲力并非一蹴而就，刀本位思想不能真正成就拳法训练，民间也始终未能孕育出久经刀斧、生死置之度外、集狠辣矫捷与套子活动于一身的武林高手。

万历后期至康熙初期，即17世纪初至六七十年代，内家拳在文与武的合力作用下，完成了技术和理论的双重飞跃。明末内外交困，社会矛盾全面激化，王朝内部党政不断、宦官专权、财政赤字，朝堂之外土地兼并、灾害频发、后金虎视眈眈，底层人民对武的诉求再次高涨。这为拳法精致完善进而形成师徒传承创造了条件。单思南、王征南、黄百家之间才是内家拳的真正传承。《王征南墓志铭》曰"思南从征关白"，指单思南参加过万历壬辰抗倭援朝战争，鉴于民间武者很难有条件习射，而王征南射技详述于《王征南先生传》，故"从征关白"一说应该是可信的。在异域征战归来的单思南身上，套子活动与拳法技击实现耦合。

单思南和王征南未尝读书，内家拳"谱"的推出最终由黄百家来实现。从《王征南先生传》所述练法来看，单思南把军队步战双刀法"化刀为拳"。练法是两个套路。"六路"是双刀法的八个基本动作，分别是：斗门（前后开立、双刀交替外隔）；通臂（交替前戳）；仙人朝天势（左、右下斫，十字上架）；抱月

---

① 郑若曾. 江南经略[M]. 傅正，宋泽宇，李朝云，等，点校. 合肥：黄山书社，2017：557.
② 同上.
③ 余象斗. 新刻天下四民便览·卷十四·武备门[M]. 余氏双峰堂刊本.

(十字回带、交替前戳);扬鞭(前手横刀后手提刀追进);煞捶(左监右劈);冲搊(提膝转身、回身);两翅摇摆(右刀横劈、左刀横劈)。"十段锦"共十二个动作,大多是六路的重复。所不同者:其一,加入三连步活动范围增大;其二,纽拳踝步(同手同脚前后挫挪)、绕捶连进(撤步斫)是六路以外的新动作;其三,核心技法"滚斫"(十字上架,顺势前手下斫、后手收于腰侧)得到重点重复。需要指出的是,身必蹲矬、动辄搓地反映了军旅特点,双臂密切辅助、劲力交替遵循自下而上原则,有效借助了双臂合力和蹲身起伏之力。至于《王征南先生传》罗列出的众多打法明色,黄百家并未释明,正如唐豪先生的评价:"是其著述,不过作武术史上的参考,在三百年前的百家,早有自知之明了。"①

(三) 内家拳的广陵散宿命与历史贡献

《王征南先生传》以慨叹内家拳失传为结尾,"则此术已为广陵散矣"②。唐豪认为清初已经失传,周伟良等根据《大墩徐氏宗谱》和《国朝野史大观》的相关记载,认为"此拳种并未成为往事云烟,而主要以家传的方式绵延于民间"③。也有学者根据清俞樾诗句"儿童竞习内家拳",认为内家拳确实在宝鸡一带流传,从而作为内家拳最早是从陕西传出的佐证④。本研究同意唐豪观点。首先,"诧其传于古之闻人"⑤ 是传统派别的普遍现象,以只言片语史料得出传承不衰的结论是不严谨的。唐豪的论断已经非常有力:曹秉仁纂《宁波府志》相去六十六年,于张松溪及内家拳等十一人苟有授受,决无不载之理⑥。在此略做补充,康熙时另一位宁波人万言是黄宗羲的弟子,曾因触怒上级下狱,出狱后忧愤而死。万言结撰沈与二黄文章写成《张松溪传》,其他内容只字不提。倘若当时内家拳尚有传承,哪怕只是空穴来风,对于同样不满清廷的万言来说,当是最好不过的发挥对象。

其次,从技术角度来看,军事经验的融渗俨然使内家拳走在了时代前列,但

---

① 唐豪. 少林武当考太极拳与内家拳内家拳 [M]. 太原:山西科学技术出版社,2008:33.
② 黄宗羲,黄百家. 四部丛刊集部南雷文集二十卷附学箕初稿(八)[M]. 卷一:22.
③ 周伟良. 试论明清浙东内家拳的拳理技法及文化价值 [J]. 北京体育大学学报,2009,32(12):100-104.
④ 杨建营. 内家拳传承脉络及当代发展 [J]. 体育学刊,2017,24(4):10-14.
⑤ 徐哲东. 国技论略 [M]. 太原:山西科学技术出版社,2003:51.
⑥ 唐豪. 少林武当考太极拳与内家拳内家拳 [M]. 太原:山西科学技术出版社,2008:99,40.

第七章 拳法、枪法及枪拳关系的明清流变

双刀化拳并不能满足其自身提出的"犯者应手立仆"追求。一方面，小博大、静制动、弱胜强需依托高效的整体劲力训练，内家拳的训练远不能达到这样的要求。另一方面，刀法劲路侧重于面，决定两臂活动不可能围绕中线，增加了缠抱概率。这样一来，力大者胜的一般事实必然发生作用，这与"犯者应手立仆"是相矛盾的。化刀为拳存在的技术缺憾，沙场老手单思南尚能驾驭，其传人王征南就显得力不从心。"打穴"之说就始于王征南。我们知道，援引中医经络理论渲染而成的技击功效未能得到证实，这也侧面反映了内家拳法实用性不逮。站在传承人的立场来看，黄百家以"广陵散"作尾声，亦不失表达了武者孜孜不倦却不得师法精要的无奈。

第三，康熙皇帝主政后，组织汉人大臣熊赐履、王熙、李光地等经筵进讲，通过一系列举措完成了程朱理学意识形态化。康熙皇帝深服朱熹之教，亲政之初就颁布"圣谕十六条"作为人们的行为准则："敦孝弟以重人伦，笃宗族以昭雍睦，和乡党以息争讼，重农桑以足衣食，尚节俭以惜财用，隆学校以端士习，黜异端以崇正学。"[①] 其中的"正学"即指程朱理学。皇权倡导令朱学贬抑，心性之学不拘一格的为学观念遭到钳制。武术循其自身规律的发展也受到羁绊，进入了一段长达近百年的中断期。大环境发生转换，内家拳来不及调整步伐便归于沉寂。

搏人之法在大儒笔下渐臻神妙。从沈一贯描绘"张稍侧身以手送之"，到黄宗羲诠释为"以静制动，犯者应手立仆"，浙东拳法率先完成了与儒家思想的整合。然而，独树一帜的境界尚缺一个响亮的名号，黄宗羲拈出了"内"。按他的说法："予尝与之入天童。僧山焰有膂力，四五人不能掣其手，稍近征南，则蹶然负痛。征南曰：'今人以内家无可眩，于是以外家搀入之，此学行当衰矣'。"关于"内"的蕴意，长期以来众说纷纭：有佛家所指在家、出家之说；内功主静、柔，外功主动、刚的内外功之说；宋相扑"内等子"说等。根据最近的调查研究表明，"内家"即行家之意，故为内家[②]。应该注意到，《江南经略》记载少林棍法"少林夜叉有前中后三堂之殊：前堂单手夜义也；中堂阴手夜义也，类刀法；后堂夹枪带棒"[③]。尽管文字不多，生动交代了棍艺的三个阶段：前堂单手棍，类单刀；中堂阴手，类双手刀；后堂兼枪带棍，动作内化、棍枪合一，显

[①] 潘志锋. 清初道统观研究［M］. 北京：社会科学文献出版社，2016：27.
[②] 李吉远. 明代武术史研究［M］. 北京：中国社会科学出版社，2018：96.
[③] 郑若曾. 江南经略［M］. 合肥：黄山书社，2017：558.

然已和《剑经》水准无二了。前、中、后三个阶段循序渐进，后者是行家里手登堂入室，前两者自然当属"门外汉"。上述内容被《阵纪》照搬，可见影响不小，这是离黄宗羲时间最近反映"内"的文献。

乾隆中期以后，清帝国由盛转衰，朱学笼络士人、统一思想的权威日益衰朽。苌乃周、曹焕斗、包世臣、余樾等代表的文人重拾武术兴趣，民间滋生的习武热潮与前代武学子遗发生接续，传统派别自此胚胎。清末经历两次鸦片战争，中华民族遭受数千年未有之大变局，外侮频仍、丧权辱国，有志文人投入到改革变法、实业救亡活动中。底层社会遭受西方体育文化的强势冲击，自下而上掀起推动武术革新的爱国热潮。在此过程中，内家拳以最为契合儒家文化的技击理念成为形意、太极、八卦等流派。19世纪50年代，河北永年武澄清、武河清兄弟集武谱之大成，在"陕西人王宗"基础上假托"山右王宗岳"著成《太极拳论》。武氏兄弟文武兼资，澄清为进士，河清亦饱读诗书，他们仿照周敦颐《太极图说》，把以静制动、犯者立仆落实为"随曲就伸""舍己从人"。《太极拳论》的出现标志着武文化与儒文化的根本交融，尤其是在慢练基础上提出的"由招熟而渐悟懂劲，由懂劲而阶及神明"，彻底凿通了从套子活动中练求搏人劲力的进路。毫无疑问，太极拳接过了内家拳的旗帜，以儒家教化传道明心，诠释了中华武术的文化内涵。

如下表所述，内家拳是浙东文人在南戏拳文化土壤上，不断添砖加瓦终于堂庑巍然的结果。《王征南墓志铭》提出的传承谱系是黄宗羲在沈一贯文章基础上，结合浙东成名拳师与抗清义上而成。单思南、王征南、黄百家以外均为杜撰，张松溪也并非内家拳祖师。内家拳的练法脱化于步战双刀，但双刀化拳的训练思路不能满足其自身提出的以静制动、犯者应手立仆理想。理想与现实的矛盾加上外在环境的变化，内家拳昙花一现。但内家拳在"儒文化"与"武文化"融通过程中起到的历史作用不可或缺。

浙东内家拳大事年表

年份	事件
1449	土木堡之变英宗被俘，北疆成患，武戏大兴
1541	唐顺之得《温家拳谱》
1552—1567	嘉靖大倭乱爆发，滨海数千里同时告警

续表

年份	事件
1561	戚继光《纪效新书》记"温家七十二行拳"
1568	《江南经略》记"温家钩挂拳十二路，孙家劈挂拳四路"
1592—1598	万历壬辰抗倭，单思南从征朝鲜
1595	沈一贯告病归乡，撰《搏者张松溪传》
1669	王征南殁，黄宗羲撰《王征南墓志铭》
1676	王征南死后七年，黄百家作《王征南先生传》
1731	曹秉仁纂《张松溪》于《宁波府志》

第二节　枪法的集大成发展

一、程氏枪法的价值泛化

随着戚继光枪法以著作形式传播于社会，民间武术家开始接过武艺的大旗，兵操副产品的枪法套子大行其道，开始发挥同化作用。《长枪短用说篇》的招式语言与图示动作成为民间武艺纲领，表现在程宗猷的武术体系中，是精简二十四势、以枪论刀、以枪叙棍。

程宗猷出生于《纪效新书》问世的同年（1561），字冲斗，安徽休宁人，少有志于疆场"素负雄里绝技者，远相访谒无虚日"[①]。据说曾远赴嵩山少林寺学习棍法，随河南人李克复学习枪法，随浙江刘云峰学习刀法。万历四十二年（1616）著《少林棍法阐宗》（以下简称《阐宗》），后又陆续完成《单刀法选》《长枪法选》《蹶张心法》（弩法），与《阐宗》合名为《耕余剩技》刊行。有别于唐顺之的士大夫身份，戚继光、俞大猷的军事统帅身份，程宗猷是一位真正意义上的民间武术家。枪法经其改良，开始扎根民间成为"艺中之王"。

戚继光主张的三层操练，体现在《长枪短用篇》中已是单操与对练平分秋色。六合对练尽管是枪法成艺的关键，但有碍于兵操的约束，有悖于民间以单练为主、随意自主的活动形态；单操二十四势不依赖搭档，又兼具自由性、观赏性，因而成为社会传播的主要内容。在充分发掘二十四势基础上，程宗猷将兵操

---

① 马力. 中国古典武学秘籍录 [M]. 北京：人民体育出版社，2006：127.

制式化的势子一并淘汰，如用法出现重复的夜叉探海势、跨剑势、灵猫捉鼠势、伏虎势等；无技击功用的太山压卵势、推山塞海势、骑龙势等；仅具指事意义的闯红门势、边栏势、铁翻竿势等，裁摘十一势并增演出七势，攒成《长枪法选》中的十八势枪法。其中，六合对练部分虽然也得到继承，篇幅已被严重压缩，实操价值也被极大程度边缘化，取而代之的是"散扎拨萃"中结合步法进行的攻防探讨。

学自刘云峰的刀法本无名称，"恨元受刀法，有势法而无名，今依势取象，拟其名，使便于记忆。"① 程宗猷以枪为假想对手"绘以图而一一定其名"②，创制出《单刀法选》中的二十刀势，并解释道："历云十八般武艺，惟枪称王，诸器皆用枪法比试，欲制其长与疾也。故余刀法，亦以枪谕之。"③ 结合当时枪法独树一帜的丰厚内涵可知，"惟枪称王"原因不仅在于枪法普及，更在于枪法招式能够指导刀法的习练。

"人动称少林棍，今观图势，具是枪法"④，棍被程宗猷视为"艺中魁首"，然而体现在《阐宗》中的"少林棍"并没有延续《剑经》棍法，而是以枪法模式展开的。表现为：（1）以左手在前的持枪方式持棍，第五章讨论过，枪棍手法的差异决定了前后手方向的相反。（2）以枪法构建的技击空间阐述棍法。俞大猷棍法所构建的技击空间是表示上身下身的大、小门，而程氏采用枪法的里、外门。（3）摒弃《剑经》语言如剪、剃、吊、凿、揭、打、杀等，采用闪赚、穿、截、进、拦、缠、封、闭以及六合中的语言来表述动作。（4）以单操套子为活动内容，偏离了"单人打不得"⑤ 的唯技击思路。程氏也涉及《剑经》的一些理念，如动静观"彼忙我乱，彼乱我静，静中用静，静中用乱"，拍位观"旧力略过，新力未生之法"，变化观"譬虎雄猛，有爪牙之利，斗必以爪牙伤人。牛力巨大，有角之利，斗必以角触人"。但总体来讲，作为继《剑经》之后的第二部棍法论著，《阐宗》所依托的是唐顺之和戚继光开辟的招式化、套路化枪法路径。对此程氏的解释是："打人千下，不如一扎。故少林三分棍，七分枪法，兼枪带棒。"⑥ 这样的理由显然不具说服力，且不说俞大猷制胜之处多数也是一

---

① 马力. 中国古典武学秘籍录［M］. 北京：人民体育出版社，2006：91.
② 马力. 中国古典武学秘籍录［M］. 北京：人民体育出版社，2006：88.
③ 马力. 中国古典武学秘籍录［M］. 北京：人民体育出版社，2006：103.
④ 马力. 中国古典武学秘籍录［M］. 北京：人民体育出版社，2006：155.
⑤ 戚继光. 纪效新书［M］. 北京：中华书局，2001：13.
⑥ 马力. 中国古典武学秘籍录［M］. 北京：人民体育出版社，2006：155.

扎，枪和棍长度不同而造成的技术差异也是不可跨越的。

程宗猷以枪论刀、以枪叙棍，是长枪练法同化诸艺发展的必然结果。二十四势招式化、套路化的脱颖而出大行其道，与当时刀、棍等器练法的缺失形成鲜明对比。虽然《剑经》以及十四卷本《纪效新书》中的"辛酉刀法"已经问世，但都不具备招式化、套路化特点，不足以指导动作的习练。民间武术活动所需要的，是具有综合价值、可用来以练保战的套子武艺。把枪法招式、技理迁移到其他器械中构筑相应练法，是武术体育化发展的必然选择。与这一思想相呼应的是，当时的不少武者都树立起从既有招式中归纳共通性的"通艺"观念。如石敬岩"棍棒力牌，入手皆化枪法"[1]；程真如云："兵家器用，未易更仆数也。乃谈艺者，必以枪为首，称其为诸器之门户也"[2]；黄百家回忆随王征南习武："因为余兼及枪、刀、剑、钺之法，（王征南）曰：'拳成，外此不难矣。某某处即枪法，某某处即剑、钺也'。"[3]

程宗猷对通艺观有着相当具体的论述："凡武备众器，非无妙用，但身手足法，多不能外乎棍，如枪之中平，拳之四平，即棍之四平也。剑之骑马分鬃，拳之探马，即棍之跨剑势也。藤牌之斜行，拳之跃步，即棍之骑马势也。拳之右一撒步，长倭刀之看刀，即棍之顺步劈山势也。关刀勒马登峰，拳之单鞭，即棍之展翅势也。叉之埋头献钻，即棍之潜龙势也。枪之扎枪，拳之窜拳，长倭刀之刺刀，即棍之单手持枪势也。拳之进步横拳，倭刀之单手撩刀，即棍之旋风跨剑势也。凡此类难尽述。"[4] 由于对招式高度重视和依赖，故而主张从招式习练中获取技击能力，"以各势中用法破之，无有不胜者"[5]；以棍为"艺中魁首"，也是由于棍的长度适中、左右平衡，在敷衍招式动作的套路活动中最具兼容性。

基于上述立场顺便指出，辉煌灿烂的剑文化在明代必然是得不到阐扬和传播的。何良臣《阵纪》就曾指出剑法没落："军中之技，惟剑法少传，若能滚入，使长短兵不及遮拦，便为熟矣。"[6] 明末毛元仪找不到剑法素材，从朝鲜搜获双手剑谱："其法不传，断简残编中有歌诀，不详其说。近有好事者得之朝鲜，其

---

[1] 吴殳. 手臂录[M]. 北京：中华书局，1985：167.
[2] 吴殳. 手臂录[M]. 北京：中华书局，1985：155.
[3] 马力. 中国古典武学秘籍录[M]. 北京：人民体育出版社，2006：237.
[4] 马力. 中国古典武学秘籍录[M]. 北京：人民体育出版社，2006：154-155.
[5] 马力. 中国古典武学秘籍录[M]. 北京：人民体育出版社，2006：103.
[6] 何良臣. 阵纪[M]. 北京：中华书局，1985：111.

势法俱备，因之中国失而得之四裔。"① 众所周知，剑法自古有之，东汉、魏晋时期就出现了折竹代剑、以蔗为剑等体育化的剑艺。但与明代中后期的棍法对练遇到的问题一样，由于不能满足体育活动安全的需要，剑法呈现出套路形态的传播远远晚于长器械。据现有资料可知，剑法套路的成熟大致是在晚清至民国时段。另外需要指出的是，毛元仪《武备志》中收录的"剑歌诀"也出自《武编》。

除了从前人经典中寻求招式层面的法与道，"不有成法相授，能身、臂、指使动如意乎？"② 武艺必须满足技击的需求。民间技击的特点是既有别于军事阵战又不等同于擂台竞技，具体表现为无规则、不对等、不依严格赖装备的械斗。唐顺之阐述的定步对练，本质是规则限制下的体育游戏；俞大猷所论棍法落实起来也是一对一、同器械的两两对战；戚继光枪法专为鸳鸯阵中枪手所制，前有盾牌狼筅蔽护、后有短兵拱卫，亦不能满足民间械斗的需求。既然器械不对等，从枪对枪、棍对棍中总结出来的经验就不再适用；人数不对等，此前经典中单打独斗探讨也不再适用。既有经验的不足，决定了明末武术家对技击内涵的多维把握。这一点在《耕余剩技》中体现为以下两个方面：（1）借助军械保证技击功效。除了棍、刀、枪，程宗猷还十分重视弩法，"用弩兼枪刀"③，主张"棍当冠之以刃"④、刀弩结合、长刀与飞刀结合、枪弩结合。（2）探讨不对等情境下的技击方略。如遇到一对多情况，"凡敌只怕背面两受其敌，如彼多人多，我则抽身只对右首一人，则彼众人皆在我面前，而背后则无患矣"⑤；又如，指出面对盾牌宜智取，"劈扎难加，必诱其刀而前牌后，乃可破敌"⑥。

敷衍套子与技击判若两途，习练招式不等于发展技击能力。为了贯穿"战"与"势"的关系，力量因素开始受到重视。唐顺之的枪九尺，戚继光丈二五寸，程宗猷没有明确规定枪的长度，而是列出了循序渐进、从长到短的三种选择，丈八、丈七、丈六，指出平时演习要用重且长的前两者，临敌用可三号。不仅如此，随后又补充道："如再轻短，照古数一丈四尺，无不利也。"⑦ 显然，程宗猷

---

① 茅元仪. 武备志：第85卷 [M]. 北京：解放军出版社，1989：3317.
② 马力. 中国古典武学秘籍录 [M]. 北京：人民体育出版社，2006：124.
③ 马力. 中国古典武学秘籍录 [M]. 北京：人民体育出版社，2006：91.
④ 马力. 中国古典武学秘籍录 [M]. 北京：人民体育出版社，2006：160.
⑤ 马力. 中国古典武学秘籍录 [M]. 北京：人民体育出版社，2006：91.
⑥ 马力. 中国古典武学秘籍录 [M]. 北京：人民体育出版社，2006：155.
⑦ 马力. 中国古典武学秘籍录 [M]. 北京：人民体育出版社，2006：115.

对枪法的态度具有双重性：其一，认识到抖大杆练枪是十分高效的劲力培养途径，用以平时操习增功力；其二，套子演练和实战时为利于动作施展，宜用短枪。我们知道，力量素质是一切运动技能的基础，是古代军事人才选拔的首要着眼点，也是手搏、角抵、相扑等一切技击活动的决定因素。程宗猷将技击能力的提升诉之于力量是合理的也是必然的，这也导致程氏武艺在恰切械斗需要的同时，呈现出技术粗放、崇尚力量特点。如其论刀说："如要坚硬，则刀必厚，厚必重，非有力者不能用"[①]；论枪时说："师语曰：'蛇盘枪，往里串，不得黄金不得见，'盖重此枪之巧，亦无大实用，总之临急，不暇用巧，他着可知矣。"[②]程氏基于械斗立场重视技击价值，与其晚年编撰《射史》以及率众弟子投身蓟州防务是互为表里的。

综上所述，以程宗猷为代表的明后期武术家，在充分挖掘戚继光枪法基础上，把枪法招式化、套路化的活动形式引入其他器械，一方面奠定了枪为"艺中之王"的地位，另一方面推动了武术套路化发展的整体进程。在此过程中，唐、戚枪法技术优于力量的观念被淡化，枪法价值呈现出泛化态势，长期决定古代武术形态的力量因素回归，与手法技术、招式动作一并成为枪法技艺的重要构成。

二、吴殳枪法的竞技回归

经过从民间到军事的往返穿梭，明末枪文化的层累现象已十分显化，诸法并悖、南北争鸣。由于长度、材质和价值取向的不同，枪法大体围绕手法、招式、力量三个向度形成不同风格，直到兼综各家、一以贯之的集大成就者出现，最终落实了枪法运动与"尚技不尚力"民族文化特点的契合。

吴殳（1611—1695），字修龄，号沧尘子，江苏太仓人，明末清初杰出诗人。青年时期随石敬岩学习枪法，后来研习程宗猷的《耕余剩技》、洪转的《梦绿堂枪法》，师从郑华宇学马家枪，师从倪覰楼学杨家枪、沙家枪，后来得程真如所遗枪谱终获大成。启蒙老师石敬岩抵御张献忠叛乱牺牲，虽仅受教三年，但对吴殳的枪法主张和人生追求都产生了深刻影响。《纪效新书》成书百年后的康熙元年（1661），吴殳缅怀恩师写下《石敬岩枪法记》，之后陆续推出《枪法圆机说》《手臂录》《无隐录》，后来又与搜获而得的洪转《梦绿堂枪法》、程真如《峨眉

---

① 马力. 中国古典武学秘籍录［M］. 北京：人民体育出版社，2006：91.
② 马力. 中国古典武学秘籍录［M］. 北京：人民体育出版社，2006：114.

枪法》等合刊为《手臂录》。《手臂录》全书上下附卷共六卷，除少数内容述单刀、叉、狼筅、藤牌、大棒、剑外，数万余言主要论枪，是对明末清初枪法技术及发展脉络的系统整理。

　　明王朝统治到了明末已经是垂暮之期。君主荒淫无度皇权旁落，官僚阶级骄奢淫逸，东南地区商品经济蓬勃发展，资本主义萌芽开始出现，斑驳陆离的社会环境为枪法演进提供了优渥环境。后来清军南下，大肆烧杀掳掠，庐舍邱虚，人迹沓绝，江南繁华蹂躏殆尽，清王朝重农抑商的统治政策使东南地区经济的发展严重受挫，满汉矛盾成为时代主题。广大仁人志士以"遗民"自居，对异族统治者采取对立态度。人们痛定思痛，从明末虚伪、奢靡、空疏的社会风气中总结教训，主张以实效解决社会问题。巨大的时代变革使武术活动失去了原有的社会基础，不能用来解决实际问题的体育活动受到冷落，套子武艺走向衰落。

　　明清之交的武术发展呈现出两种极端倾向：其一，舍弃武术的健身娱乐功能，以"实艺"为目标，武学重心回到兵法、骑射等纯军事领域。如五公山人王余佑"恒以谈兵说剑为事"，武艺仅传刀法。颜李学派为学生专设武备，主张兵农合一、寓将于学。其二，放弃武术的械斗功能，在明末价值泛化基础上，走向去技击、体育竞技的发展方向。吴殳是典型代表。

　　经历天崩地裂的时代动荡，吴殳"革鼎之后，心如死灰"[1]，其枪法思想和内容被深深注入体育内涵。具体表现为将所有技击问题的探讨都诉之于枪、唯枪是论，这无疑是枪法运动走向独立化、深入化、系统化极为关键的一步。吴殳赋予枪法至高无上地位："枪为诸器之王，以诸器遇枪立败也……人不见真枪，故迷信于诸器"[2]；"以寡击众，莫善于枪，不可不知"[3]；"枪破诸器，用各有宜"[4]；"不知枪而以棍冒枪，其谬何所终极"[5]。主张在枪与枪对练中深入技理："理应用枪法以枪对枪，何以用棍法乎？"[6] 推崇与战阵有别的民间枪法功夫："枪以一条直线，故难用而多奇。叉有旁枝，故易而少变。少变故艺家不贵易用，

---

[1] 吴殳. 手臂录 [M]. 北京：中华书局，1985：183.
[2] 吴殳. 手臂录 [M]. 北京：中华书局，1985：1.
[3] 吴殳. 手臂录 [M]. 北京：中华书局，1985：75.
[4] 吴殳. 手臂录 [M]. 北京：中华书局，1985：164.
[5] 吴殳. 手臂录 [M]. 北京：中华书局，1985：42.
[6] 同[5].

第七章 拳法、枪法及枪拳关系的明清流变

故兵卒之庸下者宜之"①;"一军万人,安得人人为石敬岩乎?"②

《手臂录》深入剖析当时流传的七家枪法:石敬岩的石家枪法;程真如的峨眉枪法;沙家杆子、杨家枪法、马家枪法;程宗猷字冲斗,其枪法被称为"冲斗枪法""汉口枪法";洪转《梦绿堂枪法》与程宗猷关系密切,故吴殳常常将汉口、少林、洪转合而论之。受时代局限,吴殳不能厘清各家的脉络关系和风格致因。我们立足今世,从技理发展规律的视角审视就会发现,七家枪法的格局并非无章可循。如前所论,枪法的突出内涵在唐顺之时代是手法的拧转,戚继光时代是舞弄招式,后来程宗猷注入力量元素,三个时代的不同特点在明末清初层层堆垒。各家就枪法的基本内容——拧转缠拦上是完全一致的,唐顺之云"手法甚紧,其圈为母",程宗猷云"枪法不过二手持,以阴阳一仰一覆运用而已"③,吴殳云"必皆以圆机为之本"④。区别在对手法技术、招式敷衍、劲力开发三者之间的取舍程度。如若太长,练枪就成了开发劲力的手段,不便舞弄势子,也谈不上技术的深入;如果执着舞弄招式,细致入微的手法就被蒙蔽,技术水平就会止步不前。如此来看,七家枪法的格局和各自属性是十分清晰的。

沙加竿子丈八至二丈四尺,质地为竹,是七家中最长者。长而不可舞弄招式,手上技术也是弱项,主要意义在于训练力量。吴殳的评价极不理想:"盖枪长而头重,凡峨眉灵变之手法,皆不能用。虚实虽雄,实事舒不足畏。执短枪者,苟能识破,决然竟入,身近枪尖,便同赤手。"⑤ 马家枪九尺七寸,具备短巧轻便的特点,但是耽于舞动招式技术肤浅,长度较短也导致枪棍不分。吴殳评曰:"马家之诸六合枪及二十四势式,名目甚繁,少枪多棍。"⑥ "马家谓之入邪,不知枪棍之介,详于身势,疏于手法,欲得以势破势,是邪见也。"⑦

杨家枪长度不统一,丈二到丈八。长度不一表明受众广泛,也侧面反映了《长枪短用说篇》对民间武艺的巨大影响。由于价值泛化,于势子、手法、力量三者都不突出,既受限于过长压手,又呈现出简单易学的特点,吴殳抨其为"非

---

① 吴殳.手臂录[M].北京:中华书局,1985:145.
② 吴殳.手臂录[M].北京:中华书局,1985:171.
③ 马力.中国古典武学秘籍录[M].北京:人民体育出版社,2006:109.
④ 吴殳.手臂录[M].北京:中华书局,1985:3.
⑤ 吴殳.手臂录[M].北京:中华书局,1985:35.
⑥ 吴殳.手臂录[M].北京:中华书局,1985:39.
⑦ 吴殳.手臂录[M].北京:中华书局,1985:40.

马非驴":"杨杂马、杂少林,驴非驴,骡也,以为长途负载之可用。"①"其心必在两手外三尺,虽力大者持之,终不能用马家之法,压手固也。"②"(杨家枪)不须如峨眉移山填海,学之者又易,得峨眉法者何人,而能察其精义哉？所以,杨家枪之名,惊天动地者,人人振而矜之也。"③

当吴殳将沙、马、杨三家相并比较时,各自的特点便显得十分直观。"马取静,沙取动。马取手,沙取足。马取进,沙取退。马取小,沙取大。马取密,沙取疏。马取轻,沙取重。马取大成,沙取适用。杨无正名,杂出于而这之间,故曰骡枪。"④"杨家之法,专为行阵粗人,故枪身加长,枪圈加大,使勇力粗犷者易学。丈二者,用于马家之手法,而去其精微,加以猛厉。丈八者,用沙家之法,而去其缠搭,加以劈打,然手法皆圆,不失枪意。"⑤"所谓杨家丈二倚马家者,何也？枪尚短硬,尚可为马家法也。所谓杨家丈八倚沙家者,何也？枪已长软,不得不用沙家法也。所谓丈四倚丈二、丈六倚丈八者,何也？平日而临阵患其短,平日习丈八,而临阵恶其重,故改用丈四、丈六,原无本法也。"⑥

前文论述过,重视力量是明后期武术家在继承招式化、套路化成果和适应民间械斗双重取向下的时代选择。因而,汉口、洪转以及他们所代表的少林枪法呈现出"大封大劈""执大门墙""重实阔大""枪棍不分"等特点。而这是主张深化技术、淡化力量的吴殳所不能接受的。虽然比程宗猷整整小了五十岁,吴殳毫不留情批判其粗放风格:"徽派程冲斗之徒,气力愤发,殆同牛斗,绝无名士风流"⑦;"冲斗学于少林,惟取其刚强者,以自立一门,又非少林也"⑧;"少林之八母,鱼龙平列,已失枪家正义,其广布诸势,全落棍法"⑨;"少林干封闭无工,故用他法,可笑也"⑩;"真如之法,手活而深,故妙。洪转之法,手死而浅,无味。大抵少林枪法,只是隔靴搔痒"⑪;"少林之枪,之所以与峨眉有间

---

① 吴殳．手臂录［M］．北京：中华书局，1985：40．
② 吴殳．手臂录［M］．北京：中华书局，1985：79．
③ 吴殳．手臂录［M］．北京：中华书局，1985：38．
④ 吴殳．手臂录［M］．北京：中华书局，1985：74．
⑤ 吴殳．手臂录［M］．北京：中华书局，1985：171．
⑥ 吴殳．手臂录［M］．北京：中华书局，1985：170．
⑦ 吴殳．手臂录［M］．北京：中华书局，1985：90．
⑧ 吴殳．手臂录［M］．北京：中华书局，1985：39．
⑨ 吴殳．手臂录［M］．北京：中华书局，1985：38．
⑩ 吴殳．手臂录［M］．北京：中华书局，1985：47．
⑪ 吴殳．手臂录［M］．北京：中华书局，1985：71．

第七章 拳法、枪法及枪拳关系的明清流变

者,封闭根本之功少,其余行着,非专以刚功制胜者也。冲斗自取其性所近,专抽少林刚猛之法立教,偏于粗厉,其负少林者多矣。"①

吴殳所推崇的是石敬岩的石家枪法和程真如的峨眉枪法。两家枪长与马家枪同为九尺七寸,却立足轻便不尚花法,功力专深。"敬岩贵轻虚,真如贵短小,皆以圈为脱化之门"②;"(敬岩)不立一势,不施一法,忽焉刃注其喉,擺憊而退"③;"(敬岩)和于手法以取胜,非若马家、冲斗以势破势"④。受石敬岩忠义感召,吴殳遵循教导用功专深,后来得到程真如遗著《峨眉枪法》,发觉两位师傅精髓一辙:"余所师者,石敬岩也。其于习练,门路最正,功力最深,手臂最熟。晚年棍棒刀牌,入手皆化枪法。故于枪棍之界,不甚留心。余自于五百法深思久用,乃得其辩,而徽州程真如所著峨眉枪法,唯有革法十二、扎法十八、不言立势,不言步法,卓哉!绝识家之正眼法藏也。"⑤

需要注意的是,吴殳对诸家技法并非一味地抨击鄙薄,也常常也流露出积极态度。如对沙家竿子劲力训练功效表示认可:"倪觐楼短枪未纯而竿子绝妙,余尝曰:'沙家法更需学乎?'倪曰:'不然,子取竿极硬者,选马家法用之,必胜。'余从其言,每困竿子好手。"⑥肯定程宗猷大封大劈的实战价值:"人能熟习大封大劈,必胜之兵也,能凤点头,选锋之兵也。精于颠提,临阵必胜之斗将矣。冲斗论枪,远胜《纪效新书》也。"⑦"作临阵兵枪说一篇,以不没冲斗之所长。"⑧吴殳通过比较沙家、马家以肯定它们各自的优势:"竿子身长,腰软头垂,其势阔大而疏迟,用处在足,以腾挪进退,足如奔鹿,身如电光者为善。马家枪身重,其势紧密而迅疾,其用在手,以吞吐变化,身如轻云随风,手臂如生蛇渡水者为善。"⑨由此可以看出,吴殳的目的在于倡导淡化力量的观念,呼吁枪法技艺的发展应立足于体育竞技的立场。

七家枪法的脉络关系是武术历史研究的难点问题。分析可知,沙、马、杨三家是《纪效新书》影响下发生的"第一代"枪法。戚继光说:"盖沙加竿子、马

---

① 吴殳.手臂录[M].北京:中华书局,1985:82.
② 吴殳.手臂录[M].北京:中华书局,1985:34.
③ 吴殳.手臂录[M].北京:中华书局,1985:85.
④ 吴殳.手臂录[M].北京:中华书局,1985:51.
⑤ 吴殳.手臂录[M].北京:中华书局,1985:167.
⑥ 吴殳.手臂录[M].北京:中华书局,1985:77.
⑦ 吴殳.手臂录[M].北京:中华书局,1985:144.
⑧ 吴殳.手臂录[M].北京:中华书局,1985:183.
⑨ 吴殳.手臂录[M].北京:中华书局,1985:88.

家长枪各有奇妙，其用惟杨家之法……"① 无论沙、马两家在《纪效新书》成书之前是何面貌，它们在二十四势推出之后马上就被同化是毋庸置疑的。因此到了程宗猷的时代，才会"说则同，而用则异"②。吴殳时代的马、沙二家也很难说就是百年前的孑遗，这也是吴殳对《续文献通考》所载枪法以及沙马二家所持的态度③。沙、马、杨三家的互补关系也足以说明它们是民间蹈袭《长枪短用说篇》的产物。程宗猷、洪转、少林所代表的是"第二代"枪法，它们是兵枪流入社会后发生技术变迁的结果。石敬岩和程真如代表的是"第三代"枪法，二者通过技术的不断深入，成功地淡化了力量元素，找准了枪法工夫的方向。程真如是徽州海阳人，与程宗猷同处一乡、同为一姓，根据吴殳所述"真如小于敬岩十余年"④ 可知，程真如大约比程宗猷晚生二十年。也就是说，程真如的"峨眉"枪法极有可能是在程宗猷的基础上发展而成的。

程真如自称客游蜀中"礼师请教""经历二载"，向世人表明其枪法受教于蜀地高人。我们知道，"峨眉"与武术的最早结合是《峨眉道人拳歌》，道人也并不是什么峨眉山道士。其实程真如交代得很明白，"峨眉枪法"一说是其自所为之："余叙述其法，不忘自命之曰峨眉枪法。"⑤ 因此，其所云峨眉山普恩禅师"遇异人受以枪法，立机空室，练习二载，一旦悟彻，遂造神化"⑥ 不足为信。峨眉一说是程真如在技术水平和思想高度均取得突破之后，为避免与旧法发生冲突而采取的托伪行为。吴殳在《峨眉枪法原序》结尾写道："是以余枪本得之敬岩，而辄名之曰峨眉枪法。非独以吻合，亦欲见此书者，知有峨眉，则不锢于冲斗也。刘、石二公，九泉有知，必快然于余言。"⑦ 可知，本着超越程宗猷的态度，这种附会行为也是吴殳所需要的。

吴殳对武术的意义不仅在于枪法本体技术的空前深入，也在于对招式、花套所持有的接纳态度。他并没有孤执"一戳一革"把招式内容驱逐出去，而是博

---

① 戚继光. 纪效新书 [M]. 北京：中华书局，2001：158-159.
② 马力. 中国古典武学秘籍录 [M]. 北京：人民体育出版社，2006：127.
③ 吴殳. 手臂录 [M]. 北京：中华书局，1985：91-92.
④ 吴殳. 手臂录 [M]. 北京：中华书局，1985：166.
⑤ 吴殳. 手臂录 [M]. 北京：中华书局，1985：156.
⑥ 吴殳. 手臂录 [M]. 北京：中华书局，1985：155.
⑦ 吴殳. 手臂录 [M]. 北京：中华书局，1985：185.

约之间合收百法，主张"二年练戳革，一年学行著"①"由势入劲"② 缺一不可，将无势的功力训练与有势的套路习练两相贯通。其有生动譬喻："短枪如小楷，杨家枪如行书。沙家竿子如狂草，学成楷书，然后学草，乃有规则，先学草书，于楷远矣。行书杨家枪，在二者间，既得二法，中间者不学而得。"③ 这标志着枪法在新的环境中，重新调整了练与战之间的关系，以新的姿态适配武术的发展方向。吴殳还是一位杰出的文人，著有诗集《围炉诗话》，他将自己在古文、书法、诗歌、儒家、佛家等领域的造诣错综有度地并入枪法，极为有力地提升了枪法的格调。

第三节 清代后期的化枪为拳

一、唐顺之的预流作用

清代书法家包世臣对书法和拳法的共性有一段精彩论述，字字珠玑道出拳学真谛："学书如学拳。学拳者身法、步法、手法，扭筋对骨，出手起脚，必极筋所能至，使之内气通而外劲出。予所以谓临摹古帖，笔画地步，必比古帖长过半，乃能尽其势而转其意者也。至学拳已成，真气养足，其骨节节可转，其筋条条皆直。虽对强敌，可以一指之于分寸之间若无事者。书家自运之道，亦如是矣。"④ 包世臣认为拳法工夫与书法临帖一样，从大处入手，解构古人作品"尽其势而转其意"，从而获得水平的提升。

从包世臣的论述可以推导出拳法功夫的三个特征。"于分寸之间"指不依赖距离，不依赖招式，能从静止放松状态骤然发力。"其骨节节可转，其筋条条皆直"，通过躯体肢节的相互作用形成节奏协调、方向一致的整体力量。用后来万籁声的话来说："武术用劲并非爆劲""流通四肢者为劲"⑤，用郭寿臣的说法："陷于肩背者为之力，能达于四肢者谓之劲，拳术之用，不贵与多力，而贵于有劲。"⑥ 运动生理学的解释是调动更多的运动单位参加肌肉收缩，从而发出人体

---

① 吴殳. 手臂录 [M]. 北京：中华书局，1985：80.
② 吴殳. 手臂录 [M]. 北京：中华书局，1985：75.
③ 吴殳. 手臂录 [M]. 北京：中华书局，1985：83.
④ 包世臣. 答熙载九问 [M]. 杭州：浙江人民美术出版社，2017：181-182.
⑤ 万籁声. 武术汇宗 [M]. 北京：中国书店，1984：11.
⑥ 林小美. 民国时期武术运动文选 [M]. 杭州：杭州中大图文设计有限公司，2012：235-236.

最大的力。"一指之于分寸之间若无事者",完成发力之后,还要保持优雅淡然、从容不迫的体态。简而言之,拳学真髓就是不依赖于固定动作和发力点迅捷自然优美地发出人体最大的力量。

不依赖固定动作,不依赖发力点,决定了从拳法套子中获取搏人劲力是徒劳的。李小龙创立截拳道就是为了不让中国武术落入拳套形式的桎梏中①。为拳法劲力习练指明方向的是枪法。吴殳评述枪、棍差异时,曾指出枪法能够跨越架势提炼劲力的特点:"其体相近,其用天渊""棍用打,枪用扎""用棍手与身足,其功正均,需有架势。枪之用处,其用在手,身与足以成就其手而已,不须架势"②。枪的技术核心是两手拧转,功夫聚焦于手,对肢体动作并没有外在规定。同时,枪较长尺且具有一定分量,需要手、臂、腰、身全体参与,如吴殳所云"用在两腕,臂以助腕,身以助臂,足以助身,乃合而为一"③。因而枪法不受套路束缚,是沟通"势"与"劲"的桥梁,长期习练就可以"一指之于分寸之间"。

那么,回到枪法和拳法共同的端绪者唐顺之的身上,其拳法是否受到了枪法的补益呢?

唐顺之的枪拳合一要从其遭遇的一次飞来横祸说起。唐顺之《年谱》三十六岁条云:"时时教学荆溪游溧间,尝过昂亭遇盗,窜身于江(阳羡古有中江即今之东西氿也),生平不善浮水然不得死。"④嘉靖二十一年(1542)春,唐顺之屏居宜兴,讲学途中乘船遭劫,情急之下投身江水,不会游泳却侥幸得活,其自作诗《昂亭遇盗次韵》曰:

> 枕书觉已倦,挺剑忽相求。
> 惊起游仙梦,虚疑贾客舟。
> 齐粮十日少,载橐一身浮。
> 澹泊堪为笑,将何谢尔偷。⑤

诗歌对经过轻描淡写,摆出一副无所畏惧泰然自若心态。但如果把这一时期

---

① 杨祥全. 中国武术思想史 [M]. 太原:山西科学技术出版社,2017:374.
② 吴殳. 手臂录 [M]. 北京:中华书局,1985:30.
③ 吴殳. 手臂录 [M]. 北京:中华书局,1985:36.
④ 北京图书馆. 明唐荆川先生年谱 [M]. 北京:北京图书馆出版社,2010:540.
⑤ 唐荆川研究会. 唐荆川诗文集 [M]. 南京:凤凰出版社,2012:44.

第七章　拳法、枪法及枪拳关系的明清流变

"问枪于河南人杨松""刺枪拳棍莫不精心"等行为联系起来，不难发现，这次舟中遇险对唐顺之的打击是巨大的。擅言兵法、射术驰名的前兵部主事，险些成为无名水贼的刀下之鬼，颜面扫地，贻笑大方。更加骇人听闻的是，几个月后，身在北京的世宗皇帝也遭人暗算，睡梦中险些被宫女勒死，史称嘉靖"壬寅宫变"。此事对皇帝造成极大刺激，自此移居皇城西苑再不入宫内，越发醉心道教"日求长生，郊庙不亲，朝讲尽废，君臣不相接"[①]。绝处逢生也令唐顺之深刻意识到，比研习兵法和激励良将更为迫切的，是掌握能够在关键时刻卫身保命的搏斗技能。

没有资料显示唐顺之遇险时是否与对方有过搏斗行为，但不会游泳的人选择投江肯定是走投无路之举。在这一刻，搬弄套子的温家拳是无用的，依赖弓器的射法也是无用的，狭窄渡船之上，能够派上用场的唯有一招制敌的实战拳法。对套子拳法不堪临用的刻骨铭心，促使唐顺之严肃对待拳术的实用功能。后来他有"侏儒弄拳"之论，集中反映了对拳法套路的反思：

> 譬如支离侏儒之人本无拳勇，不能格斗，偶尔嬉戏，拗首摇目，舞腕曳脚。而里人不解事者，见其槃旋之影，从而悦之，悦而奖之，以为有拳法而道之于人。至使当世拳师打手疑其斗己，丛起而哗之，不知彼固支离侏儒人耳。且彼固自知支离侏儒人也，何尝自谓有拳法，其亦何心与人斗胜负哉？奖者逐影，疑者附声，世俗可笑，大率然也。[②]

上述文字是唐顺之四十二岁时，拒绝朋友为自己刊刻文集时所发。把自己比喻成热衷弄拳实际上素质欠佳的"支离侏儒之人"，"偶尔嬉戏，拗首摇目，舞腕曳脚"尚可，不识真相者会大加称赞。如若招致真正的拳师打手，就会伎俩曝光身败名裂。

《峨眉道人拳歌》"百折连腰尽无骨，一撒通身皆是手"一句，是唐顺之枪拳合一的例证。此时已有四年之久的枪法功夫，前句表现道人身法之松柔畅达，后句强调劲力的立体通透。"百折"描述蓄力过程各处关节曲折对争，"连腰"交代劲力来源，"无骨"体现节节贯穿。"一撒"发力，不见招式，不见力点，整体鼓荡"通身皆是手"。民国时期陈铁生有云："用枪须用腰力，方着劲，枪

[①] 张廷玉. 明史：第6卷[M]. 长沙：岳麓书社，1996：4501.
[②] 唐荆川研究会. 唐荆川诗文集[M]. 南京：凤凰出版社，2012：192.

法中有里拨外拿之一技，最能练习腰力。"① 拳歌反映出的劲力特点，在当时的背景下应该来说，只有枪法训练才可以满足。

唐顺之用"百折""无骨"的蛇来比喻拳法境界，无论是文辞造诣还是折射出的功夫水平，明朝一代无出其右。一百多年后，另一位武术大家吴殳以"人枪棍如蛇行"来比喻枪法，不同之处在于，吴殳只练枪不练拳。直到清代后期武术再次走进文人的生活，才出现与之相近的表述。陈氏太极"浑身无处不太极，何处挨着何处发"，孙禄堂"形体应当似流水"，王芗斋"螺旋力无形，遍体似弹簧"。

《武编》诸门武艺的排列顺序也蕴含着枪拳合一的理念。《拳》《枪》《剑》《刀》《筒》《锤》《扒》《攩》，把拳和枪凌驾在诸艺之上的态度也是十分明显的。资质平平、苦身多病，枪法以弱胜强的技术特点满足了唐顺之对武的需求，因此表示平生最爱枪法、射法。唐顺之之所以把拳法置于枪法之前，一方面，个体武术的核心价值是操练精神活泼心性，拳法是首要承载者，代表着武术的发展方向。另一方面，拳法具有提炼和表达其他技艺的条件优势，是落实后天劲力的终端手段。因此可以说，唐顺之是融汇枪拳的最早实践者，是"化枪为拳"理念的积极预流者。

然而，枪拳合一并没能适应武术接下来的发展方向。继承者戚继光首先应是一位军事家，其次才是一位武术家。军队不是武术团，拳法劲力超出了戚继光对武艺的要求。体现在《纪效新书》中的枪拳关系，是反过来长枪诸势中"旗鼓势""灵猫捉鼠势""胯剑势""十面埋伏势"等对温家拳动作的借鉴。明末武术家们受社会危机左右摒弃拳法，拳法得不到不弘扬，枪拳合一也就无从展开。不过，从程宗猷推崇远超实用长度的大枪用作平时操练来看，其对拧枪练劲的优越性了然于胸，这也是其选择枪棍不分的主要原因。

二、武术的中断与复兴

满族在努尔哈赤时期就开始主动学习儒学，为入主中原统治汉族做准备。皇太极开启清政府理学政治文化模式，将孔子立为圣人祭祀孔庙。康熙极其尊重程朱理学，认为二程朱熹是孔孟道统正传，将朱熹从配享孔庙东庑之列升为大成殿十哲之次。康熙皇帝说："宋儒诸子，注释群经，阐发道理，凡所著作及编纂之

---

① 林小美. 民国时期武术运动文选 [M]. 杭州：浙江大学出版社，2012：298.

书,皆明白精确,归于大中至正……朕以为孔孟之后,有裨斯文者,朱子之功,最为弘巨。"① 经过清初统治者的大力推崇,明代中期以来千疮百孔、日趋衰微的程朱理学再一次成为统治思想和学术主流。

程朱理学为清王朝政权的巩固起到了十分积极的作用,很大程度上消解了汉族知识分子对当局政权的抵触情绪,涌现出一批抛弃"华夷之辩"转而论证新政权合法性的汉族大臣。康熙皇帝颁行《朱子全书》《四书注释》《四书章句集注》作为科考依据。读书人埋头于天命性理,企图通过科举考试实现修身、齐家、治国、平天下的人生理想,对于自己效忠的是谁,则不再过多辩驳。然而理学毕竟是明日黄花,上在明代就已经摇摇欲坠,大约从乾隆中后期开始,理学被一种新的学术思潮取而代之。

"朴学"以追求朴实无华的治学思想而得名,又称"考据之学""汉学",是清代学者妥协和文化专制主义的结果。以三大儒为代表的清初学者痛定思痛总结明亡教训,从群经的真伪、字义等出发,倡导"考文以通经,通经以致用",力主回到儒家原典中寻找依据。到了康熙后期,随着顾炎武、黄宗羲等人的相继离世,他们的继承者们已经不再富有初代文人那种反抗异族统治的战斗精神,许多已经投身科举或成为官僚的幕宾食客。这些知识分子为避免遭受"文字狱"的迫害,主动放弃"以天下为己任"的使命,在疏远宋学基础上以汉学为宗,致力汉籍的考据。就此形成一种以汉儒经说为核心、纯考据、追求精深的学术体系:"逼得若干有些创造力的知识分子把他们的全部心思才力集中到故纸堆里,学问完全脱离的人生实用……也获得了意外的收获"②;"举凡自汉以来书册上之学问,皆加以一番磨琢,施以一种组织"③。朴学注疏、校勘、音韵、辑佚、辨伪等专治一业,就事论事,至于学问对社会政治有何裨益则不做探讨。

理学枯败,朴学勃兴再度为武术发展带来宽松的思想环境。清初理学占据绝对权威之时,明人奠定的武术体育化发展遭到扼杀,正如王芗斋之言:"拳道之乾替,固因罪康、雍二帝,以其时倡之不以其道也。"④ 康雍两朝,标志武术发展传播的文献资料出现断层,作为武术文献流通的重要载体,日用类书的出版停滞:"清代以降,日用类书的刊行较于明末的繁荣,出现了一个短暂的萧条期,

---

① 潘志锋.清初道统观研究[M].北京:社会科学文献出版社,2016:26.
② 顾颉刚.秦汉的方士与儒生[M].上海:上海古籍出版社,1978:2.
③ 梁启超.清代学术概论[M].上海:上海古籍出版社,1998:48.
④ 姚宗勋.意拳——中国现代实战拳术[M].北京:北京体育学院出版社,1989:162.

直到乾隆四年（1739）始见清人'毛焕文增补识'的《增补万宝全书》面试。自此，清代日用类书的刊刻便一发不可收拾，其刊量也远超过前代。"①

文人阶层躲避政治风险转向汉学的同时，伦理异化所桎梏的社会文化也迈出向近代化转型的步伐。从某些层面来看，清中期整个社会的文化情势有类于阳明心学启蒙下的明代社会，之前无人问津的技艺门类开始得到人们的关注。正如梁启超论朴学影响说："有久堕之绝学，或前人向不注意之学，自此卓然成以专门学科；使吾辈学问之内容，日益丰厚。"② 体育活动又一次繁荣起来，社会底层的大众体育文化开始从明代武学经典中继承武术文化。传统武术真正意义上的流派源头，正是在此背景下萌发的。

需要注意的是，清代前期被誉为"康乾盛世"，政治相对稳定，生产力得到恢复，满汉矛盾大为缓解，蒙古势力归附清朝，不存在强有力的外部威胁和尖锐的阶级对立。因此，清代武术不再受到武备意识和军事功能的束缚，呈现独立化、理想化发展。概括起来有两个方面特征：一方面，武术投射出更多价值功能。在不同地域文化熏陶下，不同流派对教育、表演、竞技、健身、技击所主不同，各有姿态。另一方面，拳法彻底凌驾于器械之上。明代武术套路是主脉，清代武术拳法是核心。由于晚晴以前武备需求并不强烈，"拳为武艺之源""拳成器械就"深入人心，拳法成为武术活动的出发点，进而形成拳法为本、打法为用、器械又次之的结构体系。

然而，无论如何技击是武术的价值核心，上承明代的经典内容都是预设条件下的招式套路，既没有切实可行的搏人途径，也没有提出行之有效劲力训练手段。而否定招式套子又等于否定拳术本身，也就回到了角力、角抵、手搏、相扑等受力量主导的无法之法阶段。如何贯通招套架式与劲力培养的关系，成为武术发展需要解决的重要问题。归纳起来看，清人在继承明代套子武艺的基础上，主要围绕以下四个向度探索拳法训练手段。

其一，仿器。王征南内家拳六路、十段锦思路就是以手寓双刀劈斫。曹焕斗《拳经拳法备要》中的力量习法是从弓箭引申出的"射"："通身更要会意，一片紧缩。然后尽力一片射出，务要身、手、脚一齐俱到""此所谓百骸筋骨一齐收，一齐放也"③。《武松拳谱》亦云拳法创自于刀棍："此风不古，即康熙时通州黄

---

① 刘毅，周伟良. 清代日用类书中的武术文献 [J]. 中华武术，2021（2）：41-43.
② 梁启超. 清代学术概论 [M]. 上海：上海古籍出版社，1998：48.
③ 张孔昭. 拳经拳法备要 [M]. 太原：山西科学技术出版社，2006：50.

氏之刀，湖州沈氏之棍亦为首创而自称家派者。吾人若精研其技，而善化之，自创拳法亦非不许之事也。"仿器思想十分普遍，山西榆次一带的弓力拳，"弓开弓背曲，弓合弓又直"，取"弓之一背一弦，一张一弛送箭弦"[1] 功效。山东文圣拳头趟母架分别从大枪、大刀、硬弓等实用动作基础上演化而来[2]。广西都安地区的黄氏家拳讲求拳械一致："兵械的演练套用空手拳来练。拳术怎么练，兵械就怎么练……学会拳法无须再专门学兵械，可谓一技多能。"[3]

其二，西域教门，把势加跤，将拳法单练与摔跤对练兼而习之。

其三，仿生，即模拟动物的习性特点。但凡具有积极寓意的动物，如凶猛好斗的虎、蛇、鹰等，灵动智慧的猴、龟、鹤等，都成了拳术法拟的对象，此现象在东南武术中尤为突出，牛、鸭、鸡、狗、鱼、鲟也都成了"法"。

其四，仿道，即从宋明理学构建的宇宙论中探究拳理。以朱熹为集大成的两宋道学（又称理学）建立起类似宗教的新儒学体系，提出"理"是终极存在，即朱熹所说的"天理太极"。"气"是第二性的，是理的表现形式，表现为阴阳、五行、八卦之气。俞大猷、唐顺之就用阴阳之理诠释手法，随后气、四象、五行、八卦等理念陆续进入拳学。仿道现象以乾隆时期苌乃周的"中气论"为代表，集中体现了武术文化受儒家思想的熏染。前赴后继的摸索，丰富绚丽了武术文化，然而客观地讲，上述尝试一定程度上满足了拳法的技击需要，但与欧洲同时代如火如荼的拳击运动相比，中国拳法的格斗功效明显是略逊一筹的。

三、枪法的拳法实践路径

19世纪中叶，清帝国在第一次鸦片战争、第二次鸦片战争中惨败，积贫积弱、内外交困，随着西方体育的传入，国人被叫作"东亚病夫"。华夏民族燃起从本土体育出发的爱国热潮，呈现出底层社会推动武术革新的人文景观。众多北方流派的代表人物在拳法套路基础上"化枪为拳"，推动了武术训练体系的变革。时至今日，集粹枪法精髓的"抖大杆"依然被传统武者奉若瑰宝。不少流派都有借鉴枪法创拳之说，如河北地区的八极拳、陈氏太极拳推手、北京地区的六合拳、西北地区的八门拳等。其中形意拳最具代表性，五行拳的五个动作对应

---

[1] 赵双印. 清代武术史 [M]. 石家庄：河北人民出版社，2005：132.
[2] 陈德冉. 文圣拳的技术体系和传承脉络整理研究 [D]. 北京：首都体育学院，2011：12.
[3] 韦晓康，张延庆，胡雪凤，等. 从瓦氏夫人抗倭探析广西狼兵武术 [J]. 百色学院学报，2019，32（1）：71.

拧枪的基本劲力。

如祁氏通背拳由河北人祁信首创于道光年间，使之体系完备并开始盛传是第二代人物祁太昌："祁太昌将心意六合拳、名堂劈切手法、心极通背拳融为大枪之法，共冶于一炉，才有了真正的祁家通背拳。"[1] 三皇炮捶二代祖宋彦超，吸收大枪精华融入拳法，"是中华武术唯一枪拳合一的拳术"[2]。豫北地区的范氏岳家拳，化枪为拳由实际意义上的第二代祖师范清元光绪时期所为[3]。岳氏八翻手为刘仕俊于同光时期首传，拳法由第二代传人"大枪刘德宽"在光绪年间编制[4]。同一时期的沧州八极拳翘楚李大忠、张克明等人，也都极为重视枪法、枪拳合一。

枪是双手持握长兵器，由植物主干加工而成，通常在三米甚至更长。头部金属枪头以及前细后粗的特点，使枪在抖动时发生形变，"能手用枪，无论一打一铺，枪之前半段，必震荡不已，尽力之所注，必有见象也。"[5] 由于本身又具有相当的分量，需要整个身体协同参与，因而可以作为培养整体劲力的有效途径。此外，完成一次抖动后肌肉处于相对静止状态，前后重量不均衡加之木杆韧性，枪器会发生持续震颤，震颤不断反作用于相对静止的肌肉，能够有效消除肌肉紧张、促进肌肉放松，同样起到增加肌力的作用。实践中，主动的发力抖动与杆子被动振动交错叠加，振动幅度以及身体与之相协调的水平，也被作为衡量枪法功夫的标准。这也是其他双手持握短兵器如双刀、双剑等所不能比拟的。更为重要的是，拧枪练劲指导下的拳法活动样式，符合中国文化的审美要求。四肢朝天、你寝我骑、以硬犯硬、强弩之末的胜出并非武术意愿；自然站立、从容不迫、轻而易举、蜻蜓点水式的取胜，即包世臣所谓"若无事者"才是中国技击的目标追求。

拧枪蕴含了丰富的肢体矛盾运动，能使"骨节节可转，筋条条皆直"。以形意拳化枪为拳为例，"拿枪"的化拳思路为，右手顺时针由阴手翻转变阳手，同时左手慢半拍顺时针由阳手翻转变阴手，这个过程与两手从相合到对拉的过程先后进行。因此，拿枪包含了两臂前后的相对合开以及两掌先后的顺时针翻转，这

---

[1] 赵秋菊，邓玲玲，凌静园. 通背拳的传承脉络与技术演变特征研究 [J]. 沈阳体育学院学报，2017，36 (4)：129-131.
[2] 随增良. 三皇炮锤与宋迈伦 [N]. 衡水日报，2011-09-17.
[3] 赵洋，邹真真. 范氏岳家拳源流事迹及体育化过程研究 [J]. 河南科技学院学报，2017，37 (9)：14.
[4] 王新午. 岳氏八翻手 [M]. 太原：山西科学技术出版社，2003：1-3.
[5] 林小美. 民国时期武术运动文选 [M]. 杭州：杭州中大图文设计有限公司，2012：299.

个劲力对应着劈劲,被化为"劈拳"。"拦枪"右手逆时针由阴手翻转成阳手,左手稍晚于右手逆时针由阳手变阴手,过程包含了两臂的相对合开以及两掌先后的逆时针翻转,对应向左的劲,被化成"钻拳"。吴殳《手臂录》提出的高位拦枪手法:"肘帖肋下,犹未紧密,需捲至如乳前,腕自阳而更转之,至手背向天"①,无疑是形意钻拳的先导。"扎枪"的化拳思路为,前手不动后手前送,形成两手相合,形意拳将此劲力对应崩劲化成"崩拳"。枪法向前下的"扎脚"被化成"炮拳"。正如李仲轩所言:"炮拳是从十三枪的'扎'法里变出来的,炮拳后手架在脑门,前手斜刺,正是下扎枪的架势。"② 扎出之后的"抽回"被化为"横拳",两手前后对拉,前手阳后手阴,枪身离腰力向外格。

又如范氏岳家拳基础套路"小字捶"③。先是在《纪效新书》长枪二十四势基础上串成枪套,再在枪套基础上蜕去长枪编成拳套。套路中反复出现的"单鞭"是"拿枪"的徒手操法,上步同时双臂交叉再前后对拉,左臂以直拳伸向正前方,右臂向下后与前臂对拉斜指身后,用法与形意劈拳意旨相同;下扎枪的"滴水势"被化为前后撑捶,两臂前后伸直后拳略高;向左下方贴地画圆的"拨草寻蛇",结合不同步法被分别化成"拉马听风"和"虚步亮掌",前者作为套路行进中的亮势,后者被赋予单手抬腿的实战用法;枪的"阴把劈砸"被化成上步劈捶,"枪花"被化作"摇三捶"(抡臂舞花);连续上步扎枪被演绎为"连打七星",连跳两步间连续打出七拳。以上二例一则从内在劲路入手,一则是从外形动作入手,分别代表了"化枪为拳"的两种展开思路。应该来讲,更多的拳家选择了两者的中间形态,或是在积累过程中不自觉地吸收和借鉴。

唐豪《中国武艺图籍考》有云,明末清初时,山西蒲州人姬际可(字龙峰)在精通枪法基础上"变枪为拳,理会一本,行散万殊,拳名六合"④。此说自推出以来便十分流行,基本成为学界周知的公论,但姬龙峰化枪为拳之说并不客观。乾隆《姬氏族谱》只是说姬龙峰在河南传授过枪法:"技勇绝伦,老年破流寇于村西,手歼渠魁,人号神枪。训(姬训)次子,字龙峰,传艺河南,至今人以夫子事之。"⑤ 化枪为拳应以五行拳的出现为标志,五行拳是戴氏心意拳中

---

① 吴殳. 手臂录 [M]. 北京:中华书局,1985:50.
② 李仲轩. 逝去的武林:1934年的求武纪事 [M]. 北京:当代中国出版社,2006:47.
③ 赵洋,邹真真. 范氏岳家拳源流事迹及体育化过程研究 [J]. 河南科技学院学报,2017,37(9):17-18.
④ 唐豪. 中国武艺图籍考 [M]. 太原:山西科学技术出版社,2008:49.
⑤ 王攀峰. 形意拳源流考 [D]. 太原:中北大学,2014:13.

首次出现的，十二形是李老能改革形意拳之后才出现的①。值得注意的是，在生于道光初年的戴龙邦那里出现了"三拳三棍"：三拳者，钻拳、裹拳、践拳；三棍者，崩棍、炮棍、反背棍。这表明戴龙邦起初是试图从棍法中摸索拳理。如前所论，棍的优势在于长度适中、左右平衡，在敷衍招式动作过程中最具兼容性。但棍短，激发不出弹性，棍法不能帮助解决劲力培养的问题。故经过一段尝试后，"三拳三棍"让位于"化枪为拳"。据此可以看出形意拳化枪为拳是从戴龙邦开始，戴龙邦也极为符合上述众多第二代传人的时代特点。

戴龙邦（亦可能是其子戴文熊）传艺李老能后，李派才开始有了枪法化来的五行拳、持枪势化成的三体桩、十二大形等组成的综合体系。最早提出姬龙峰化枪为拳的是落款光绪二十一年（1895）的《心意精义》②，事实上，这个时段祁太昌、李洛能、宋迈伦、刘德宽、范清元等已经是闻名遐迩的武林宿耆了。至此可明，明末清初姬龙峰在河南、山西一带传授枪法，有口皆碑声名远播，形意后劲把化枪为拳的创举定位在了姬祖的身上。

四、化枪为拳的历史意义

化枪为拳是中国武术应对外来刺激的嬗变，是东方智慧对西方体育的有力回应。19世纪60年代以后，洋务派大量聘请欧洲英、德、法等国教官，采用西式兵操训练清兵。随着西式体操的引入，竞技模式已经相当成熟的拳击运动渐渐走入国人视野。而在中华大地上，擂台形式的搏击活动元代之后就已绝迹，明代以来的拳法又都是套子。对于被迫打开国门的中国人来说，两两拳击、形同决斗的擂台对抗超出了既有的武学范畴，中国未有与西洋拳法相对应之术。在此之前，无论是军事领域的集体战斗还是民间个体械斗，武术的技击功能主要是由器械担负，拳法基本上属于军事体操与养生导引的结合体。而古传枪法对练安全、平等、独立，空练时两手聚焦中线、交替向前的运动形式与拳击并无参差。因此，枪法为培养劲力提供了抓手，弥补了套子拳法技击的软弱，赋予了国人一雪"东亚病夫"之耻的技术支点。

化枪为拳标志着武术训练体系的成熟，对中国武术的影响举足轻重。许多拳家洞察到练枪对练拳的作用，构建起枪拳"二元"训练模式。从枪法中剥茧抽

---

① 王攀峰. 形意拳源流考 [D]. 太原中北大学，2014：19.
② 王攀峰. 形意拳源流考 [D]. 太原中北大学，2014：18.

第七章 拳法、枪法及枪拳关系的明清流变

丝出的劲力被灌输到套路习练中，拳法套路与搏人之力得到融会，在此基础上形意拳家刘殿琛提出"武技一道，有形者为架势，无形者为气力，架式者所以通用气力也"[1]。掌握套路不再被作为拳法活动的目的而成为摸索劲力的途径，太极拳提出"由招熟而渐悟懂劲，由懂劲而阶及神明"。练拳人终于能够学以致用，一大批武者文相、非得天独厚者也通过练拳以弱胜强。此前武术一脉单传、有师无徒的广陵散现象一去不返，众多"二代祖师"凭借过硬的身手扬名立万，他们将自家技法创制成套、汇集理论的过程中，刺激衍生出为数众多的新拳种、新支派、新理论，缔造了封建社会末期武术发展的黄金时代。1928年杭州国术游艺大会专门设立南北比试，化枪为拳的威力得到体现，"因南北技艺差异太大，习南法者全部败北，南北拳对打往往是一动手即分胜负"[2]。

与异域同类文化相比，武术技击拥有以下特点：①捶（拳）法多于掌法，注重拳法步法，慎用腿法；②交战过程中青睐低身小架，两手普遍放低，疏于护头；③倒地一方为输，一般不发展地面技术。这些特点正是化枪为拳影响的结果。首先，捶比掌多是持枪手法使然，北方许多拳家至今仍用"捶""把"来指代拳术活动。枪法运动对手法的依赖远大于腿法，枪法对上肢动作的启发也远多于腿法，这也是"起腿半边空"的最好注脚。其次，枪法集大成者吴殳最先提出"坐膝""鸭子步""蹲身后坐""前虚后实""足以助身"等原则，尽管是针对枪法而言，历史地看，这些经验又是众多流派形成热衷小架、前虚后实、重视桩功及步法等特点的先兆。最后，拳法比试呈现枪法对练的活动特点。对枪比试中，被动偏离中线一方即为落败，因而在脱去枪器的拳法较技中"点到为止"得到广泛认同。此外，由持枪势过渡而来的拳法间架，两手止于胸腰高度而忽略头部防守，成为传统武者与现代搏击交流落败的首要弊病。

与枪法指导拳法相类似的是，日本空手道取"化刀为拳"理念。这里提出两点看法：一方面，刀法为横劲侧重于面，决定了两臂活动不可能围绕中线，增加了缠抱概率，取胜则必须依赖滚翻绞缠及地面技术以达成绝对制服。这也是中国武术与日本武道的重要差别。另一方面，空手道给人肃慎呆板的观感，而中国拳法普遍提倡松活弹抖，这应当与法拟对象的不同有着一定联系。此外，以八卦掌为代表的"以刀化掌"现象也不乏例证。基于以上探讨我们认为，化枪为拳

---

[1] 刘殿琛. 形意拳术抉微 [M]. 太原：山西科学技术出版社，2003：3.
[2] 凌耀华. 千古一会：1929年国术大竞技（下）[J]. 武魂，1986，(5)：2.

与化刀为掌有着主次先后的关系。是前者的实践成果提升了武术的整体水平之后，在之基础上，才有了化刀为掌的延伸。这与八卦掌出现时间相对较晚也是相一致的。

陈氏太极拳起初叫"炮捶"，也有"缠拳"一说。如果"缠"的思路得益于器械启发，那么很显然，从"缠枪"到"缠拳"才是合理的演进过程。赵双印《清代武术史》指出：太极拳根据推手时练习皮肤触觉和内体感觉灵敏性的"听劲"方法，继而创造了两人粘枪之法[1]。结合前文的梳理可知，必然是先有粘枪对练才会有脱去枪器的推手，这也印证了部分学者"太极拳出于枪法"[2]"陈氏太极拳早期发展与大枪技术必然有着密切联系"[3]的观点。杨露禅与上述的"二代祖"们处于同一时代，之于门派的贡献和意义也十分一致。民国时期，王芗斋在郭云深形意桩功的基础上，一改以套路、招式为主要内容的原有体系，围绕静态站桩，去形存意创立意拳。其对桩法要领的阐述：头顶项竖、肩撑肘横、裹卷回环、足趾抓地、拔地欲飞、上兜下坠、四外牵连；辩证的拳理：大动不如小动，小动不如不动，不动之动乃是生生不已之动；以及一法不立，万法不容，拳本无法，有法也空等论断，无疑是化枪为拳进一步内化的结果。

化枪为拳现象集中出现在中原及附近地域，南方拳术为何没有经历化枪为拳是一个有必要探讨的问题。我们以为大致不出以下几方面的因素。历史方面：早在明代嘉靖时期，分别在北剧和南戏的催化刺激下，就一度呈现"北枪南拳"的格局。拳法之外，南方武人习惯将棍作为主要器械。棍短激发不出弹性，练棍无益整劲的培养。环境方面：南方地理特点限制了枪法的普及。从技术角度来说，南方行船以竹为楫，竹制竿子不离日用，一来竹竿有节不适滑把，二来竹竿易裂，均限制了技术的深入；从场地角度来说，多山多水地貌决定了南方武人选择以较短的棍来习武，棍枪的南北分野今天依旧十分明显。

思想方面：明清拳法的传播可分为两个脉络，显于典籍的《拳经》脉络与流于民间的南戏脉络，两个脉络均发生于商品经济发达的东南沿海一带。至于同时期的北方，应该始终是以枪法为主要内容的。资料表明中原一带的枪法活动不

---

[1] 赵双印. 清代武术史 [M]. 石家庄：河北人民出版社，2005：69.
[2] 于志钧. 中国太极拳史 [M]. 北京：中国人民大学出版社，2012：56.
[3] 郭肖波. 明代兵枪及其竞技运动化的研究 [D]. 上海：上海体育学院，2008：4.

第七章　拳法、枪法及枪拳关系的明清流变

绝如缕，明末清初河南有李克复、洪转、张八①，山西有姬龙峰，山东有王富②、淄博韩氏③。因此，清代中期以后武术再度步入繁荣时，北方武人在枪文化基础上脱枪为拳就显得水到渠成。万籁声有云："南人习拳先站马裆，北人多不习之。"④ 南方拳术文化积厚已久饱受儒学熏染，普遍重视立身中正、左右平衡，谨守左右对称的马步身势。因此，南方拳家对于侧身站立、手脚分前后的持枪身势是不愿接受的，另外，南拳"以气催力"的发力方式与枪法的螺旋拧转也是相为矛盾的。

---

① 赵东阶，赵国光，张登云. 重修汜水县志：第8卷 [M]. 上海：上海世界书局，1928：47.
② 吴殳. 手臂录局 [M]. 北京：中华书局，1985：89.
③ 吴殳. 手臂录局 [M]. 北京：中华书局，1985：41.
④ 万籁声. 武术汇宗 [M]. 北京：中国书店，1984：4.

参考文献

古籍文献

[1] 曾公亮．丁度等奉勅．武经总要［M］．万历二十七年刻本．

[2] 王畿．王畿集［M］．南京：凤凰出版社，2007．

[3] 俞大猷．正气堂集［M］．刻本．清道光孙云鸿味古书室．

[4] 罗洪先．罗洪先集［M］．南京：凤凰出版社，2007．

[5] 赵本学，俞大猷．续武经总要［M］．北京：商务印书馆，2017．

[6] 采九德．倭变事略［M］．上海：上海书店出版社，1982．

[7] 郑若曾．筹海图编［M］．北京：解放军出版社，1990．

[8] 郑若曾．江南经略［M］．傅正，宋泽宇，李朝云，等，点校．合肥：黄山书社，2017．

[9] 何良臣．阵纪注释［M］．陈秉才，点注．北京：军事科学出版社，1984．

[10] 万士和．万文恭公摘集［M］．台南：庄严文化事业有限公司，1997．

[11] 何良俊．四友斋丛说［M］．李剑雄，校点．上海：上海古籍出版社，2012．

[12] 戚继光．止止堂集［M］．王熹，校释．北京：中华书局，2001．

[13] 戚继光．纪效新书［M］．北京：中华书局，2001．

[14] 黄凤翔．嘉靖大政类编二［M］．三通馆本．

[15] 张时彻．宁波府志［M］．台北：成文出版社，1983．

[16] 茅元仪．武备志［M］．北京：解放军出版社，1989．

[17] 唐顺之．武编［M］．刻本．徐象橒曼山馆，万历四十六年．

[18] 余象斗．天下四民便览［M］．余氏双峰堂刊本．万历二十七年．

[19] 钱谦益．列朝诗集小传［M］．上海：上海古籍出版社，2008．

[20] 吴殳．手臂录［M］．北京：中华书局，1985．

[21] 澹归和尚．徧行堂集［M］．段晓华，点校．广州：广东旅游出版社，2008．

[22] 张孔昭．拳经拳法备要［M］．太原：山西科学技术出版社，2006．

[23] 张廷玉．明史［M］．北京：中华书局，1974．

[24] 曹秉仁．宁波府志［M］．台北：成文出版社，1983．

[25] 阮升基，宁楷．嘉庆重刊宜兴县志［M］．1797（嘉庆二年）：69．

[26] 包世臣．艺舟双楫［M］．杭州：浙江人民美术出版社，2017．

[27] 方汝翼，贾瑚修，周悦让，等．光绪增修登州府志［M］．香港：凤凰出版社，2004．

现代文献

[1] 蔡连卫．杨家将故事的形成及原因［J］．山西大学学报（哲学社科版），2013，36（4）．

[2] 陈朝晖，陈之安．中国实学发展论略［J］．山东大学学报（哲学社会科学版），1992（3）．

[3] 陈立胜．静坐在儒家修身学中的意义［J］．中国儒学，2015．

[4] 陈德冉．文圣拳的技术体系和传承脉络整理研究［D］．北京：首都体育学院，2011．

[5] 程大力．武术史研究若干重大阙失检视［J］．武术科学（搏击·学术版），2004（3）．

[6] 符璋，刘绍宽．平阳县志［M］．台北：成文出版社有限公司，1990．

[7] 郭肖波．明代兵枪及其竞技运动化的研究［D］．上海：上海体育学院，2008．

[8] 葛荣晋．明清实学简论［J］．社会科学战线，1989（1）．

[9] 葛荣晋．明清社会的变迁与实学思潮的演化［J］．晋阳学刊，1986（3）．

[10] 郝勤，程大力，熊志冲．武术与军事武艺异质不同源论［J］．体育科学，1990（6）．

[11] 赫广霖．理学流变与戏曲发展［M］．北京：中国社会科学出版社，2016．

[12] 何世铭．俞大猷年谱［M］．泉州历史研究会，2012．

[13] 洪波，叶晗，洪明骏．婺剧［M］．杭州：浙江摄影出版社，2014．

[14] 金宁芬．明代戏曲史［M］．北京：社会科学文献出版社，2007．

[15] 江百龙，林鑫海．明清武术古籍拳学论析［M］．北京：人民体育出版社，2008．

[16] 姜容樵．形意母拳［M］．太原：山西科学技术出版社，1959．

[17] 姜锡东．关于杨妙真的称呼、生卒年和"行省"职务问题［J］．东岳论，2013，34（8）．

[18] 姜云鹏．唐顺之古文评点初探——以《文编》为中心［J］．理论界，2013（6）．

[19] 孔令宏．五显神的源流与信仰［J］．地方文化研究，2016（3）．

[20] 李爱军，司徒尚纪．杨家将文化的起源、扩散和地名分布［J］．热带地理，2008（2）．

[21] 李德峰．唐荆川史学研究［M］．南京：凤凰出版社，2015．

[22] 李海生．清初学术的两次转变及其思想史意义［J］．学术月刊，2003（4）．

[23] 李吉远．明代武术史研究［M］．北京：中国社会科学出版社，2018．

[24] 李仲轩．逝去的武林［M］．北京：当代中国出版社，2006．

[25] 梁启超．少年中国说［M］．北京：中国言实出版社，2017．

[26] 梁启超．清代学术概论［M］．上海：上海古籍出版社，1998．

[27] 林小美．民国时期武术运动文选［M］．杭州：浙江大学出版社，2012．

[28] 凌耀华．千古一会——1929年国术大竞技［J］．武魂，1986（4）．

[29] 刘殿琛．形意拳术抉微［M］．太原：山西科学技术出版社，2003．

[30] 刘德森．八极拳发展历程及特征研究［D］．武汉：武汉体育学院，2009．

[31] 刘毅，周伟良．明代崇祯年间日用类书中的武术文献［J］．中华武术，2020（11）．

[32] 刘毅，周伟良．清代日用类书中的武术文献［J］．中华武术，2021（2）．

[33] 黎国韬，詹双晖．竹马戏形成年代论略［J］．广东第二师范学院学报，2011（2）．

[34] 刘聿鑫，凌丽华．戚继光年谱［M］．济南：山东大学出版社，1999．

[35] 孟庆媛．唐顺之书信编年考证［D］．上海：华东师范大学，2010．

[36] 马力．中国古典武学秘籍录［M］．北京：人民体育出版社，2006．

[37] 欧阳祖，何炳松．谭襄敏公年谱［M］．北京：商务印书馆，1936．

[38] 潘志锋．清初道统观研究［M］．北京：社会科学文献出版社，2016．

[39] 孙立辉．沈一贯与浙党研究［D］．长春：吉林大学，2005．

[40] 孙禄堂．孙禄堂武学录［M］．北京：人民体育出版社，2001．

[41] 孙彦，周群．唐顺之［M］．西安：陕西师范大学出版社，2017．

[42] 孙彦．唐顺之文学思想研究［D］．南京：南京大学，2015．

[43] 孙彦．从《文编》看唐顺之的"文法"说［J］．南京师范大学文学院学报，2013（4）．

[44] 松浦智子．关于杨家将五郎为僧故事的考察［J］．明清小说研究，2009（4）．

[45] 邵建伟．别论唐荆川命运中的悲剧情结［J］．常州大学学报（社会科学版），2013．

[46] 唐鼎元．明唐荆川先生年谱［M］．北京：北京图书馆出版社，2010．

[47] 唐豪．王宗岳太极拳经·王宗岳阴符枪谱·戚继光拳经［M］．太原：山西科学技术出版社，2008．

[48] 唐豪．少林武当考·太极拳与内家拳·内家拳［M］．太原：山西科学技术出版社，2008．

[49] 唐荆川研究会．唐荆川诗文集［M］．南京：凤凰出版社，2012．

[50] 万籁声．武术汇宗［M］．北京：中国书店，1984．

[51] 王攀峰．形意拳源流考［D］．太原：中北大学，2014．

[52] 王新午．岳氏八翻手［M］．太原：山西科学技术出版社，2003．

[53] 王永胜．袈裟斩、蝴蝶阵与鸳鸯阵［J］．书城，2018（4）．

[54] 王正．儒家工夫论［M］．北京：华文出版社，2018．

[55] 吴晟．明人笔记中的戏曲史料［M］．南昌：江西人民出版社，2007．

[56] 武道房．"天机说"与唐顺之诗学思想的演进［J］．文学遗产，2020（1）．

[57] 徐宏图．温州古代戏曲史［M］．北京：人民出版社，2018．

[58] 徐哲东．国技论略［M］．太原：山西科学技术出版社，2003．

[59] 杨建营．内家拳传承脉络及当代发展［J］．体育学刊，2017，24（04）．

[60] 杨强，田文林．明清少林武术文献演化考——以文献图像学为路径［J］．武术研究，2019，4（11）．

[61] 杨祥全．中国武术思想史［M］．太原：山西科学技术出版社，2017．

[62] 姚宗勋．意拳［M］．北京：北京体育学院出版社，1989．

[63] 余水清．中国武术史概要［M］．武汉：湖北科学技术出版社，2006．

[64] 于涛．体育哲学研究［M］．北京：北京体育大学出版社，2009．

[65] 于志钧．中国太极拳史［M］．北京：中国人民大学出版社，2012．

[66] 俞为民．宋元南戏考论［M］．台北：台湾商务印书馆，1994．

[67] 俞樟华．王学编年［M］．长春：吉林大学出版社，2010．

[68] 张慧琼．唐顺之研究［M］．南京：凤凰出版社，2016．

[69] 张银行．《剑经》研究［J］．体育科学，2014，34（12）．

[70] 赵长征．戚继光御倭的鸳鸯阵战术［J］．文史知识，2015（9）．

[71] 赵秋菊，邓玲玲，凌静园．通背拳的传承脉络与技术演变特征研究［J］．沈阳体育学院学报，2017，36（4）．

[72] 赵双印．清代武术史［M］．石家庄：河北教育出版社．2005．

[73] 浙江省体委武术挖掘整理领导小组．浙江省武术拳械录［M］．杭州：浙江科学技术出版社，1988．

[74] 郑少康．纪效新书拳经考［D］．上海：上海体育学院，2008．

[75] 周郢．杨家将故事与泰山［J］．泰山学院学报，2010（1）．

[76] 周伟良．中国武术史［M］．北京：高等教育出版社，2003．

[77] 周伟良．试论明清浙东内家拳的拳理技法及文化价值［J］．北京体育大学学报，2009，32（12）．

[78] 周伟良．浙东内家拳历史源流考［J］．杭州师范大学学报（社会科学版），2010，32（06）．

[79] 周伟良．中华民族传统体育概论高级教程［M］．北京：高等教育出版社，2003．

[80] 左东岭．王学与中晚明士人心态［M］．北京：商务印书馆，2014．

附录1
《武编》：剑、刀、简、锤、扒、攩

剑

电挈昆吾晃太阳，一升一防把身藏（左右四顾四剑）。摇头进步风雷向，滚手连环上下防（开右足一剑，进左足一剑，又左右各一剑，收剑）。左进青龙双探爪（缩退二步开剑，用右手十字撩二剑，刺一剑），右行单凤独朝阳（用左手一刺，跳进二步，左右手各一挑，左右手各一盖，右手一门转步，开剑作势）。撒花盖顶遮前后（右滚花六剑，开足）。双监剑。马步之中用此方。蝴蝶双飞射太阳（右足进步，右手来去二剑，左足进步，左手一刺一晃），梨花舞袖把身藏（退二步，从上舞下，四剑）。凤凰浪翅乾坤少（进右足转身，张两手仍翻手，左手一剑，右手来去二剑，左手又开剑，进右足），掠膝连肩劈两旁。进步满空飞白雪（从下舞上四剑，先右手），回身野马去思乡（右手抹眉一剑，右手抹脚一剑，抹眉一剑，左手抹腰一剑，一刺右剑，一手收剑），镆铘兽入千军队。

以生牛皮裁成甲片，用刀刮毛，以破碗舂碎，筛成半米大屑，调生漆傅上，则利刃不能入。

刀

双刀。他若使一伏虎打我头，却以左手监住，右手一抹刀。若被他彻捧走了，番身一抹刀。他若使一水平枪来扎我，却以右手监住，左手一抹刀。他若使一秃龟来斫我却面，以左手监住，右手斫虎口。他若使一单提来打我膀，不拘左右，以手监住一抹刀。他若使老僧拖杖扫我脚，以左监住右手一抹刀。若彻捧走了就削虎口。他若使一横龙枪来札我，以左手监住，右手一抹刀。他若使一仙人教化来戳，以左手监住，右手一抹刀。他若使一老鹳衔食来斫我脚，以刀十字架住，一刀就斫虎口。他若使一鞭铺来打，我以右手监住，左手一抹刀。他若使一举手朝天来打我，以刀左手监住，右手一抹刀。他若使一虎歇势来打我，不拘左右，一手监住一抹刀。用者有法。

简

简破捧法。简有刺手，卧步。且如他一绞手扫臁疾，便把简以左手监住，右手刺胸。若被他提立水走了，番身左手斫右手刺。右边右手一般使用。他若打一伏虎，以右手监住，以右手刺心。下若被他打腰，以右手监住，左手刺左边。以左手监住，右手刺之。若使一水平枪来，以左手监住，右手刺喉。下他若彻枪走了便随他，翻身就斫刺肋下。若接草打我头，以简十字架住，彻右手简刺齐他。若钻折我心，就以右手简住刺斫。他若使老僧拖杖来扫我脚，以简监住不拘左右手刺之。他若使一秃龟来折我脚面，以左手监住右手刺之。他若使一虎歇势来打我，以右手监住左手刺之。他若使一单提来打我膀，不拘左右手简监住刺之。他若使果然强来扫我脚，以左手简监住右手刺之。右边以右手简监住，左手刺之。他若使一黄龙枪来擢，我把脚步摄过来以左手简监住以右手刺之。他若后面打一伏虎来打我头，番身不拘左右简住刺肋下。他若使一棒来打我耳根，以右手扑开左手刺之。他若使一下绞手来打我，以左手简监住右手刺之。右边以右手监住左手刺之，他若使老鹳衔食来拆我脚面，不拘左右手监住刺之。他若使猿猴抱树，以简抵住彻右手简刺之。若被他番钻拆我心头，以简监住刺之。用者有法。

且如他使一伏虎，我却以左手打开，右手打。他若使一秃来拆我脚面，不拘左右手，打开却打头。他若使一水平枪来扎我，以左手打开，却以右手打头。他彻枪走了，番身却打。他若使一果然强来扫我脚，却以左手打开右手打头。他若使一老鹳衔食来斫脚面，却以左手打开，右手打。他若使一枪来扎我膝，不拘左右以手打开却打。他若使一脚伏梁来打我膀，以右手打开，左手打头。他若使一老僧拖杖来扫脚，不拘左右以手打开，却打他。若使一黄龙枪来扎，我却以左手打开，右手打头。用者有法。

锤

夫锤者，暗器也，不得已而用之，步势为之黑星穿月。流星锤有二，前头者谓之正锤，后面手中提者谓之救命锤。用者有法，上使撒花盖顶，下使枯树盘根。

扒

扒步势谓之七贤过关。若被他一伏虎打我头，我使一扒就地托起，反钻拆心头。若被一棒打开，我又复一扒。他使一水平枪来戳我，一中横扒打开就戳喉下。他使一绞手打我脚，一钻住支又复一扒。他若右边使一绞手打我脚，我使一钻支住就发一枪。他若使一伏虎来打我头，番身一钻打开，又复一扒打面。他若使后头戳一水平枪来，番身一中横扒打开。他若使一单提来打我膀，一上横扒打开，番一钻戳喉，下使打开，一横戳心下。用者有法。

攩

攩。大进三步，使小七星上，存身卧步，复回步角。入步大，量上托，掩获头身脚。步里步外分，左右要遮拦。双手双脚要举正，不欲外视，分圈里圈外。扎远对棒不要惧，飞身入合功难当。上面来时，并口掩月，下若扎镰疾，使鸡拨食就削。中刺水平，中横攩打开，疾莫上步。左肋使天王托塔，那步又助掩月，向前鹞子翻身。左边若是棒家，急进步，一枪一棒，疾为先。海青拿鹅，左手攒高，右手将头在地。双鱼钱水，中扎用之。飞身追赶相随，步正面对机关不怕。英枪伏虎，左右胁肋切要护。如若左边一棒来，一钻打开提玉兔。番身三滚手，切莫向右走。一头了，十头低，虎背山前威。势有九托、三赶、七番、八拗、十扒、二十四打攩。且如他打一伏虎，一钻打开，复一横攩。他若使水平枪先来扎我，我以一中横攩打开，就削上去。若使一绞手樟镰，一钻打开，复一拍攩，就削上去。若使秃龟来拆我脚面，一钻打开，就削上去。他若使一鞭铺来打我膀，一钻打开，复上一横攩削之。他若使横龙枪来扎我，一上横攩打开就削之。他若使一长行用来打我，我以一钻打开，复一横攩就削之。上有机关，下有散法。

附录2
唐顺之年谱简编

正德二年（1507）1岁
生于正德丁卯十月初五日。

嘉靖七年（1528）22岁
冬闰十月，戚继光生。
十一月，王守仁逝于南安舟中。

嘉靖八年（1529）23岁
春，中会试第一名。
不附杨一清，得廷试第四，二甲第一。
逆张璁，改授兵部武选司主事。
与罗洪先定交。

嘉靖九年（1530）24岁
春，告病归里。
夏六月，母亲任宜人卒于天津舟中。操办母丧。

嘉靖十年（1531）25岁
家居，丁母忧。

嘉靖十一年（1532）26岁
秋九月，服阙还京。改吏部稽勋主事，调考功主事。
王畿中进士，与之定交，得闻良知之学。
结识王慎中，引为知己。

嘉靖十二年（1533）27岁
调为翰林院编修，校对先朝《宝训》。
结交京师才俊。与王慎中、陈束、任瀚、熊过、李开先、赵时春、吕高八人，通经史谙实务，人称"嘉靖八才子"。

嘉靖十四年（1535）29 岁

春二月，《宝训》校完，称病告归。张璁拟旨以吏部主事罢归，永不录用。南归，屏居宜兴，开馆授徒。

嘉靖十五年（1536）30 岁

养病荆溪，与万吉定交。万吉遣子万士安、万士和从唐顺之游。于其时，为诗古文辞，甲兵、钱谷、象纬、历算、击剑、挽强，无不习之。

嘉靖十七年（1538）32 岁

家居。

授沈炼射法。

子唐鹤征生。

嘉靖十八年（1539）33 岁

春二月，册立太子东宫遴选宫僚。起为右春坊右司谏兼翰林院编修。

以疾就医无锡，返舟途中遭豪强家仆欺凌，因作《知命说》。

秋七月，进京赴任。

嘉靖十九年（1540）34 岁

于京师，与邹守益、徐阶、罗洪先、赵时春、郑晓、毛介川、张浮峰、胡宗宪相从讲学。与罗洪先、赵时春交往尤密，时称"三翰林"。

冬十二月，与罗洪先、赵时春疏请皇太子出御文华殿受群臣朝贺。世宗怒，三人削藩为民。

嘉靖二十年（1541）35 岁

春正月，携庄孺人自京返乡。

居宜兴山中，继居陈渡庄，杜门扫轨，昼夜讲究，忘寝废食。于其时学射、学算、学天文律例、学山川地志、学兵法战阵，下至兵家小技一一学习。

得《温家拳谱》。

御史赵炳然举荐唐顺之、唐枢、章拯、马理、邹守益、罗洪先、陆灿、汪应轸。

冬十一月，撰《吏部郎中林东城墓志铭》。

嘉靖二十一年（1542）36 岁

舟中遇匪，侥幸逃生，作《岳亭遇盗次韵》。

问枪法于河南人杨松，作《杨教师枪歌》。

居常闭户，五六日默然绝无一语，经月不设户褥，兀兀静坐，不卧不寝。穷夜无倦，寒附炎，暑不举箑，食不肉寝不内，衣不帛雨不盖，备尝苦淡。

嘉靖二十二年（1543）37 岁

结识沈希仪，撰《叙广右战功》。

徐阶访陈渡，与唐顺之、李慎菴较射至暮。

嘉靖二十三年（1544）38 岁

万士和致信曰："先生生身所担当，直欲为宇宙间创开一路绩来，从来相传法眼心源，以锻炼而通天机，以无欲而昭著。岂某之所可窥，某之可语言者。"

嘉靖二十四年（1545）39 岁

二月，翁万达改总督宣大山西保定军务。索要宣大三关地图，赠《塞下曲赠翁东崖侍郎总制十八首》。

与山西刘某教射比枪。

万士和作《戏咏荆师射》："山西侠客射雕手，犹叹吾师用术工。持处虎蹲还据石，发时鹰击又承风。印空绝影虚闻响，落地无尘已没锋。岂是屠龙无所售，幻来余技亦神通。"

又作《再咏荆师射两首》："诧健儿攘抉至，几人袖手互惊猜。力欺猛士堪九把，臂似通猿擘两开。难在张机翻一定，意存不射转多才。文章武事都无用，间尽衡门长绿苔。世上何方不乱真，纷纷箭手尽传名。空惊远势从天幕，谁识师传似水平。覆肘岂令杯水动，攀弦却怕树猿惊。门生似我安知术，也向场中妄品评。"

冬十月，俺达掠京入寇蔚州犯浮屠谷直抵完县，列营四十里，京师戒严。

嘉靖二十五年（1546）40 岁

春，与戚贤、罗洪先、周子恭、王畿、万表、陈九川、吕光洵、王尧衢、万士和等齐聚武进陈渡草堂，共作旬日之聚。罗洪先赠倭刀，唐顺之作《日本刀歌》。

秋七月，书《武当道人拳歌》。

嘉靖二十六年（1547）41 岁

七月，倭寇起浙闽，朱纨巡抚浙江监管福建海道。

十二月，倭犯宁波大肆杀掠。

嘉靖二十七年（1548）42 岁

《荆川集》十二卷付梓，王慎中为之序。

嘉靖二十八年（1549）43 岁

三月，皇太子朱载壡行冠礼越二日而薨。

相士算命云四十六岁且死，因作诗题名《有相士算命谓余四十六岁且死者诗以自笑》。

嘉靖二十九年（1550）44 岁

秋八月，俺达犯京师，人情汹汹，欲赴身勤王，寻戒严未行。

严嵩谋启用，未遂。

刘绘答书云："云迩复闻兄愤戎马蹂躏数逼京师，每当士人喜为雄谈，有请缨仗钺之志，闻者相传，靡不壮之。"

嘉靖三十年（1551）45 岁

春，病囊痈，出脓水四五碗。二三月间，濒于死者三四，伏枕百余日，奄奄一息。

徐阶力荐唐顺之、聂豹、赵时春。聂豹为兵部侍郎，赵时春为兵部侍郎，唐顺之不果出。

撰《历算书稿》。

嘉靖三十一年（1552）46 岁

三月，徐阶入阁执掌部事。

王忬调参将俞大猷、汤克宽御倭。

四月，把都儿辛爱犯辽东，倭寇浙江陷黄岩。

七月，寇势益剧，王直、徐海、陈东、麻叶辈为之主谋，分掠内地无不大利。廷议命山东巡抚王忬提督军务，巡视浙江及福建与漳泉四府。

作《董中峰侍郎文集序》。

作《六合枪法》。

嘉靖三十二年（1553）47 岁

闰三月，王直勾诸倭大举入寇，连舰数百里，蔽洋而至，浙东西江南北滨海数千里同时告警。

俞大猷、汤克宽捣毁烈岛倭巢。因作《咏俞虚江参将四首》《海上凯歌九首赠汤将军》。

万表领二百少林僧迎击倭寇，歼贼于海盐、太仓、嘉兴等地，无不胜。

嘉靖三十三年（1554）48 岁

五月，南京兵部尚书张经总督江南北、山东、福建、湖广诸军讨倭。

六月，万表起为南京都督佥事，过武进，与唐顺之谋讨倭之策。作《赠都督万鹿园四首次士和韵》。

授胡直射法。

嘉靖三十四年（1555）49 岁

正月，倭寇夺舟犯乍浦、海宁，陷崇德，掠塘栖、新市、横塘、双林等处。

二月，俺达犯蓟镇，参将赵倾葵战死。

四月，工部侍郎赵文华南下察视军情祭祀海神，访唐顺之商议讨倭事。

五月，千余倭寇犯常熟、江阴、无锡，出入太湖，将逼武进，义士张邦定率乡团御之，郑陆桥力战死。

六月，胡宗宪代李天宠为浙江巡抚提督军务。

七月，山东指挥佥士戚继光调至浙江。

父唐瑶病逝。

十一月，赵文华还京。

嘉靖三十五年（1556）50 岁

居丧。

二月，胡宗宪升任南直隶江南、江北、浙江、福建四省总督。

冬，入闽请王慎中为父撰写行状。

编选《文编》六十四卷。

嘉靖三十六年（1557）51 岁

赵文华荐为南京兵部主事，居丧不出。

过浮梁谋于罗洪先，罗赞成出山，遂下决心。

得读《续武经总要》。

书《与俞总兵虚江》。

十一月，胡宗宪诱捕王直。

嘉靖三十七年（1558）52 岁

俞大猷、戚继光围攻岑港不利。戚继光遭弹劾，革职留用。

秋七月，奉敕往蓟镇查堪兵额。两月间登驰绝徼峭壁三数千里之途，阅过铁靴铜面之辈十余万人。查得两关十区之兵见在五万九千六十二名，逃亡三万四千七百六十二名。

九月，还京，上《覆勘蓟镇边务首疏》《条陈蓟镇补兵足食事宜》《条陈蓟镇练兵事宜》。

冬十月，奉命视师直浙，与胡宗宪协谋抗倭。

十一月，二十八日至浙，行查各镇兵粮船只总数。约赏格、明军纪，倭寇叹曰："江南自来无此备"，皆登岸而北。下海视师，自江阴泛海之刘家河渡，又自嘉兴下海抵蛟门大洋，一昼行七百里，出没惊涛，随行者皆惊吐成疾，唐顺之羽扇纶巾，岿然自如。

嘉靖三十八年（1559）53 岁

春三月，升太仆寺少卿。

俞大猷被逮，解京师下诏狱。

福建巡抚王询寄赠蜀扇、佩剑。

四月，督师崇明。十一日海上邀击，三沙大捷。

胡宗宪奏唐顺之权轻无以令诸将，擢升通政司右通政。

应援江北，围攻庙湾，亲到贼老巢边，满墙倭子只隔一箭地。

五月，十五日回崇明。三沙贼狡，诱之不出，过诱兵而前，下马拔刀步行自往死斗。

七月，二十一日自镇江驰援瓜州，会同李遂督诸将歼贼于扬州刘家庄。

九月，改右佥都御史代为凤阳巡抚兼提督军务。

上《条陈海防经略事疏》。

杭州萧山西兴江楼传枪法于戚继光。

戚继光赴义乌招募新军。

十一月，病不能行，勉强赴官扬州。

嘉靖三十九年（1560）54 岁

春正月，躬莅通、泰巡视江防，昼夜治文书，经理戎事，每夜至四鼓尚未就寝。上《凤阳等处灾伤疏》《疏请讨余盐疏》。

戚继光创鸳鸯阵，著《纪效新书》。

二月，奏请复宁绍台参将戚继光充新设金台参将。

三月，以余盐易米煮粥以赈灾，全活饥民数百万众。

四月，以春训至抱病泛海，舟巡通泰途中病革。

后 记

对武术史的兴趣，是本人从少年时期便开始的。那时一边跟随师父学习，一边饱受武术文化熏染，对民族英雄、侠义故事、功夫境界如痴如醉。大学毕业以后，索性选择到福建师范大学体育科学学院，受教于李忠京老师，成为一名武术方向的研究生。

2011年以来，我以孔子学院教师的身份从事武术教学，教学相长不断继续心灵深处的思考。喀麦隆发生的一幕至今历历在目，面对前来切磋的搏击爱好者，孔院武术队的代表当仁不让，短短一两分钟将对方放倒数次，身法灵活长短相叠，有礼有节、适可而止。但一旁观战的我知道，这位完胜对手的非洲武术爱好者从小在对打中积累经验，对武术的了解仅仅通过电影，一套拳也不会。

通过有序的师法传承在揣摩动作的道路上孜孜不倦，是中国人对习武的普遍认识，但是相同的目标完全可以通过其他途径实现。自此我开始反思传统武术的历史形成过程，渐渐展开对明代武术历史的探索，最终聚焦唐顺之这一人物。

本书内容最先始于温家拳文本的解读，之初受学识和撰写能力的限制，步履维艰。2019年成为浙江师范大学孔子学院储备专职教师之后，工作之余有时间精力展开深入，前后历经将近三年，完成整部书稿。

感谢徐丽华教授的支持，感谢浙江师范大学非洲中文教育与实践研究基地的资助，感谢人民体育出版社谢建平老师的热诚相助。

2022年3月
于金华初阳湖畔